500년 조선왕조 비사

500년 조선왕조 비사

대한제국 비사

이강래 엮음

문지사

머리말

　태조 이성계가 1392년 7월 고려왕조를 무너뜨리고, 고려의 수도 개경^{송도}의 수창궁에서 조선 왕조를 창건하고 왕위에 올랐다.

　그 뒤 조선왕조는 27대 518년 만에 일제에 의해 역사의 뒤안길로 사라졌다.

　조선은 500여 년 동안 왕조를 이어오면서 수십 명의 왕과 왕비, 그리고 수백 명의 후궁들이 살았던 궁궐에서는 크고 작은 사건들이 수없이 일어났고, 그때마다 많은 사람들이 희생되었으며, 세종 같은 성군이 있었는가 하면 연산군 같은 포학무도한 왕도 있었다.

　숙부가 왕위를 찬탈한 후 어린 조카를 내쫓아 죽이고, 시기와 질투가 심하다는 구실로 임금이 아내인 비를 죽였다. 왕권을 수호한다는 명분 아래 어린 동생을 죽였으며, 계모를 폐하여 내쫓기도 했다. 세자를 낳은 황후를 투기가 심하다 하여 사약을 내리고, 무수리에게 태어난 영조는 하나뿐인 아들을 뒤주 속에 가두어 죽였다.

　이처럼 잔인하고 비극적인 죽음의 배후에는 반드시 조정의 대신들이 개입하였고, 그들은 자신들이 살아남기 위해 정적들을 헐뜯고, 마침내 죽음으로 몰아넣었으며, 그 대가로 부귀와 공명을 떨치면서 온갖 나쁜 짓을 서슴지 않았다.

　이 책은 조선 왕조 500여 년의 역사를 통틀어 가장 잔인했고 비극적인
일들을 분류 발췌하여 엮었는데, 제6대 단종을 비롯하여 제21대 영조
대까지 『조선왕조실록』을 바탕으로 중요한 역사적 사실을 시대별로
자세하게 엮었다.

　그리고 누구나 알기 쉽고 흥미있게 읽을 수 있도록 이야기식으로
풀어썼으며 등장하는 인물들의 도록과 유물 등을 실었기 때문에
독자들에게 생동감을 불러일으킬 것으로 믿는다.

　나라는 비록 망했어도 역사는 살아있어 우리들에게 흥미와 감동을
주고 공감을 불러일으키며 삶의 지혜를 일깨우는 동시에 장래를 내다보는
안목을 기르는 데 그 의미가 있을 것이다.

　끝으로 이 책이 조선왕조사를 이해하는 데 큰 도움이 되리라 믿으며
내용의 미흡한 부분은 계속 보완 수정할 것을 약속드린다.

　　　　　　　　　　　　　　　　　　　　　엮은이

금삼의 피

폐비 윤씨의 죽음

비운의 영창대군

광해군의 한

요화 장희빈

여인시대

사도세자

왕이 아들을 죽이다

대한제국 비사

우국지사 최익현

제국의 종말

조선의 개국

태조는 무명 장수 시절에 고향에서 처로 맞이한 한씨^{훗날 신의왕후}에게서 방우·방과·방의·방간·방원·방연 6남을 두었고, 개경에서 조선 개국의 막대한 도움을 받은 강씨^{훗날 신덕왕후}를 새 부인으로 맞이하여 방번·방석의 2남을 낳았다.

개국 후 태조는 강씨를 현비로 책봉해 수비^{首妃 : 으뜸 왕비}로 삼고, 1년이 지난 후에야 한씨를 절비^{節妃}의 시호를 내려 추증 왕비로 삼았다. 그리고 강씨 소생의 막내아들 방석을 왕세자로 책봉했다. 이후 강씨가 사망하여 태조가 강씨를 왕후로 추봉하니, 한씨는 후궁으로 전락하고 말았다.

이에 한씨 소생의 왕자들이 동복 형제들과 의기투합하여 태조 7년^{1398년} 10월에 정변을 일으켰는데, 이것이 제1차 왕자의 난이다.

제1차 왕자의 난으로 강씨 소생의 왕세자 방석과 무안군 방번이 살해되고 한씨 소생의 둘째 아들 방과가 왕세자가 되어 한 달 뒤 즉위하니 그가 곧 정종이다. 정변의 주동자인 한씨의 다섯째 아들 방원이 정종에게 자리를 양보한 것은 난을 일으킨 까닭이 어디까지나 장자승계의 법을 따르기 위해서였다는 대의명분을 세우는 동시에 훗날 유약한 형 정종으로부터 왕위를 양도받을 자신이 있었던 탓으로 보인다.

이후 정종을 압박하는 방원의 행태를 못마땅하게 여기던 다른 왕자들 중 방원과 더불어 왕세자의 자리를 노리던 방간이 정종 2년^{1400년} 음력 1월에 난을 일으키는데, 이것이 제2차 왕자의 난이다.

하지만 이방원은 이들을 제압하고 끝내 왕세자로 등극, 그 해 11월에 정종으로부터 왕위를 양위받아 조선의 3대 임금으로 즉위하였다.

고려 마지막 장군

포구를 유린하는 왜구

바닷가에서 망을 보던 사람이 큰 소리로 외쳤다.

"왜구다!"

"왜적의 배가 쳐들어온다!"

그러자 평화롭고 오붓하던 포구 마을은 일시에 아수라장이 되었다.

맨발로 허둥지둥 집을 뛰쳐나가 뒷산으로 숨기 위해 달려가는 여인네들, 한두 가지라도 가산을 건지려고 분주히 짐을 꾸리는 남정네들…….

왜적이 쳐들어온다는 걸 관가로 알리기 위해 내달리는 사람, 최후까지 마을을 지키겠다고 몽둥이나 괭이같은 것을 들고 뛰쳐나오는 장정들…….

마침내 왜적의 배는 바닷가에 닿았다. 알 수 없는 소리를 내지르며 시꺼멓고 수염 투성이인 왜적들이 마을을 향해 활을 쏘고 칼을 휘두르며 달려왔다.

용감한 마을의 장정들은 맨주먹과 다름없는 몸으로 적과 대항하여 싸우지만 순식간에 사나운 적의 칼 아래 하나 둘 쓰러져갔다.

마침내 왜적들은 민가로 뛰어들어가서 쓸만한 재물들은 모조리 날라다가 저희들 배에 실었다.

여기저기서 들려오는 비명소리는 미처 피하지 못한 여인들이 왜적에게 잡혀 욕을 당하고 있는 처참한 울부짖음이었다.

여인네들의 비명소리에 섞여 아이들의 울음소리도 들렸다. 그러자,

"우루사이^{시끄럽다}!"

라는 소리와 함께 왜적의 칼이 한번 번뜩하면 가련한 어린애의 목은 저만치 굴러 떨어졌다.

약탈이 끝나자 왜적들은 집집마다 불을 질렀다.

온 마을이 훨훨 타들어갔고 산 속에 숨어서 그것을 내려다보는 마을 사람들은 이를 갈고 발을 굴렀지만 더 이상 어쩔 수가 없었다.

왜적들이 배를 타고 도망치기 시작할 무렵에야 멀리서 고려측 군사들이 어슬렁 어슬렁 나타났지만, 그들은 왜적을 쫓아갈 엄두도 내지 못하고 언덕 위에 서서 바라보기만 하다가 되돌아갔다. 워낙 군세가 약한 고려군은 애초부터 왜적과 싸울 생각이 없었던 것이다.

마을 사람이 구원을 청하니 하는 수 없이 와 보는 척하는 것이었지만 일부러 늦장을 부리다가 왜적이 물러갔으리라고 생각될 무렵에야 나타난 것이다.

이러한 광경은 고려 말기, 바다 가까운 마을이면 어디에서나 볼 수 있는 광경이었다.

이런 형편이고 보니 왜적들은 더욱더 고려군을 업신여기게 되었다. 처음에는 해변가 작은 마을이나 약탈하던 것이 차츰차츰 대담해져서 나중에는 내륙지방의 큰 읍까지도 거침없이 침탈하게 되었다.

이 당시 고려군이 왜적에게 경멸을 당한 것은 훌륭한 장수가 없어서가 아니라, 오로지 문란한 정치 때문이었다.

최영, 안우, 이방실, 이성계 등은 한결같이 장수로서 뛰어난 인재들이었지만, 나라 정치가 워낙 어지러웠기 때문에 군사 조직도 제대로 갖추지 못한 탓에 자기 실력을 충분히 발휘하지 못했다. 그나마 자기 휘하 장졸들을 동원해서 그때그때 당면한 적을 무찌르는데 공을 세웠을 뿐이었다.

이들 장수 중에서도 가장 공이 크고 백성들의 신망이 두터운 이가 바로 장군 최영이었다.

용맹한 장수 최영

최영은 평장사 유청의 5세손이며, 그 부친 원직은 사헌규^{司憲糾}란 벼슬을 지냈다.

최영은 어려서부터 기골이 장대하고 힘이 강해서 소년시절에 이미 장사란 말을 들었다. 처음에는 양광도 순문사^{巡問使}의 수하로 있었는데, 이때부터 그의 용명은 왜구들을 떨게 했다.

그가 왜구를 비롯한 여러 적을 쳐서 얼마나 큰 공을 세웠는가를 간단히 소개하면 다음과 같다.

공민왕 원년에 조일신란^{趙日新亂}이 일어났는데, 이때 안우^{安祐}와 더불어 적을 물리치고 대호군이란 벼슬을 얻었다.

공민왕 7년에 오효포^{五叉浦}에 쳐들어온 왜구를 거의 전멸시켜 이듬해엔 서북면 병마사가 되었다.

한편 공민왕 11년 홍건적紅巾賊이 서경에 침입했을 때에는 여러 장수들과 더불어 용전분투해서 개선하자 일등공신이 되었다.

공민왕 12년에는 김용이 난을 일으켰는데, 그때도 난을 깨끗이 평정했다.

공민왕 13년, 최유란 자가 흥덕군興德軍을 내세워 반란을 일으킨 사건이 있었다. 이때 반군은 압록강을 건너 선주宣州에 이르렀다. 그 위세가 너무도 강대해서 조정에선 어찌할 바를 몰랐지만, 도순위사가 된 최영은 적을 무찔러 달천에서 대패시키고 무경蕪京으로 쫓아 버렸다.

공민왕 23년에는 탐라에 쳐들어온 왜구를 몰살시켜 버렸다.

우왕 2년에는 홍산鴻山에 왜적의 대군이 쳐들어 왔는데, 그 기세가 어찌나 표독스러운지 아무도 마주 나가 싸울 자가 없었지만, 역시 최영이 출전하여 이들을 여지없이 무찔렀다.

워낙 강대한 왜적이었던 탓에 그들을 무찌르고 개선하자, 임금은 대단히 기뻐했다.

"장군의 공에 보답하고자 장군을 시중으로 삼을까 하오. 그러면 나라 정사도 바로 잡힐 것이며, 무엇보다도 오랜 동안 전란에서 시달린 몸을 쉴 수 있지 않겠소."

임금은 이렇게 간곡히 말했다.

시중이라고 하면 그 당시엔 최고의 벼슬이었다. 다른 사람 같으면 그 벼슬을 두말 않고 받아들였을 것이다. 그렇지만 최영의 태도는 뜻밖이었다.

"황공하신 말씀입니다만, 그 뜻을 받아들일 수 없습니다."

"장군! 벼슬이 부족해서 그러는 거요?"

"폐하가 내리시는 벼슬은 소신에게 너무 지나칩니다. 너무나 과분한

성은이어서 뜻을 받들지 못하는 것이옵니다."

"시중의 벼슬이 지나치다니, 너무나 겸손한 말이오. 이 나라의 일등 가는 공신에게 지나치다 할 만한 벼슬이 어디 있겠소."

"한 나라의 시중이란 중책을 맡으면 왜적이 침노했을 때 그 직무를 버리고 적을 치러 나갈 수 없습니다. 아직 왜적이 창궐한데 소신이 물러앉으면 나랏일이 더욱 위태롭지 않겠습니까? 황공하신 뜻을 잊지 않고 있다가 왜적을 모조리 평정한 후에 받을까 합니다."

어디까지나 욕심이 없고 그 말이 사리에 맞으므로 왕은 하는 수 없이 최영의 말을 따랐다.

겁 많은 임금과 신하들

우왕 3년 강대해질 대로 강대해진 왜구의 큰 무리가 서해를 거쳐 개경을 노린다는 기별이 들어왔다. 겁 많은 우왕은 어찌할 바를 몰라 우왕좌왕하자, 신하들 역시 망연자실하고 있을 뿐이었다.

"차라리 바다에서 멀리 떨어진 곳으로 도읍을 옮겨야 마음이 놓이겠다. 어디로 옮기는 것이 좋겠소?"

임금은 여러 신하들을 둘러보았다.

어리석고 겁 많기로 임금 못지 않은 한 신하가 신통한 계교라도 되는 듯이 아뢰었다.

"바다에서 멀고 도읍이 될 만한 곳이라면 철원 지방이 제일이 아닌가 생각하옵니다. 일찍이 철원으로 말하자면, 궁예가 도읍하던 곳이라 난 공불락의 요새지이기도 하옵니다."

이 건의가 우왕의 마음에 꼭 들었다.

"그거 좋은 말이군. 곧 철원에 든든한 성을 쌓고 그곳으로 도읍을 옮겨 적의 화를 면하도록 하라."

우왕은 이렇게 명령했다.

신하들 중에는 어리석은 자들만 있는 것은 아니었다.

그중에 지각 있는 사람들은 함부로 도읍을 옮긴다는 것이 얼마나 백성을 괴롭히고 적의 침노를 부채질하는가를 잘 알고 있었다.

그러나 그들은 감히 임금의 뜻을 꺾을 용기가 없었다. 그래서 임금 앞을 물러나온 일부의 신하들은 최영에게로 달려갔다.

"장군, 큰일 났습니다."

"큰일이라니 그게 무슨 말이오?"

"왜적이 두려워서 도읍을 옮긴다고 조정 안이 야단들입니다."

"별안간 도읍을 옮긴다니 도대체 어찌 된 일이오? 더구나 도적들을 두려워해서……"

"벌써 철원에 성을 쌓으라는 분부까지 내렸습니다."

"철원에? 아니 그런 산골로 서울을 옮긴단 말이요? 그런 어리석은 처사를 하는데도 당신들은 가만히 구경만 하고 있었단 말이요?"

"저희들도 그와 같이 옳지 못한 일을 간하고는 싶지만, 저희가 무슨 힘이 있습니까, 그래서 이렇게 장군께로 달려온 거지요."

최영은 벌떡 일어났다. 소싯적부터 기골이 장대하고 안광이 무서운 그가 노기를 띠고 일어서니 그 모습은 마치 성난 사자와 같았다.

그는 곧 말을 달려 궁궐로 향했다.

"왜적이 무서워서 서울을 옮기다니 천부당 만부당한 말씀입니다."

최영은 임금 앞에 나타나자마자 거칠게 소리 질렀다.

우왕도 최영 앞에서는 어린애 같았다.

"그렇지만, 서울을 옮기지 않으면 바다가 가까우니 왜구가 쳐들어 왔을 때 어떻게 막겠소? 차라리 바다가 멀고 산이 험한 철원으로 옮기는 것이 안전하지 않겠소?"

"적을 피해서 도망한다면 아무리 바다가 멀고 산이 험하더라도 결국 적의 추격을 받아 멸망하고 맙니다. 무엇보다도 지금은 백성들이 농사 짓기에 가장 바쁜 때가 아닙니까? 이런 때 도읍을 옮긴다면 백성들이 얼마나 고통을 받겠습니까."

"그렇지만 왜적이 서울에 쳐들어 오면 그때는 정말 어떻게 하겠소? 누가 그걸 막아낸다고 장담하겠소."

그제서야 노발대발하던 최영의 얼굴에 화기가 감돌았다.

"염려 마십시오. 소신이 비록 변변치 않습니다만, 단 한 놈의 왜적도 서울 땅에 발을 들여놓지 못하게 하겠습니다."

마치 믿음직한 아버지가 겁 많은 어린 아들을 달래는 말투였다.

그제서야 우왕은 마음을 놓았다는 듯이 싱긋이 웃으며,

"그러면 경만 태산같이 믿고 있을테니 잘 부탁하오."

하고 겨우 마음을 돌렸다.

두 장군의 약속

그 이듬해인 우왕 4년, 왜구가 승천부昇天府에 들어와 서울 개경을 치겠다고 떠들어 대고 있었다.

개경 안은 말할 것도 없고 온 나라가 발칵 뒤집혔다.

왜구

"왜적이 개경까지 쳐들어온다네."

"이젠 다 죽었군!"

"나라에선 대체 뭐하는 거야?"

"그래도 최영 장군이랑 이성계 장군이 있으니 마음은 다소 놓이지만……"

"그분들이 항상 왜적을 무찔러 주기는 했지만, 이번엔 좀 힘들걸."

"워낙 왜구의 기세가 대단하니까 말일세."

백성들 모두 이렇게 불안스러워하자 겁 많은 우왕이 가만히 있을 리 없었다.

"장군. 정말 염려 없겠소? 장군만 믿으니 잘 부탁하오. 만약 무슨 일이 있으면, 미처 피신도 못 하니 큰일이잖소."

우왕은 이렇게 몇 번이고 다짐하는 것이었다. 그럴 때마다 최영은 그 엄한 얼굴에 화기를 띄우며,

"폐하, 소신들의 전과만 믿으시기 바랍니다."

하고 타이르는 것이었다.

마침내 최영은 왜적을 맞아 싸우려고 해풍海豊이란 곳에 진을 치고 기다리고 있었다. 그때 최영은 은밀히 이성계를 만났다.

"이장군, 아시겠소? 내가 말한 대로 계교를 써서 둘이 힘을 합해 적을 친다면, 그까짓 왜적쯤 무찌르기는 조금도 어려울 것 없소."

"나도 그렇게 생각하오, 최장군."

이렇게 두 사람은 의미심장한 미소를 서로 주고받았다.

구국救國의 승리

최영이 해풍에 주둔하여 대기하고 있다는 보고를 받자, 적장은 시커면 털투성이인 팔을 걷어붙이고 긴 칼을 뽑아들더니 소리소리 질렀다.

"최영을 치자! 어떤 희생을 치르더라도 최영의 군사를 무찌르고 그 놈의 목을 베기만 하면 고려 서울은 말할 것도 없고, 고려 천치를 다 차지할 수 있을 거다."

"그러면? 두목께서는 고려왕이 되시겠군요."

한 부하가 이렇게 아첨을 떨자, 두목은 수염투성이 얼굴을 잔뜩 일그러뜨리며,

"고려왕이라? 궁안에는 예쁜 여자들이 우글우글 하다면서?"

하고는 침을 꿀꺽 삼켰다.

마침내 왜적은 전 병력을 몰아 해풍을 향해 진격해 왔다. 웃통을 벗고, 두 다리를 내놓고, 칼을 휘두르며 몰려드는 왜적의 무리는 마치 귀

신의 떼가 들이닥치는 것 같았다.

　최영은 곧 전군에게 진격 명령을 내렸고, 양군은 한참 동안 어울려 격전이 벌어졌다.

　처음에는 어느 쪽이 우세한지 분간이 되지 않더니 시간이 흐르자, 이게 어찌된 일인가!

　최영의 군사가 밀리고 있었던 것이다.

　고려군이 밀리는 기색을 보이자, 적군의 기세는 더욱 사나워졌다. 이제는 완전히 악귀같이 된 적군은 단번에 고려군을 전멸시킬 기세로 쳐들어 왔다. 그러자, 고려군은 더욱더 물러났다.

　"겁쟁이 고려군은 물러나기 시작했다. 이 기회를 놓치지 말고 단번에 적을 전멸시켜 버려라!"

　하고 왜장은 기고만장해서 선봉에서 칼을 치켜들고 소리질렀다.

　그러자 고려의 장군 최영은 밀려가는 수하 군졸들을 향해서 이를 갈며 호통을 쳤다.

　"사직의 존망이 이 싸움에 달렸는데 물러가다니 될 일이냐? 전군이 전멸하는 한이 있더라도 끝까지 버티어 나라와 백성을 지켜라!"

　그러나 일단 퇴각하기 시작한 고려군은 좀처럼 머물러 싸우려 들지 않았다.

　얼마 동안을 그렇게 밀려갔을까? 도망치는 고려군의 뒤를 정신없이 추격하던 적군 앞에 난데없이 대군이 나타났다.

　"고려 장수 이성계, 왜적을 전멸시키려고 여기 기다리고 있는지 오래다. 자, 이 화살을 받아라!"

　이렇게 외치고 화살을 한번 당기니 맨 앞장서서 날뛰던 적의 두목이 목줄기에 화살을 맞고 말에서 거꾸로 떨어졌다.

이성계의 군대는 미리 최영과 짜고 이곳에 숨어서 적을 기다리고 있었던 것이고, 최영의 군대가 퇴각한 것도 일부러 적을 꾀여들이기 위한 계책이었던 것이다.

이성계의 군대가 나타나자, 이때까지 도망치던 최영 군대도 갑자기 되돌아섰다. 그리고 앞뒤로 포위해서 적을 치니 가뜩이나 두목이 죽어 혼란을 빚던 적군은 어찌할 바를 모르고 허둥대다가, 마침내 전멸하고 말았다.

한편 개경에서는 큰 혼란에 휩싸였다. 아군이 적에게 쫓긴다는 소식을 전해 듣자, 왕은 말할 것도 없고 온 장안 백성들이 아우성을 치며 우왕좌왕하고 있었다.

"최영이 그렇게 장담을 하더니 적에게 쫓긴다니, 장차 어찌하면 좋단 말인가?"

우왕이 이렇게 말하면서 와들와들 떨었다.

"지금이라도 개경을 버리고 멀리 피신하셔야겠습니다. 글쎄 저희들이 뭐라고 아뢰었습니까."

도읍 옮기기를 권하던 간신들은 그것 보라는 듯이 이구동성으로 이죽거렸다.

"최영도 별 수 없군."

"이젠 다 틀렸네."

"가족들 데리고 산속으로라도 도망치는 수밖에 없지."

이리하여 장안은 피난 보따리를 싸느라고 발칵 뒤집혔다. 한참 그렇게 아우성을 치고 있을 때였다.

적군이 최영 장군과 이성계 장군에게 포위되어 전멸됐다는 기별이 왔다. 그러자 궁중이나 장안의 분위기가 일시에 바뀌었다.

"그럼 그렇지, 최영 장군이 누구시라고……."

"그까짓 왜놈쯤 최장군 앞에는 어린애나 마찬가지지."

개경 거리의 백성들은 이렇게 줏어 섬기면서 피난 보따리를 풀었다.

"과연 우리 최장군은 명장이란 말야. 짐이 최장군만은 든든히 믿고 있었지."

우왕은 금세 한 말을 말끔히 잊었는지, 이렇게 딴청을 부렸다.

개경을 버리고 도망치자던 간신들도 더 할 말이 없어서 흘끔흘끔 서로 눈치만 보고 있었다.

강직한 노장군의 일생

그 후에도 왜적들은 끈덕지게 전국 각처를 침노했지만, 그럴 때마다 최영을 비롯한 명장들에 의해 토벌되어 우왕 7년에는 잠잠해져서 큰 걱정은 없게 되었다.

이렇게 되자, 우왕은

"이젠 왜적들도 토벌했으니 시중 벼슬을 받도록 하시오."

최영은 전에 한 말도 있고 해서 더 사양할 도리가 없었다.

"삼가 명을 받들겠습니다."

"자, 시중을 위해 크게 잔치를 베풀도록 하라."

이에 최영은 안색이 급변했다.

"그건 안 될 말씀입니다"

"안 된다니…… 나라와 백성을 구한 일이 많은 장군에게 벼슬을 내리고, 그 공을 치하하는 잔치를 베풀자는데 안 될 것이 뭐란 말이요?"

그러자 최영은 엄숙하게 말하였다.

"중한 벼슬을 내리신 것만도 분에 넘치는데, 어찌 잔치까지 바라겠습니까. 또 올해는 기근이 심해서 백성들 중에는 풀뿌리를 캐고, 나무껍질을 벗겨 연명하는 자가 허다하다고 들었는데, 그 백성들을 배불리 해주지는 못할지언정, 잔치를 베풀고 흥청거리다니, 백성을 다스리는 몸으로써 못할 일이 아닌가 합니다."

이와 같이 백성을 아끼고 자기의 부귀나 향락에 대해서는 대단히 엄한 그의 성품은 어려서부터 받아온 그의 부친의 교훈이 뼛골에 사무친 때문인지도 모른다.

그의 나이 16살 때였다. 하루는 부친이 그를 조용히 불러들였다.

"너도 이제 나이 열여섯이니 잘 알겠지만, 특별히 한 가지만 일러두겠으니 평생 잊지 말아라."

"그게 무엇인지요?"

"재물에 관해서다. 사람이면 누구나 재물을 탐내는 법이다. 재물만 있으면 무엇이든지 자기의 욕심을 채울 수 있기 때문이다. 그렇지만……."

부친은 한층 더 어조를 엄숙히 하면서 말을 이어나갔다.

"이 세상에는 그 재물 때문에 자신의 일생을 망치는 사람이 많다. 돈에 대한 욕심이 과하면 사리를 분간하는 눈이 어두워져서 옳고 그른 것을 가리지 못하게 되기 때문이야. 더욱이 너는 장차 학문과 무술을 닦아서 나라의 일꾼이 되겠다고 했지?"

"네, 힘이 자라는 한 그렇게 해볼 생각입니다"

"그런데 나라를 위해 큰 일을 하자면 권력을 갖게 되고 권력을 가지면 그 권력을 빌어 백성을 괴롭히고 재물을 탐하게 되기 쉽단 말이다. 그러면 나랏일은 제쳐놓고 자기 호사만 생각하게 되어 나라를 망치고 마침내 자기 자신도 망치게 된다. 이 아비의 말을 알아 듣겠느냐?"

"그러면 재물을 탐내지 않게 하기 위해서 어떻게 하면 좋겠습니까?"

"돈을 재물로 보지 말고 아무데나 굴러다니는 돌멩이로 보면 된다."

최영은 부친의 말을 잊지 않았다.

"마땅히 돈을 보되 돌과 같이 하라."

어쩌다가 재물에 대한 유혹을 느낄 때면 이 말을 생각하고 스스로 경계했다. 그러기에 그는 아무리 벼슬이 높아져도 값싼 옷과 초라한 집에서 살았으며, 다른 고관들은 모두 수레를 타도 그는 홀로 말을 타거나 도보로 다녔다. 그는 이렇게 스스로 청렴하기 때문에 그릇된 일, 탁한 일을 보면 그 지위를 막론하고 용서하지 않았다.

재물을 탐내는 자가 있으면 개나 도야지처럼 몰아 세웠다. 임금이라도 그릇된 일을 한 때에는 서슴지 않고 바른말을 했다.

청렴강직한 대장부, 이것이 최영의 인품을 나타내는 말이었다.

그러나 이것은 최영의 장점인 동시에 단점이 되기도 하였다. 특히 야심이 만만한 이성계는 너무나 강직한 최영을 늘 두려워하고 꺼려했다.

명나라를 치려했던 웅지

우왕 14년, 얼마 전부터 중국 대륙에 새로 일어난 명나라는 원元나라를 북쪽으로 쫓아버리고 천하를 차지하게 되었다. 그래서 북쪽으로 쫓겨간 원나라는 북원北元이라 불리우면서 겨우겨우 나라를 지탱하고 있었다.

이렇게 되고 보니, 그때까지 원나라의 세력 하에 속해 있었던 고려로서도 태도를 새로 정하지 않을 수 없었다. 그런데 이 때문에 고려 조정은 두 파로 갈라졌다. 즉 새로 실권을 갖게 된 명나라에 속하자는 파와 지금까지의 의리로 보아 원나라를 도와야 한다는 일단이 그것이다.

그리고 이 두 파의 우두머리는 그동안 무공으로 나라의 기둥처럼 존경을 받고 있던 노장 최영과 각지의 왜구를 토벌함으로써 갑자기 세력이 강해진 이성계였다.

"한낱 필부도 은혜를 알고 의리를 아는 법입니다. 하물며 한 나라가 우방 원과의 오랜 우의를 저버리고 새로 힘이 강해졌다고 명에 붙는다는 것은 도리에 어긋난다고 생각합니다"

이것이 최영의 주장이었다.

"5백년 사직과 많은 백성들을 끝까지 지켜나가는 것이 나라를 다스리는 길인 줄 압니다. 명으로 말할 것 같으면 저 중화 천지를 손아귀에 넣고 호령하는 대국입니다. 그런데 원은 쫓기는 형편이 아닙니까, 섣불리 원과 한 패가 되어 명에 대항한다면, 마침내 원과 같이 멸망의 길을 걸을 뿐입니다"

고려 조정이 이렇게 두 파로 갈라져서 좀처럼 국론이 통일되지 않고 있을 때, 신흥 명나라는 재빠르게 손을 뻗어왔다. 즉 여러가지 까다로운 문제를 내걸고 듣지 않으면 무력으로라도 복종시키겠다는 완강한 태도였다.

"명의 무례한 처사를 더 이상 보고만 있을 수 없습니다. 명으로 말할 것 같으면, 지금 나라의 틀이 잡히지 않아서 방비가 대단히 소홀하다고 봅니다. 이 기회에 선수를 써서 이 편에서 쳐올라 간다면 원의 협력도 바랄 수 있으므로, 그다지 어렵지 않을까 합니다. 그렇지 않고 주저한다면 야심 많은 명의 밥이 될 뿐입니다."

최영이 이렇게 주장하자, 마침내 왕도 최영의 편을 들었다.

이성계가 사리를 따져 가며 주장을 펴보았지만, 아무런 소용이 없었다.

우왕은 최영을 팔도 도통사로 삼고 조민수는 좌군 도통사, 이성계는 우군 도통사로 삼았다.

총병력 10만 대군이 개경을 떠나 북쪽으로 향했다.

이때 최영은 우왕과 더불어 평양에 머물러 전군을 장악하게 되었고 최일선 병력은 좌우 도통사가 거느리고 북진했다.

고려군이 압록강변 위화도威化島에 당도했을 때였다.

때마침 이른 장마로 강물이 많이 불어 있었는데, 이것을 보자 군사들은 모두 건너기를 두려워했다.

좌도통사 조민수도 일찍이 명을 치는 것을 반대한 사람이었다. 그는 이성계와 한참동안 밀의를 거듭한 끝에 사람을 평양으로 보내 임금께 상소했다.

신 등이 압록강을 건너려고 하니 본시부터 큰 내에 홍수가 져서
건너기 심히 어렵사와 물에 빠져 죽은 자 수백 명이 되었습니다.
따라서 이 섬에서 부질없이 물 빠지기만을 기다리며 소일하고
있사오니, 바꾸어 말하면 나라의 힘을 나날이 갉아먹는 것이나
다름이 없습니다. 거듭 아룁니다만, 이번에 대국을 침노하려 하는
것은 대대로 이어받은 사직을 위태롭게 하고 백성들을 괴롭힐
뿐인데, 다시 이런 난관까지 봉착했으니 고쳐 생각하시고 군사를
도로 불러 주시기 바랍니다.

그러나 우왕은 끝내 이성계의 말을 듣지 않았다.

"이제 길은 하나밖에 없습니다. 이장군, 어리석은 임금과 늙은 최영 말을 믿을 때가 아닙니다"

조민수는 이렇게 이성계의 야심을 부채질했다.

마침내 이성계는 휘하 장수들을 불러 모았다.

"임금의 어리석음과 최영의 노망으로 이제 5백 년 사직이 위태롭게 되고 백성이 도탄에 빠지게 되었소. 생각들 해보시오. 우리나라로 말할 것 같으면 워낙 작고 약한 나라인데, 대국을 치다니 하룻강아지 범 무서운 줄 모르는 격이며, 따라서 이 강만 건너면 싸움 한번 제대로 못 하고 패하리란 걸 우리 모두 잘 아는 터요. 임금과 최영이 고집을 세우고 명령하기에 하는 수 없이 여기까지 오긴 했지만, 이제 대국의 군사 앞에 우리가 죽을 것을 생각하니 억울하고 한심스럽기만 하오."

그러자 여러 장수들은 제각기 투덜거렸다.

"이장군의 말씀이 옳소이다. 최장군이 노망이 난 모양이외다."

"노망이 날 때도 됐지. 그분 연세가 얼마라구, 벌써 70이 넘었는걸."

여러 장수들이 제각기 떠들고 있을 때 조민수가 나섰다.

"조용히들 하시오."

그리고는 이성계를 향해서,

"그렇다고 명령을 어기고 진군을 중지하면 우리 모두는 크게 벌을 받을게 아니오?"

하고 미리 다 짜 놓았으면서도 딴전을 부렸다.

이에 이성계가 말을 이었다.

"그러니까 말이오. 차라리 군사를 돌려 서울로 진격하는 것이 좋지 않을까 생각하오. 지금 서울은 텅 비어 있으니까, 급히 진격만 하면 성공할 것은 틀림없는 일이고, 또 임금을 둘러싼 최영 일파를 없애버리면 만사가 우리 뜻대로 되지 않겠소."

그러자 조민수도 당장에 맞장구를 쳤다.

"이장군의 말씀이 옳소이다. 우리가 살 길은 아무리 생각해도 그 길밖에 없는 것 같소."

실제로 병권을 쥐고 있는 두 사람이 이렇게 입을 모아 주장하니 다른 장수들은 비록 반대할 생각이 있어도 반대할 수가 없었다.

비극적인 종말

마침내 이성계는 대군을 돌려 남쪽을 향해 진격했다.

이성계는 극소수의 호휘군과 함께 평양에 머물러 있는 우왕과 최영을 쳤다.

워낙 백전불굴의 노장이라 급히 들이닥치는 반란군을 맞이하고도 추호도 당황하는 기색없이 적은 수의 군사를 지휘하여 잘 싸웠다. 그러나 워낙 숫자적으로 기울어지는 판이라 결국 지탱하지 못하고 개경으로 물러갔다.

이성계는 그 뒤를 무섭게 맹추격했다.

개경으로 물러가기는 했지만, 군사는 모두 북쪽으로 출정했기 때문에 텅빈 서울이었다. 최영은 죽기를 각오하고 싸웠지만, 마침내 몇백 겹으로 둘러싸였을 뿐만 아니라 담을 헐고 처들어오는 대군을 당해 내지 못하고 마침내 잡히고 말았다.

이성계는 우왕을 폐하고 새로 창왕昌王을 세웠다.

그리고 최영을 충주로 귀양 보내고 얼마 후에 죽였다.

그때 최영의 나이 73세였다.

비록 이성계의 야망 앞에 패배하기는 했지만, 최영은 5백 년 고려 사직의 마지막을 꿋꿋이 지켜 온 큰 인물이었다.

그의 성격이 강직해서 원망하는 사람도 없지는 않았지만, 누구나 그의 청렴하고 충성스러운 마음을 의심하지 않았다.

그가 처형되는 날. 개경 장안의 백성들은 누가 시키지도 않았는데 문을 닫고 애도의 뜻을 표했으며 나중에 이 소식을 들은 시골 사람들은 목을 놓아 통곡했다. 그리고 그의 시체를 거리에 내걸고 모든 사람에게 그를 죄인으로 알리려고 했지만, 오히려 그 앞을 지나가는 사람들은 걸음을 멈추고 지성껏 명복을 빌어 주었다고 한다.

기뻐할 수 없는 왕좌

이성계는 마침내 고려 5백 년의 사직을 무너뜨리고 만백성 위에서 천하를 호령하는 자리에 서게 되었다. 함경도 한 구석에서 자라난 무명 청년이 일약 임금이라는 귀한 몸이 되었으니 응당 기쁨에 잠겨야 할텐데 그렇지 못했다.

정권을 잡기만 하면 고려조 때의 악정으로 시달린 신하들이나 백성들이 어두운 구름이 걷히고 태양을 우러러보게 된 듯 기뻐해줄 줄만 알았다. 그러나 예상과는 딴판이었다.

백성들과 신하들이 진저리를 내야 할 옛 임금을 오히려 그리워하고, 새 임금은 거들떠보지도 않는 게 아닌가!

특히 고려조의 녹을 먹던 신하들은 더욱 심했다. 새 임금이 왕위에 올랐지만 인사 한마디 하는 자, 새로운 관직을 탐하는 자가 없을 뿐만 아니라, 하물며 일부러 사람을 보내어 청해도 누구 하나 응하지 않았다.

고려조의 많은 신하들 중에서 학식이 뛰어나고 인망이 높은 사람을 꼽는다면, 먼저 목은 이색을 말하지 않을 수 없다.

이색은 일찍이 고려조의 신하였을 때는 이성계와도 친하게 사귀던 사이였다. 그런 인연도 있고 해서 태조太祖 이성계는 제일 먼저 이색에게 사람을 보냈다.

'목은만 말을 듣는다면 전 왕조에서 인망이 높은 사람이니까 그를 숭배하는 많은 사람들이 새 왕조에 참여하게 되리라.'

태조는 이렇게 생각했다.

태조가 사람을 보내어 청하자, 이색은 거리낌없이 궁중까지 와주긴 했다. 그러나 태조 앞에 와서는 잠깐 읍揖할 뿐 임금에 대한 예를 갖춘 절은 하지 않았다.

그래도 태조는 그 무례함을 나무라질 않고 오히려 옥좌에서 내려와 손을 잡을 듯이 목은을 맞아들였다.

목은이 자리를 잡자, 태조는 다시 옥좌에 올라 앉았다. 그런데 자리를 잡고 앉았던 목은이 벌떡 일어났다.

"이 늙은이에겐 자리가 없소이까."

비꼬는 듯 한마디 던졌다.

'옛 친구로 대한다면 서로 이야기를 주고받을 수도 있겠지만, 임금과 신하로서 대한다면 천부당 만부당한 일이다.'

이색의 표정에는 그런 빛이 뚜렷이 나타나 있었다.

태조는 아찔했다. 입술이 파르르 떨리는 느낌마저 들었다. 그렇지만 그것을 꾹 참았다.

그리고는 자기의 한 팔이 되어 새 조정에 참여해 달라고 간곡히 당부했다. 그러나 목은은 뻣뻣이 버티고 선 채 퉁명스러운 한 마디를 던질 뿐이었다.

"나라 잃은 늙은이에겐 시골에 가서 밭이나 갈아먹는게 분수에 맞는 노릇이지요. 모처럼 말씀이 계셨지만 받아들일 수 없소이다."

그리고는 온다간다 말도 없이 궁실에서 나가 버렸다.

다음에 태조는 야은冶隱 길재를 청했다. 길재는 해평 사람으로 그 아버지 원진元珍이 가난한 벼슬아치이므로 그를 기르기 어렵다 하여 8살 때 버림을 받아 남의 집 신세를 지며 자란 위인이었다.

그러나 타고난 재질과 꾸준한 노력으로 과거에 급제하여 문하주서門下注書란 벼슬까지 했으며, 그 학문과 인격으로 포은 정몽주, 목은 이색과 더불어 고려말의 '삼은三隱'이라 일컬을 만한 거물이 되었다.

태조가 불렀을 때, 원래 효성이 지극한 야은은 시골로 돌아가 늙은 어머니를 봉양하며 촌부와 같은 생활을 보내고 있었다.

길재는 태조가 사람을 보내어 청하자 만나볼 필요도 없다며 움직이지 않았다.

후에 정종이 박사博士를 수여하려고 한 일이 있었는데, 그때도 야은은 대궐엔 가지도 않고 서면으로 거절의 뜻을 적어 보냈다.

이제 와서 명예가 무슨 소용이 있겠습니까? 다만 늙으신 모친이나
봉양하면서 산골에 파묻힐 생각입니다. 관작 같은 것은 아예 주실
생각도 마십시오.

다음에는 조윤을 청해 보았다. 조윤은 태조를 도운 공신 중의 한 사

람 조준의 아우였다.

일찍이 조준이 이성계를 도와 혁명을 일으키려고 했을 때, 그 눈치를 알아챈 조윤은 눈물을 흘리며 형의 거사를 말렸다. 그러나 형은 듣지 않았다.

마침내 태조가 왕위에 올랐을 때, 조준은 아우의 앞날이 염려되어 개국공신록에 아우의 이름을 적어 두었다. 그 때문에 조윤에겐 호조전서라는 벼슬이 내려졌지만, 조윤이 그것을 받을 리가 없었다.

벼슬을 물리쳤을 뿐만 아니라, 이때까지의 이름 윤胤자를 견狷으로 고치고 자를 종견從犬이라 하고 두류산 깊숙이 숨어 버렸다.

'나라를 잃고도 죽지 못하니 개나 다름없다.'
'옛 주인을 잊지 못하는 충실한 개와 같다.'

이런 뜻에서 그는 이름을 이렇게 고쳤던 것이다.

그러고는 두류산으로부터 청량산 산등을 타고 헤매면서 산봉우리에 서서 멀리 서울을 바라보며 소리내어 통곡했다. 그래서 그 고장 사람들은 이 산봉우리를 망경봉望京峯이라고 불렀다.

후에 태조는 그의 충절을 가엾이 여겨 몸소 산속으로 그를 찾아갔지만, 조견이라고 이름까지 고친 조윤은, 태조가 들어섰는데도 절 한번 하지 않았으며 말을 건네는 것조차 부끄럽다는 태도를 보였다.

그래도 태조는 모든 것을 용서하고,

"그토록 산에서 내려가고 싶지 않거든 네 뜻대로 여기서 살도록 하라."

이렇게 말하고는 산 위에 훌륭한 돌집을 지어 주었다.

조윤은 태조의 그와 같은 호의를 오히려 귀찮게 여기고 거기서 떠나 아예 양주 산속으로 숨어 버렸다.

상촌桑村 김자수는 경주 사람으로 고려조 때 도관찰사를 지낸 인물이었는데, 본래 태조와 친밀한 사이였다. 이런 탓에 태조는 김자수가 기꺼이 자신을 도울 것으로 생각하고 사람을 보내어 그를 청해 오라고 했다.

태조가 보낸 사람이 김자수의 집에 들어섰다.

"상감께서 부르십니다."

하고 그 사람은 공손히 절했다. 그러나 그때 마침 방에 누워있던 김자수는 거들떠 보지도 않고 말 한 마디도 없었다.

"상감께서 부르십니다."

태조가 보낸 사람은 다시 한번 말했다. 역시 매한가지였다. 몇 번을 되풀이해도 소용이 없었다.

하는 수 없이 그 사람은 돌아가서 태조에게 그대로 아뢰었다. 보고를 받자 이번에는 태종이 형조판서를 시켜 불러오도록 했다. 앞서는 좋은 말로 부른 것이지만, 형조판서와 같이 법을 다스리는 사람을 보냄으로써 은근히 위협을 가한 것이었다.

형조판서 역시 냉랭하게 돌려보낸 상촌은 곧 선조를 모신 사당에 절하고 자기 아들을 불렀다.

"너는 곧 흉구를 갖추고 나를 따르라."

그리고 그날로 길을 떠나 광주에 있는 추령에 당도했다.

상촌은 거기서 걸음을 멈춰 뒤따르는 아들을 돌아보았다.

"여기가 바로 내가 죽을 땅이다."

아들은 깜짝 놀랐다.

"그게 무슨 말씀이십니까?"

"비록 여자라도 남편을 잃으면 정조를 지키고, 두번 다시 딴 남자를

태조 이성계

보지 않는데, 하물며 임금의 녹을 먹는 신하로서 어찌 두 임금을 섬길 수 있겠느냐? 내 뜻은 이미 굳게 정해졌다."

그리고는 미리 가지고 온 독약을 먹으려고 했다.

아들이 울며 말려 보았지만 굳은 뜻을 꺾을 수는 없었다.

"내 죽거든 이 산허리에 묻고 비석 같은 건 아예 세우지도 말아라. 나라 잃은 몸이니 초목과 함께 썩는 것이 마땅하다."

그러고는 마침내 독약을 마시고 스스로 목숨을 끊었다.

그밖에도 태조의 부름을 받은 사람은 많았다. 원천석, 김진양, 서견, 이숭인, 이집, 윤충보 등 이름있고 쓸모있는 사람들은 모조리 불러 보았지만, 누구 하나 응하지 않았다. 이들은 모두 새 통치자를 피해서 어딘가에 몸을 숨겨 버렸다.

고려조의 녹을 먹던 신하들 뿐만이 아니었다. 오히려 학정에 시달렸으리라고 생각되던 백성들의 태도도 뜻밖에 냉랭했다. 새 조정의 신하들이 으리으리하게 차리고 행차하는 광경을 보는 백성의 얼굴에는 비웃는 빛이 역력했다.

"재미 많이 보시는군!"

그러한 태도였다. 누구의 얼굴에나 존경하는 빛이라곤 털끝만치도 없었다.

임금이 거동을 할 때도 매한가지였다. 반겨 맞아주기는 고사하고 사람들은 문을 닫고 집안 깊숙이 숨어 버리기가 일쑤였다. 사람 하나 볼 수 없는 개경 거리를 임금의 대가大駕는 쓸쓸히 지나갈 뿐이었다.

일찍이 고려조 때엔 임금의 거동이 있다는 소리만 들으면, 남녀 노소가 밀물처럼 모여들어 거리는 꽉 차고 환호소리가 진동했었다.

그런데 같은 백성들이 오늘날은 이렇게 쌀쌀하다니. '백성 없는 임금이 어디 있겠는가? 내가 얻은 것은 임금이란 빈 이름뿐이 아닌가?'

태조 이성계의 가슴 속에 뼈를 가는 듯한 찬바람이 스치고 지나갔다.

왕자의 난

영화를 누리는 개국 공신들

이 몸이 죽고 죽어 일백 번 고쳐 죽어
백골이 진토되어 넋이라도 있고 없고
임 향한 일편단심이야 가실 줄이 있으랴

고려 충절의 표상 포은 정몽주가 최후로 읊은 단심가丹心歌로, 충신의
높은 절개가 그대로 드러나는 가사이다. 이처럼 천추에 빛날 충신이었
지만, 선지교選地橋에서 이방원의 쇠도리깨를 맞고 죽었다.

태조 이성계가 임신년 7월 송경 수창궁에서 등극한 지 벌써 7년이라
는 세월이 유수처럼 흘렀다.

늦은 봄 어느 날.

이미 자정이 훨씬 넘었으니 순라 군졸들의 그림자조차 찾아볼 수 없
는 칠흙 같이 캄캄한 밤이었다. 억수 같은 비를 무릅쓰고 황망히 달려
오던 두 검은 그림자는 개국공신 정도전의 솟을대문 앞에서 우뚝 멈춰
섰다.

두 그림자는 말없이 전후좌우를 유심히 살폈다. 혹 뒤따르는 놈이라도 있지나 않을까 다시 확인하고자 함이었다.

그러나 곧 지나친 생각임을 깨달았다. 검은 그림자는 바싹 붙어선 채 굳게 닫힌 문을 가볍게 두드렸다. 그런 순간에도 그들은 뒤를 유심히 살피고 있었다.

이내 육중한 문이 소리없이 열리고 검은 두 그림자는 궁궐같은 집 속으로 자취를 감췄다.

육중한 문은 다시 전 모양으로 굳게 닫혔다.

한밤중의 음모

"야심한데 두 대감께서 종자도 없이 어인 일이요? 어서 방으로……."

주인 정도전이 친히 두 손님을 사랑방으로 맞아들였다.

옷에서 흘러내리는 빗물이 값진 보료를 적셨다. 그러나 주인은 한결같이 탓하는 빛조차 없었다.

모두 심상치 않은 눈방울들만 서로 쳐다보고 있을 뿐이었다.

"남대감과는 이미 의논이 된 일이오마는, 정안이방원의 심복 하륜이 충청감사가 되어 날이 새면 임지로 떠난다 하온즉……."

심히 목소리를 죽여가며 간신히 이어오던 유만수의 말소리가 그나마 뚝 끊어져 버렸다. 격한 흥분과 긴장 때문이겠지만, 너무나 긴요한 고비에서였다.

초조하게 다음 말을 기다렸으나 유만수는 꿀꺽 침을 몇 번 삼키고 있을 뿐이었다.

참다못해 이번에는 남은이 정도전 앞으로 바싹 다가앉았다.

"하온즉 정대감, 오늘 저녁 자시에 거사함이 좋을까 하오."

순간, 정도전의 미끈한 이마에 굵고 가는 핏대들이 무섭게 뛰기 시작하고 굳게 다문 입언저리에는 심한 경련이 일었다.

"이렇게 억수가 퍼붓는데도 하륜이 떠난다 하옵디까?"

"네, 그러하옵니다. 집의 비녀와 인척되는 계집이 하륜의 비녀로 있사옵기에 어제 넌지시 보내보았더니 오늘 떠난다고 온 집안이 발끈 뒤집혔다 하옵니다."

"대감께서도 짐작하시다시피 간사하고도 지모가 출중한 하륜만 멀리 떠나고 보면 정안 하나쯤 시살하기는 매우 용이한 일인가 하오."

남은은 제법 담대한 편이었다.

유만수는 쪼그리고 앉은 채 초점을 잃은 눈망울로 정도전의 얼굴 위에 굴려 보고만 있었다.

"쇠뿔은 단김에 빼야 한다고, 지체없이 거사함이 옳을까 하오. 대감께서 어영장 윤안손에게 연통만 하시오면 당장이라도 날랜 군사 5천은 동병할 수 있는 일, 무슨 두려울 것이 있사오리까. 정안궁을 포위하고 정안을 시살한 연후에 곧 무안대군 방번과 의안대군 방석을 모셔다가 두 분 중에서 한 분을 왕위에 오르시게 하고 곧 문무백관들을 빠짐없이 입궐케 하여 새로 임금이 등극하셨음을 선포하시오면 일은 이미 끝난 것이 아니오리까?"

"그러면 상감께는?"

"성사 후 아뢰는 것이 순리일 듯 하오, 상감께서는 왕후 한씨의 소생들보다 강후康后 소생인 무안, 의안, 양대군을 극진히 총애하시는 터이라 이번 거사를 들으시면 매우 기뻐하실 뿐만 아니오라 전국보 양위도 틀림없을 것으로 아오."

"흠……"

정도전은 신음에 가까운 한숨을 내쉬었다. 대사를 앞두고 심한 불안감과 공포감이 그를 이같이 괴롭혔던 것이다.

일찍이 조선을 창건하고 태조가 등극할 때 태종^{이방원}과 늘 생사를 같이하며 대사를 도모해 왔었는데, 이제 그 태종을 시살하려는 것이다.

냉철을 유지하려고 지그시 내려감은 안막에는 영롱한 태종의 무서운 눈초리가 완연히 비치었다.

태종은 태조의 다섯째 아드님으로 왕후 한씨의 소생 여섯 가운데 뛰어나게 명철하였다.

태조가 등극한지 7년, 이미 64세로 몸은 늙어 정사를 돌볼 여력이 없었다. 이틈에 정안군 방원이 양위를 노리고 선뜻 나선 것이다.

영특하고 태기가 늠름한 방원을 받드는 신하들이 적지 않았으나 부왕 태조는 둘째 아드님^{후일의 정종}에게 양위하실 뜻을 가지셨다.

그러나 태조의 이같은 뜻을 헤아려 짐작하는 신하는 하나도 없었다.

다만 태조께서 극진히 총애하시는 왕후 강씨의 소생인 무안, 의안, 두 대군 중에서 어느 한 분에게 양위하실 것으로만 믿었던 것이다.

이것이 화근을 불러들이고 말았다.

개국공신 정도전, 남은, 유만수 등은 좀 더 큰 영달의 꿈을 안고, 벌써부터 음모와 살육을 꾀하여 태조의 비위를 맞추려 했다.

이제 이것이 무르익은 것이다.

"그러면 오늘 밤 자정에 거사하도록 하오."

급기야 정도전이 무서운 결단을 내렸다. 누가 옳고 그른 것은 고사하고라도 역사상 큰 오점이 찍혀지려는 안타까운 순간이었다.

길게 뻗친 수미가 사납게 움직이고, 낮은 음성 속에 비장한 결심과 힘이 깃들어 있었다.

"그리고 대감……"

비로소 유만수가 입을 열었다. 침착하려고 몹시 애쓰고 있었건만, 아직 말끝이 흐리고 떨렸다.

"오늘은 정안이 친히 남문 밖에 차일을 치고 주연을 베풀어 하륜을 떠나보낸다 하온즉, 우리들도 참례함이 좋을 듯하오. 남의 이목도 두렵거니와 거사 후 다른 대신들 보기에도 매우 떳떳할 것이오."

"좋은 생각이요. 그러면 다들 참례하기로 하고……, 좀 더 가까이."

정도전의 손짓에 따라 남은과 유만수는 바싹 턱 밑에까지 머리를 내밀었다. 정도전의 말끝마다 이들은 고개만을 끄덕거려 찬의를 표하고 있었다.

몸서리치는 살육을 도모하려는 밀담은 꽤나 오랜 시간이 지나서야 끝을 맺었다.

얼마 후,

"각기 맡은 일을 각별히 조심하셔서 시행하도록 하오."

정도전이 굽혔던 상반신을 일으키며 다시 다짐을 하는 것이었다.

"네, 그러면 남문 밖에서 다시 뵙겠소."

손들은 상반신을 일으켰다.

아직 비는 줄기차게 퍼붓고 새벽은 가까이 오고 있었다.

정도전은 영창을 열고

"얘, 덕만아……"

나지막한 목소리로 하인을 불렀다. 귀한 손님들이니 댁에까지 모셔다 드리게 하기 위해서였다.

이것을 성급한 남은이 매우 언짢게 여겼다.

"대감, 비록 하인배라도 대사를 앞두고 너무 경솔하신가 하오."

"염려마오, 저놈은 우리 집에서 잔뼈가 굵어진 놈, 누구보다도 충직하고 내가 믿는 터이니."

오히려 소리를 내어 웃어 넘기는 정도전이었다.

벌써 덕만은 영창 앞에 대령하고 있었다. 보기에도 퍽 순박하게 보이는 젊은이였다.

"남대감과 유대감을 댁에까지 모셔다 드리고 오너라."

"네."

하인 덕만은 두 대감을 모시고 중문을 나섰다. 두 대감의 뒷모습을 바라보는 정도전의 입언저리에는 회심의 미소가 넘쳐 흐르고 있었다.

두 종의 사랑

무서운 살육의 음모가 이루어졌던 밤. 날이 밝자 그토록 심했던 비조차 깨끗이 걷혔다.

동녘에서 불쑥 솟은 해는 정도전의 넓은 뜰 안을 구석구석까지 비춰 주고 있었다.

이른 새벽부터 어영장 윤인선과 몇몇 동관들에게 일일이 덕만을 시켜서 서한을 보냈으니 오늘의 거사는 온갖 준비가 갖추어진 셈이다.

정도전의 눈은 벌겋게 충혈된 채였다.

아침상을 받았으나 모래알을 씹는 것 같았을 뿐이다.

심복 덕만을 앞세우고 사인교에 높이 앉아 남문 밖으로 향할 때에도 마음은 몹시 설레이고 뒤숭숭하기만 했다.

남문 밖에 다다랐을 때에는 차일을 친 장막 안팎에 이미 백관들이 참례하고 있었다.

태종 이방원이 친히 베푸는 주연이라 몹시도 호화롭고 규모도 적지 않았다.

정도전이 막 차일 앞에 이르렀을 때 공교롭게도 대가大駕에서 내리는 태종과 마주쳤다.

"허, 정도전 대감께서도 나오셨으니 과연 하륜대감은 득인심하였는가 보오."

태종이 넌지시 던지는 말 가운데 어딘가 가시가 돋친 것 같아 정도전의 등골에 찬물을 끼얹은 듯 소름이 쭉 끼쳤다.

"황공하여이다. 하륜대감께서 떠나시옵는데 소신이 나오지 않을리 있사오리까."

정도전은 적당히 얼버무려 두었다.

그러나 태종을 따라 장막 속에 들어서서 정한 자리에 앉은 뒤에도 역시 가슴 속은 무겁게 뛰고 있었다.

남은과 유만수는 멀리 떨어진 곳에 자리잡고 앉아 있었다.

곧 술잔이 오고가고 멋진 풍악은 하늘 높이 울려퍼졌다. 아리따운 기녀들이 가락에 맞추어 춤을 추니 좌중은 제법 무르익어 갔다. 밖에 시종들과 교군꾼, 그리고 사방을 경계하는 군관 포졸들이 득실거리고 있었다. 그러나 정도전의 심복 하인 덕만의 얼굴은 점점 창백하여졌다.

'하륜대감이 충청감사로?'

비로소 지금에서야 안 일이라 가슴이 덜컥 내려앉는 듯 심한 뉘우침이 뇌리를 스쳤던 것이다.

하륜의 집 비녀 선옥은 덕만이와 서로 백 년을 언약한 깊은 사이였다. 벌써 성례할 것을 정대감의 큰 거사 때문에 지금까지 미뤄왔던 것이다.

며칠만 만나지 않아도 죽을 것만 같은 뜨거운 정열이 두 남녀의 가슴속에서 활활 타고 있었다. 그러나 덕만의 생각으로는 이번 거사가 순조롭게 성취되는 경우에는 큰 은전이 자기에게 베풀어질 것으로 믿었고, 또 그것으로 선옥이와 알뜰한 살림을 꾸며 보려 했다. 더구나 정대감마저 그리하라고 늘 이르시던 터였는데, 지금 선옥이가 하륜대감의 마님을 따라 임지로 떠나려는 것이다.

어젯밤 정대감께서 미리 귀띔이라도 해주셨던들 이렇게는 되지 않았으리라! 야속하게도 여겨졌다. 그보다도 큰 거사 일까지 맡기신 정대감이 아니더냐 말이다.

그러나 지금 이것을 탓하고만 있을 수는 없었다. 어떻게든지 선옥이 떠나가는 것을 막아야만 했다.

덕만은 서슴지 않고 장막 뒤 나인들이 거처하는 곳으로 찾아 들어갔다. 감히 하인 주제로는 이르지 못할 곳이었으나 안팎이 흥겨운 가락에 취했던 때라 군관들과 대갓집 마님들의 눈에 띄지 않게 선옥을 불러낼 수 있었다.

뱀 허리마냥 길게 뻗은 남문 돌담 뒤로 그들은 빠져나왔다.

선옥은 벌써부터 울고 있었다.

"선옥이, 글쎄 웬일이야?"

"웬일이기는 뭐가 웬일이야? 주인대감이 떠나시는데 종년이 아니 따라갈 재주 있어?"

"미리 알려줬으면 좋았을 것을……."

"나도 어제 낮에야 비로소 알았는데 뭐."

"그래?"

"덕만아, 어떡하면 좋아, 난?"

꽃같이 아름답고 천하를 주어도 바꾸지 못할 선옥의 고운 눈에서 자꾸만 눈물이 흘러내리고 있었다. 덕만으로서는 가슴에 칼이 꽂히는 듯 참지 못할 아픔이었다.

"선옥이는 오늘 떠나지 않아도 돼. 이것은 선옥이만 알고, 다른 사람들에게는 절대로 알려서는 안 될 큰일이지만 말야……."

덕만은 선옥의 귀에 입을 대고 가만히 속삭였다. 정대감과 몇몇 공신들이 꾸미는 일을 비롯하여 거사할 시각까지 하나도 빼놓지 않고 말해 주었다.

"그러니까 말야 오늘 밤, 일만 잘 되면 하륜 대감은 목이 잘리거나 멀리 유배될 거야. 그리구 나는 큰 상을 받게 될 거구. 또 너하구 나하구는 알뜰한 살림을 차려놓게 되구…… 먼저 집에 돌아가서 며칠 동안만 숨어있어 봐, 응."

"덕만이 고마워. 그럼 장막에서 보퉁이를 찾아 가지고 살짝 집에 돌아가서 꼭 숨어있을 테니, 곧 알려줘야 해."

선옥은 생긋 웃어주고는 삼단같은 긴 머리채를 한 손에 감아쥐고 종종걸음으로 장막 뒤를 향하여 가버리는 것이었다.

그 뒷모습을 흡족하게 바라보던 덕만이도 곧 다른 하인배마냥 흥타령에 어깨를 들먹거리면서 제자리로 가벼운 발걸음을 옮겼다.

장막 안으로 돌아온 선옥의 좁은 가슴은 안타깝게 설레기만 했다.

어떤 길을 택해야 마땅하랴? 선옥은 도무지 갈피를 잡을 수가 없었다.

'어떻게 해야 하나?'

좁은 가슴이 한없이 조여왔다. 남들은 모두 흥겨운지 웃고 야단이지만, 그들이 부럽다기보다 오늘 일어날 흉변에 저들 중에 반은 이 세상 사람이 아닐 것을 생각하니 몹시 가엽게만 보였다.

'아이, 어떡하면 좋아?'

깊은 한숨이 연거푸 나왔다. 어느 하나를 골라잡지 못하는 자신이 답답하게만 여겨졌다. 그러나…….

덕만을 따르지 않는 것이 의로운 일이 되리라. 자꾸만 그런 생각이 미쳤다. 아니, 그보다도 생명처럼 아껴온 덕만이를 몸서리칠 불더미 속에서 구해 내는 길도 되리라. 이런 생각이 더 크게 미쳤던 것이다.

그러면, 우선 다급한 이 일을 마님에게 알려야 하겠으나 마님보다도 직접 대감에게 연통하는 것이 턱밑까지 닥친 위급에서 벗어나는 빠른 길 같이 여겨졌다.

하지만 지금 대감은 태종을 가까이 모시고 있다. 계집종의 신분으로 감히 가까이 이르기란 당치도 않았다. 잠시 머뭇거리던 선옥은 장막 구석으로 찾아 들어가서 속적삼 소맷자락을 쭉 찢어 내었다. 그러고는

'앗!'

하는 순간, 바른손 장지를 힘껏 물었다.

깊숙이 파진 이빨 자국에서는 붉은 피가 점점이 흘러내렸다.

선옥은 피로 음모의 사연을 찢은 흰 소맷자락에 적어 내려갔다. 흐르는 피가 멈추면, 다시 장지를 물었다.

일필휘지하는 글 솜씨도 범연치 않으려니와 심한 아픔에도 실눈썹 하나 까딱하지 않는 엄숙한 모습이란, 이미 한낱 계집종으로는 보이지 않았다.

대강의 사연을 적은 선옥은 소맷자락을 차곡차곡 접어들고 춤추는 시녀들이 모인 곳으로 돌아왔다. 그리고 막 번을 따라 춤을 추려는 시녀에게 넌지시 전하였다.

태종을 가까이 모시고 있던 하륜은 한두 잔 권하는 대로 받아 마신 술이 벌써 거나하게 취할 정도가 되어 버렸다.

선녀 같은 궁중 시녀들이 아름답기도 하려니와 모처럼 자기를 위해서 잔치를 베푸신 태종의 뜻이 더욱 마음을 흐뭇하게 돋구어서 보는 이만 없다면 덩실덩실 춤이라도 추고 싶었다.

"어이, 취하는군……."

하면서도 기녀가 따라 바치는 술을 물리치지 않았다. 그렇지 않아도 유난히 작은 눈을 가늘게 뜬 채 기녀들의 춤을 유심히 바라보고 있을 때였다. 춤을 추던 기녀 하나가 붉은 빛 수건을 남모르게 바쳐 올리는 것이었다.

"뭘까?"

깊은 곡절이 있으리라는 생각에 미쳤다. 오늘 이 자리가 마음이 놓이지 않았던 터이기도 했다. 이제 심상치 않은 물건을 받아들였으니 선불리 남들이 보는 앞에서 펼 수는 없었다. 생각다 못해 하륜은 폭이 넓은 조복 소맷자락으로 앞을 가리고 조심스럽게 수건을 폈던 것이다. 순간,

'앗!'

피다. 피로 적은 글이었다.

한 줄, 두 줄 충성어린 글 줄기를 읽어내려가는 동안에 눈앞이 아찔한 현기증을 느꼈다.

'음…….'

폐부를 찌르는 듯했다. 그러나 지모가 뛰어난 그는 곧 태연함을 가장할 수 있었다. 무섭게 끓어오르는 의분을 한사코 견디면서 골몰히 계책을 세워 보았다.

지금의 자리는 몹시 번거로웠다. 속마음 같아서는 당장 태종에게 변을 알리고 싶었지만 좌중에는 아직 역모의 주인공들이 태연하게 자리잡고 있으니 경솔하게 입을 놀릴 수가 없었다.

아무리 참으려 해도 손끝은 자꾸만 떨렸고 마신 술은 순식간에 깨어 버리는 듯했다.

"하륜대감, 뭣을 그리 심각하게 생각하고 있소?"

심상치 않은 하륜의 태도를 눈치 챈 태종이 껄껄 웃었다.

그러고는 술 한 잔을 따라 들고,

"이 술은 작별술이니 어서 자시고 부디 국태민안에 많은 치적을 남겨 주오."

하며 극진히 권하는 것이었다.

하륜은 더욱 황송하여 두 손으로 술잔을 받아 들고 입으로 가져가던 순간,

'아······.'

빈객들이 오히려 놀랄 만큼, 하륜은 받은 술잔을 던져 버리듯 엎어버렸다. 생각 여하에 따라서는 이런 술은 받을 수 없다는 뜻이었다.

"무례하오."

태종은 몹시 노기를 띠었다.

한참 동안 눈을 부라리고 있던 태종은 기어이 몸을 일으켜 장막 밖으로 나섰다. 가까이 모시던 대신들이 한사코 만류하였으나,

"무례함을 용서할 수 없소."

태종은 말을 몰아 환궁하여 버렸다.

뜻하지 않은 일이 벌어지자 풍악도 춤도 일시에 멈춰지고 빈객들은 어안이 벙벙하여 어찌할 바를 몰랐다.

"평소에 수전증이 있어서 주신 술잔을 엎어버렸으니 큰 죄를 지었소이다. 지금 마마를 따라가서 깊이 사죄하고 돌아올 것이니 잠시 기다려주오. 파흥이 되어 죄송하오."

하륜은 좌우 빈객들에게 깊이 사죄하고 곧 장막 밖으로 뛰어나와 역시 말에 올라 태종의 뒤를 급히 따랐다.

잠시 후 태종궁에 이른 하륜은 곧 내전으로 들어섰다.

아직 노여움이 풀리지 않은 태종 앞에 죽은 듯이 엎드린 하륜의 눈에서는 눈물이 흘러내렸다.

"황송하오이다. 위급한 일이 있사옵는지라 이 몸이 번다하옵기로 술잔을 엎어 환궁케 하신 것이옵니다. 지금 그 술잔처럼 엎어버리려는 큰 환난이 있사옵니다. 깊이 통촉하옵소서."

"……?"

태종은 너무도 노여움이 컸기에 아직 아무런 말이 없었다.

"그것은 다름이 아니오라……"

하륜은 개국공신들의 음모거사를 낱낱이 아뢰고 심지어 선옥의 피묻은 소맷자락을 보여드리기까지 했다.

"고이한 놈들!"

태종의 얼굴이 금시에 붉어졌다. 불끈 쥐어진 두 주먹이 무릎 위에서 와들와들 경련을 일으켰다.

"안산군수 이숙번은 지략이 있는 사람이옵니다. 그로 하여금 벌초군 3백을 거느리게 하여 간사한 정도전의 무리들과 그 삼족을 멸하시도록 하시오면 적절하온 처사인 줄로 아옵니다. 또한 무안, 의안 두 대군은 처분대로 하실 일이오며, 소신이 아뢸 바 못 되는 줄로 아뢰옵니다."

"그리 조처하리다."

태종은 곧 안산군수 이숙번에게 사람을 보내어 지체없이 동병케 했다. 그것을 보고 비로소 마음을 놓은 하륜은 태연히 남문 밖 장막으로 되돌아와 빈객들과 작별 인사를 나누며 짐짓 임지로 떠나가는 듯 길을 재촉하였다.

이것은 별초군이 일어날 때까지는 정도전에게 눈치를 보이지 않으려고 취한 술책인 것이다.

왕위를 둘러싼 살육

이날 밤, 어영장 윤인손의 군사 5천 명이 동병되기 전에 급히 달려온 안산군수 이숙번이 거느리고 온 군사 3백에게 개국공신 정도전, 남은, 유만수 그리고 윤인손 등은 잡히고 말았다. 그리고 뒤이어 태종의 이복동생 무안, 의안 두 대군도 묶인 몸이 되었다.

별초군 군막, 중앙에 높이 앉은 태종은 불문곡직 잡아 온 무리들을 모조리 베이게 했다.

피에 굶주린 군사들의 사나운 칼날이 달빛에 번쩍일 적마다 음모에 가담한 무리들은 낭자하게 피를 쏟으며 원혼이 되어 버렸다.

무안, 의안 두 대군에게 군사들의 칼이 미치려 할 때

"형님 살려주세요. 아무것도 몰랐어요."

"형님 살려주시어요."

태종을 우러러 눈물로 애원하였으나,

"어서 죽이지 못할까? 이놈들아."

형되는 태종은 끝내 들어주지 않았다.

아! 조선 5백 년 왕위를 둘러싸고 그칠 사이없이 일어난 살육의 처참한 골육상쟁은 그 서막이 올려졌던 것이다.

달빛에 유난히 빛나는 붉은 피는 도랑을 지어 흘렀다. 두 대군이 흘린 피와 정도전과 그의 무리들이 흘린 피는 서로 엉킨 채 영원히 흐르고 있었다. 때로는 한 곳에 오래 고여 있다가 바람결에 거세게 흘러내리곤 했다.

태종은 이것으로 만족하지 않았다.

곧 군사를 회동하여 정도전과 그 무리들의 3족을 깨끗이 멸족시키니, 그 처참한 정경이란 눈물겹기 짝이 없었다.

이튿날.

이 변란을 들으신 태조의 노여움은 한없이 컸다.

개국공신 정도전을 잃은 것도 애석하였지만, 그보다도 유달리 총애하던 무안, 의안 두 대군을 잃은 것이 더욱 마음을 아프게 하였다.

태조는 곧 방원을 불러 크게 꾸짖기를,

"너는 왕이 될 생각뿐으로 천리와 인륜을 거역하였으니 인군이 될 기풍은 티끌만치도 없는 놈이니라."

하고, 이 날로 곧 둘째 아드님에게 양위하니, 이가 곧 정종이다.

그러나 이 아드님에게도 전국보만은 전하지 않은 채 상장군 청해백 이지란과 시위하는 신하 몇몇, 그리고 수백 명의 액속腋屬들을 거느리고 함흥으로 떠났다. 모든 꼴이 보기 싫어서였다.

정종은 등극한지 1년 만에 스스로 태종에게 양위하고 상왕으로 여생을 안락하게 보내니 한 뱃속의 형제간이라도 성격의 차이가 이같이 달랐다.

태종은 등극한 후, 적지 않은 살육을 크게 뉘우친 나머지 선정을 베풀어 태평성대를 구가하는 노랫소리가 방방곡곡에 드높았다.

그러나 부왕 태조를 모셔 오기 위해 보낸 차사마다 죽임을 당하고 말았으니, 이 또한 태종의 피할 수 없는 지독한 업보였던 것이다.

단종애사 端宗哀史

단종의 휘는 홍위이며, 문종과 현덕왕후 권씨의 외아들로 1441년에
태어났다. 세종 30년[1448] 8세 왕세손에 책봉되었고, 문종 즉위[1450] 8월에
세자로 책봉되었다.

1452년 5월 18일 12세에 왕위에 올랐다. 단종이 어린 나이로 왕위를
계승하게 되자, 문종은 유언으로 영의정 황보인, 우의정 김종서 등에게 어린
임금을 보필하게 하였다.

단종의 숙부인 수양대군은 한명회 등과 결탁하고, 이듬해[1453] 10월 10일
황보인·김종서 등을 죽이고 안평대군과 그의 아들을 강화도로 귀양을
보내고, 다음날 스스로 영의정이 되었으며 정인지를 좌의정 한확을
우의정으로 삼는 계유정난을 일으켰다.

수양대군은 첫째 동생인 안평대군에게 사약을 내리고, 다음 해 윤6월
11일에는 넷째 동생 금성대군 등이 반란을 꾀하였다 하여 삭녕[경기도 연천]으로
귀양보내고, 단종으로부터 왕위를 물려받아 근정전에서 왕위에 올랐다.
이때 단종은 상왕으로 물러앉고 거처를 창덕궁으로 옮겼다.

그러나 수양대군의 왕위 찬탈을 못마땅하게 여기고 있던 집현전 학사를
지낸 성삼문·박팽년·이개·유성원·하위지·유응부 등은 세조와 그를 따르던
대신들을 죽이고 단종을 복위하려고 하였으나, 김질의 밀고로 실패하고
모두 극형을 받아 죽었다.

세조는 금성대군을 경상도 순흥으로 귀양보내고 집현전을 혁파한 다음,
3년[1457] 6월 21일에 단종을 노산군으로 강봉하여 강원도 영월로 귀양보냈다가
그 달 24일 목을 매어 죽게 하였다.

계유정난

12세에 왕위에 오르다

1441년^{세종 23} 원손^{元孫}이 탄생하자, 세종은 크게 기뻐하며 곧 근정전에서 대신들의 조하를 받고 나라 안의 죄인들을 사면하였다.

1452년 문종이 세상을 떠날 때 세자는 어렸고 종실의 대군들이 강성한 것을 염려하여 황보인·김종서에게 명하여,

"경들은 부디 어린 세자를 잘 보필하라."

하였다.

1452년 단종이 조선 왕조 제6대 임금으로 왕위에 올랐는데, 이때 12세여서 영의정 황보인, 좌의정 남지, 우의정 김종서, 좌찬성 정분, 우찬성 이양, 병조 판서 민신, 이조 판서 이사철, 호조 판서 윤형, 예조 판서 이승손, 지신사 강맹경, 집현전 제학 신석조 등이 문종의 고명을 받들어 어린 임금을 보좌하였다.

사헌부에서 조정의 당상관 및 여러 대군들의 집에 사람의 방문을 금할 것을 주청하였다. 이때 수양대군은 안평대군과 도승지 강맹경을 통하여 여러 대신에게

"우리들에게 사람의 방문을 금한다는 것은 종실을 의심함이니 무슨 낯으로 세상에 살 것인가. 분경에 관한 법은 일찍이 세종 및 대행왕^{文宗}께서 불가하다고 말씀하셨다. 이제 주상께서 그 즉위 초에 제일 먼저 종실을 의심해서 사람들의 출입을 금하니 이는 착한 이름을 드러내지 못하고 장차 고립되어 도울 이가 없게 될 것이 아닌가. 이는 분명히 스스로 그 오른팔을 자르는 것이다. 우리들은 국가와 더불어 편안함과 근심을 같이 하는 몸으로 가만히 있을 수 없어 말하는 것이니 이 위태롭고 어려운 시기를 당하여, 마음과 힘을 기울여 여러 대신과 더불어 난관을 구제하려 했는데, 어찌 도리어 시기와 의심을 받을 줄 뜻하였으랴. 우리들은 주상께 글을 올려 하소연할까 하다가 혹시 사헌부의 실수인지 몰라서 먼저 대신들에게 알린다."

라고 하자, 황보인은 짐짓 모른 척하면서 사헌부에 허물을 뒤집어씌웠다.

세종은 정비 소헌왕후 심씨에게서 큰아들 문종을 비롯하여 수양·안평·임영·광평·금성·평원·영응대군과 정소·정의공주 등 8남 2녀를 두었다.

세종은 조선의 역대 왕들 중에서 아들을 가장 많이 두었는데 18명의 아들들 중에 소헌왕후 심씨가 8명, 영빈 김씨가 1명, 신빈 김씨가 6명, 혜빈 양씨가 3명 등이었는데, 그 중에서 소헌왕후 심씨가 낳은 수양대군과 안평대군·금성대군이 뛰어났다.

수양대군은 1417년 9월 29일 경복궁에서 태어났고, 세종 10년 진평대군으로 책봉되었다가 함평대군·진양대군·수양대군으로 고쳤다. 그의 이름은 유, 자는 수지이다.

1453년 봄 『역대병요^{歷代兵要}』가 편찬되었다. 처음에 세종이 집현전 학사들에게 명하여 『역대병요』를 편찬하게 하였는데 이때, 수양대군이 총재관이 되었고 단종 때 이르러 그 책이 비로소 편찬되자, 수양대군은 대궐에 나아가 편찬에 힘쓴 여러 관리들에게 관자官資를 올리고, 상금을 주어 그 수고에 보답하기를 주청하였다.

　이때 성삼문·유성원 등 그 일에 참여한 사람들은 모두 상금과 관자를 받았는데, 하위지만 사헌부 집의로서 굳이 사양하며 받지 않았다. 이때 그는 "주상께서 어리시고 나라에 걱정이 많은데 종실세조이 관직과 상여로써 조정의 신하들을 농락하여서는 안 되고, 신하들도 또한 종실의 농락을 받아서는 안 된다"라고 하였고, 여러 번 사양해도 임금이 허락하지 않자, 그는 자신이 왕을 만나 해명하기를 건의하였다.

김종서 유묵

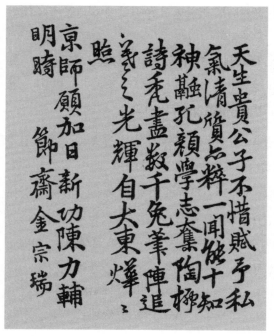

단종이 이 일을 대신들에게 묻자, 황보인·김종서 등은

"수양대군이 전례에 따라 상을 청한 것이지 다른 뜻이 있는 것이 아니오며, 세종 대에 하위지가 찬집한 공로로써 상금·관자를 사양하지 않았는데, 이제 혼자 이와 같이 사양함은 옳지 못하오니 면대를 허락하지마소서."

하였다. 그러자 하위지는 말했다.

"세종 대에서는 은혜가 위에서 내려왔으므로 받았지만, 지금은 은혜가 아래에서 나왔으니 받지 않는 것이오며, 신은 사정이 극히 난처한 지경에 이르렀으니 조정에 설 수 없습니다."

조정에서는 어쩔 수 없이 그를 집현전 직제학으로 임명하였다.

계유정난의 시작

수양대군은 나라의 위난을 평정하려는 뜻이 있었는데, 권남이 그 밑에 드나들어 매우 친밀하였다. 그가 찾아갈 적마다 해가 기울어도 물러가지 않고 저녁 식사를 늦추게 되므로 그 집 하인들은 권남이 찾아오면,

"국물 식히는 서방님이 또 왔다."

라고 말하였다. 뒤에 세조가 왕위에 오르자, 권남을 내전으로 불러들여 잔치를 벌여 위로하며 정희왕후를 돌아보며 말했다.

"이 사람이 옛날 국물 식히던 그 서방님이오."

한명회는 젊어서 큰 뜻을 품고 과거를 탐탁히 여기지 않았으므로 30살이 넘어서도 선비로 지냈으며, 그는 권남과 생사를 같이 하는 친구가 되었다. 어느 날 수양대군이 권남에게 인재를 구하자 그는 한명회를 추

천하였는데, 이때 수양대군은 그를 늦게서야 알게 된 것을 한탄하였다.

그는 수양대군을 찾아갈 적마다 스스로 종부시 관원이라 일컫고, 또는 의원이라 일컫기도 하여 사람들이 의심하지 않게 하였으며, 그리고 어두운 밤에는 하인을 부르기가 어렵다 하여 궁노 임운의 팔에 노끈을 매어서 한 끝을 문밖에 내놓았는데, 그가 끌어당기면 비록 밤이 깊었어도 곧 수양대군에게 알렸고, 모든 계책은 거의 한명회로부터 나왔다.

수양대군은 일찍이 한명회를 "나의 자방이다"라고 했는데, 한명회는 "한고조·당태종이 장량·진평·방현령·두여회의 지혜를 썼지만, 한신·팽월·포공·악공이 아니면 무공을 이룰 수 없었을 것이다"라고 하면서 무사 홍달손·양정·유수 등 30여 명을 수양대군에게 추천하여 그들을 수하로 부렸다.

한명회는 나이 40이 되어도 알아주는 사람이 없었다. 이때 여러 왕자들이 다투어 문객을 맞아들였는데 문인, 재사는 모두 안평대군이 차지했고 수양대군은 그보다 나을 수가 없었다. 한명회가 찾아가자, 수양대군이 그를 첫눈에 알아보았다. 이때 한명회는 수양대군에게 말했다.

"세상에 변란이 있으면 문인은 쓸모가 없으니, 나리께서는 모름지기 무사와 결탁하소서."

"어떻게 하면 될까?"

"쉽습니다. 활쏘기 연습이란 명분을 내걸고 술과 안주를 푸짐하게 장만하여 매일 모화관과 훈련원으로 나가 활 쏘기를 하고 나서, 무사들을 배불리 먹이면 모두 쉽게 사귀실 수 있습니다."

수양대군은 한명회의 지혜를 빌려 수일 내로 무사들을 두루 사귀어 거사하기로 하였다.

1452년 10월 명나라에 사신을 보내 고서誥書와 면류관을 받는 일에 대하여 조정에서 의론이 일었다. 그러자 수양대군은 스스로 명나라에 사신으로 가기 위해 임금에게 주청하였다. 이에 단종은 부마를 사신으로 삼아 보내고자 하였으나, 여러 사람들이 반대하였으므로 그만두었다.

그러자 권남이 수양대군에게 말했다.

"나리, 대사가 깨뜨려질까 염려스럽습니다."

"염려 마라. 안평은 나의 적수가 아니다. 황보인과 김종서도 영걸이 아니다. 황보석^{황보인의 아들}과 김승규^{김종서의 아들}를 거느리고 가면, 저들은 감히 움직이지 못할 것이다."

수양대군은 공조 판서 이사철을 부사로 삼고, 집현전 교리 신숙주로 종사관을 삼아서 명나라에 갔다. 다음 해 2월에 수양대군이 돌아와서 자신을 따라갔던 관리들에게 벼슬을 올려줄 것을 주청하자, 대간이 나서서 그를 따라갔던 사람들에게 벼슬을 올려 주려는 것을 거부하였다.

수양대군이 한명회·권남 등과 더불어 10월 10일에 거사하기를 약속하였는데, 이 일이 누설되어 걱정하므로 수양대군은

"설사 계획이 누설됐더라도 김종서가 가장 교활하니 먼저 그를 죽이면 나머지 적은 없애기가 쉽다."

라고 말했다. 10일 이른 아침에 강곤·홍윤성·임자번·최윤·안경손·홍순로·홍귀동·민발·곽연성 등을 수양대군의 집 후원에 모아놓고 활을 쏘며 크게 주연을 베풀어 거사할 것을 의논했다.

홍달손은 순라꾼을 감시하기 위해 먼저 나갔고, 송석손·민발 등은 임금께 아뢰어야 한다고 주장하여 의론이 엇갈리자, 더러는 북문으로 빠져 나가므로 한명회가,

"대군께서는 빨리 결단을 내리십시오."

라고 말하였고, 홍윤성은

"용병하는 데는 망설이는 것을 가장 기피해야 합니다."
라고 말하였다.

이때 송석손 등이 세조의 옷자락을 잡고 말리자, 세조가 화를 내면서,

"너희들은 모두 가서 고발하라."
하고 활을 집어들고 일어나서 앞을 막아서는 자를 발로 차면서 말했다.

"나는 강제하지 않는다. 나를 쫓지 아니하는 자는 가라. 장부는 사직을 위해 죽어야 한다. 나는 혼자 가겠다. 만약 어리석은 고집으로 기회를 그르치는 자가 있으면 마땅히 먼저 죽이리라."

세조가 중문에 이르자, 정희왕후가 갑옷을 들어 입힌 다음 임운을 데리고 갔다.

이때 한명회는

"대군께서 혼자 가시니 도와야 한다."
라고 말하면서 권언·권남·한서귀·한명진 등으로 하여금 돈의문 위에 매복케 하는 한편, 양정·홍순손·유수 등에게 수양대군을 따르게 하였다.

수양대군이 김종서의 집을 향해 가는데, 말을 탄 군사 여러 명이 길가에 섰다가 그를 보자 모두 흩어졌다. 김종서의 집에 이르자 그의 아들 승규가 신사면·윤광은과 더불어 문 앞에 앉아 있으므로 세조는 승규로 하여금 자신이 찾아온 것을 알리자, 잠시 후에 김종서가 나오기는 했으나 앞으로 다가서지 않고 수양대군이 집안으로 들어오기를 청했다. 하지만 그는 해가 저물어 성문이 닫힐 것을 이유로 들어가지 않고

"종부시에서 영응대군의 일을 탄핵하였으니 정승께서 모름지기 살펴주셔야겠소."

라고 말하였다.

　이때 수양대군이 짐짓 사모뿔을 떨어뜨리자, 김종서는 급히 자기의 것을 뽑아 주었다. 그리고 신사면·윤광은 등에게 수양대군은

"비밀 의론이 있으니 너희들은 그만 물러가라."

라고 일렀으나 신사면 등은 그래도 멀리 가지 않았다.

　수양대군은,

"내가 대감께 부탁하는 편지가 있소이다."

라고 말하였다. 김종서가 편지를 달빛에 비춰 보는데, 수양대군이 눈짓으로 신호를 보내자, 임운이 김종서를 철퇴로 내리쳐서 땅바닥에 쓰러뜨렸다. 이를 본 아들 승규가 놀라서 쓰러진 아버지 위에 엎드리자 양정이 칼을 뽑아 단숨에 죽였다.

　수양대군은 양정에게 말고삐를 주고 돌다리에서 기다리던 한명회를 만나자 상기된 표정으로 말했다.

"적을 죽였노라."

하였다. 수양대군이 집에 있는 군사를 부르자, 한명회가 거느리고 왔다. 수양대군이 순청에 이르러 홍달손에게 명하여 순라군을 거느리게 하였는데, 그로 하여금 순라군을 이끌고 자신을 에워싸게 하고 시재소로 나아가 내금위 봉석주로 하여금 군사들을 뜰 한가운데 배열시켜 사람들이 함부로 드나들지 못하게 한 다음 입직 승지 최항을 불러 김종서를 죽인 연유를 말하였다.

　또 황보인·김종서·이양·민신·조극관·윤처공·이명민·원구·조번 등이 함길도 절제사 이정옥, 종성부사 이경유, 평안도 관찰사 조수량, 충청도 관찰사 안완경과 모의하여 어린 임금을 내치고 사직을 훔치려 하지만, 주상께 아뢰어서 모두 토벌하겠다고 하였다.

승지 최항이 대궐 문을 열고 나와서 맞이하므로 수양대군은 그와 손을 잡고 같이 들어갔다. 이때 단종이 깜짝 놀라 일어서면서

"숙부는 나를 살려 주시오."

"걱정하지 마옵소서. 신이 잘 처리하겠습니다."

수양대군은 이렇게 단종을 안심시키고는 명패를 내어서 조정의 대신들을 불렀다. 군사를 세 겹으로 세워서 세 겹의 문을 만들고 한명회는 생살부를 가지고 문의 안쪽에 앉아 있었다.

대신들이 어명을 받고 첫번째 문에 들어오면 따르는 하인들을 떼고, 두번째 문으로 들어왔을 때 그 이름이 살생부에 실려있으면 홍윤성 등이 철퇴로 때려 죽였다. 이렇게 황보인 · 조극관 · 이양 등을 죽였다.

이어 수양대군은 사람을 보내 윤처공과 민신을 현릉 비석소에서 죽였다. 이때에 황보인은 어명을 받고 초헌을 타고 왔지만 종묘 앞에서 내리지 않고

"그만이다. 이제 그만이다."

라고 중얼거리면서 사인 이례장의 손을 잡고 뒷일을 부탁하였다.

한편 철퇴를 맞고 쓰러졌던 김종서는 죽지 않고 아직 목숨이 붙어 있었다. 김종서는 원구를 시켜 성문을 지키는 군사를 불렀다.

"정승이 위독하니, 빨리 약을 가지고 와서 구제하도록 임금께 아뢰어라."

하지만 아무도 대꾸하는 자가 없었다. 김종서는 상처를 싸매고 여자 옷으로 갈아입고 가마를 타고 숭례문 · 소덕문 · 돈의문을 한 바퀴 돌았으나 이미 한명회가 심복들을 풀어서 각 문을 지켰기 때문에 문이 닫혀서 들어가지 못하였다.

김종서가 다시 살아날 것을 염려한 수양대군은 새벽에 이흥상을 보

내 살피게 했다. 김종서가 아들 김승규의 처가에 숨어 있다는 것을 알자, 수하를 시켜 밖으로 나오게 하였다. 그러자 김종서는

"내가 어찌 걸어가느냐. 초헌을 불러오너라."

고 하였으나, 곧장 베어 죽였다.

수양대군은 나머지 반대파인 지정을 영암에, 조수량을 고성에, 이석정을 연일에, 안완경을 양산에 귀양보내고, 유중문을 거제에 안치하였다가 얼마 후에 사사했다.

정분은 이때에 전라·경상 도제찰사였는데, 충주에서 돌아와서 귀양의 명을 받았다. 이현로는 앞서 벼슬을 그만두고 호남에 있었으나, 정분과 같이 한양으로 돌아오다가 도중에 죽임을 당했다. 아울러 재산도 몰수 당하고 처자까지 죄다 연좌되었다.

이 날 왕의 전교에

"간신 황보인·김종서 등이 안평대군 용과 결탁하여 당파를 만들어 조정과 지방에 웅거하여 비밀히 군사를 기르고 변방 고을의 병기를 싣고 와서 반역을 도모하였다. 이들 간신들은 이미 모두 처형되었지만, 종친만은 차마 법에 부칠 수 없으니 외지에 안치하라."

라고 하였다.

정인지는 권남에게 글을 쓰게 하여 이계전·최항과 더불어 교서의 초안을 썼다. 임금은 내시 엄자치를 시켜 어주를 하사하였다.

어떤 사람이 고변하기를 "안평이 다른 뜻이 있어 무이정사를 지었고, 또 담담정에서 김종서 등과 만난 적이 많았다"하여 이것으로써 죄목을 삼아 금부도사 신선경을 보내어 안평대군 용을 강화도로 압송하고 그의 아들 우직과 함께 귀양보냈다.

안평은 귀양 갈 때 흐느끼면서 혼잣말로 중얼거렸다.

"좌상이 이 일을 아는지, 미안하여 무슨 말을 하리."

라고 하였는데, 이미 그가 죽은 줄을 모르고 자기를 구해 주기를 바랐던 것이다.

다음날 양사에서는

"안평대군 용은 반란의 수괴로서 어찌 같이 한나라에 처하겠습니까. 마땅히 그의 죄를 물어 죽여야 할 것입니다."

하였으나 전교에

"허락하지 아니한다."

하였다. 그러자 조정의 대신들이 계속 안평대군을 죽이기를 주청하였으나 임금은 허락하지 않았다. 단종은 비밀리에 정인지 등을 경회루 밑으로 불러 의논하다가 헤어졌다.

이때 정인지는 이계전과 함께 수양대군에게 안평대군을 죽일 것을 거듭 건의하였으나, 그는 사양하면서 말하기를

"나의 생각하는 바를 이미 임금 앞에서 모두 말했다. 그러나 나의 말은 사사로운 정이요, 여러 정승이 말하는 것은 공론이다. 나는 공론을 저지하자는 것이 아니라, 임금의 재가를 기다리는 것뿐이다."

고 하자, 정인지 등이 임금에게 대의로써 안평대군을 처벌하기를 주청하였다.

좌의정 정인지 등이 백관들을 거느리고 와서 재차 주청을 했다.

"주상께서는 이미 신들을 인견하실 것을 허락하시었으니 안평대군을 처벌하기 바랍니다. 속히 결단하시옵소서."

하고 아뢰자, 전교에

"알았도다. 과인이 경들의 뜻을 따르겠노라."

하고 금부 진무 이백순을 보내어 안평대군을 사사하고, 그의 아들 우직

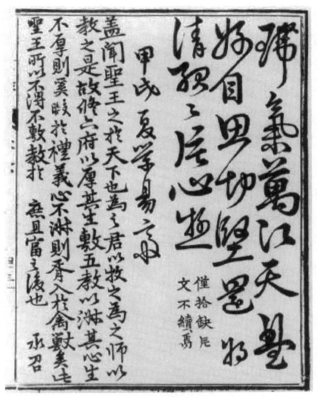

정인지 유묵

의 유배지를 진도로 옮겼다. 안평대군은 태종의 아들 성녕대군의 양자
인데, 이때 성녕대군의 부인 성씨와 간통하였다고 그의 죄목 중에 첨부
했다.

수양대군이 김종서 등을 죽였음에도 그에게 영의정·이조 판서·병
조 판서의 직을 맡기고, 내외병마도통사를 겸임하여 군국중사軍國重事를
다스리게 하고, 3군 진무가 군사 백 명을 이끌고 호위하게 하였다. 그리
고 백관들이 수양대군의 공을 표창하기를 임금에게 주청하여 집현전으

로 하여금 교서를 초안하게 하자, 여러 학사들이 모두 도망쳤는데 유성원이 협박을 받아 초안하고는 집에 돌아와 통곡하자, 아내는 그 이유를 알지 못하였다.

수양대군을 비롯하여 정인지 등 36인을 정난공신으로 책봉하였다. 한명회를 승진시켜 군기시 녹사로 삼았다.

성삼문·박팽년은 집현전에서 궁궐을 숙위하였다 하여 공신의 호를 주자 성삼문은 그것을 부끄럽게 여겼으며, 공신들이 돌려가면서 축하연을 열었으나, 그는 일체 참석하지 않았다.

허후를 거제에 안치시켰다가 뒤에 사사하였다. 일찍이 수양대군이 명나라에 갈 때, 좌참찬 허후가 그에게

"지금 상왕의 관이 빈소에 있고, 어린 임금이 나라의 정무를 맡았으나 대신들이 따르지 않고, 백성들이 의심하고 있는데, 대군은 왕실의 종친이 되어 나라를 떠나서 장차 어디로 가시렵니까?"
라고 하자, 수양대군은 그 말을 따르지는 않았으나, 마음속으로는 그의 말을 기특하게 여겼다. 이때 허후는 수양대군에게 건의한 일로 죽음을 면하였다.

수양대군이 영의정에 임명되자, 허후를 비롯한 여러 신하들을 불러들여서 자리에 앉게 하고 마침내 연회를 열었다. 이때 정인지·한확 등은 손뼉을 치면서 떠들고 웃었으나, 허후는 슬픈 표정을 지으면서 즐거워하지 않았고 고기를 먹지 않았다.

수양대군이 그 이유를 묻자, 허후는 할아버지의 기일 때문이라고 핑계대었다.

조금 뒤에 김종서·황보인 등의 머리를 베어 저잣거리에 매달게 하고, 그 자손들까지 죽이자, 허후는

"이 사람들이 무슨 큰 죄가 있기에 머리를 베어 매달고, 그 처자까지 베어 죽입니까. 김종서는 나와 친하지 않으므로 그의 마음을 잘 알 수 없지만, 황보인의 인품을 자세히 아는데, 그는 절대로 반역을 도모할 이유가 없습니다."

라고 말하였다. 이때 수양대군은

"네가 고기를 먹지 않은 뜻이 여기에 있었구나."

라고 하자,

"그렇습니다. 조정의 원로대신들이 모두 죽었으니 이 허후가 산 것만도 다행이온데, 어찌 고기를 먹을 수 있겠습니까."

하며 눈물을 흘렸다. 수양대군은 매우 화가 났으나, 그의 재주와 덕을 아껴서 죽이지 않았다. 그러나 이계전이 적극적으로 주장하자 지방으로 귀양보내었다가 마침내 목을 매어 죽였다.

단종 왕비 송씨

단종이 상중喪中에 있을 때 수양대군은 영의정이었는데, 궁중이 쓸쓸하고 후사의 중함을 생각하여 거상 중이지만, 하루라도 빨리 왕비를 맞아들여야 한다고 주장하여 그 일을 국론으로 정하고 사인 황효원을 우의정 정인지에게 보내어

"내일 왕비를 맞아들이는 문제를 상의해야겠소."

하였다. 그러자 정인지가

"상중에 왕비를 맞아들이는 것이 어찌 예라 할 수 있는가?"

하고, 황효원을 꾸짖으면서 말했다.

"너 또한 선비인데, 어찌 이런 말을 내게 하는가?"

황효원이 돌아와서 수양대군에게 정인지의 말을 그대로 전하기가 어려워서 좋은 말로 아뢰었다.

"우의정의 몸이 불편한 것 같아서 말을 하지 못했습니다."

그러자 수양대군은

"일이 내일로 임박하였으니, 급히 거행하지 않을 수 없다. 네가 다시 찾아가 양빈이 빨리 왕비를 맞아들이라고 부탁하였으니, 그 말을 좇지 않을 수 없다고 전하라."

황효원이 또 찾아가서 수양대군의 말을 전하자, 정인지는 화를 내면서 말했다.

"양씨는 세종께서 빈으로 봉하였지만, 본디 천한 여자라, 어찌 국가의 일에 참섭한단 말이냐?"

난처해진 황효원이 꿇어앉아 빌다시피 하여 말했다.

"소인이 어찌 감히 이런 말씀을 돌아가 아뢸 수 있습니까. 청컨대 공께서 방법을 가르쳐 주십시오."

정인지가 웃으며

"내일 나도 일찍 대궐에 들어가겠으니, 네가 사옹원 관원에게 미리 얘기하여 술이나 많이 준비하고 기다려라."

이튿날, 정인지가 일찍 궐 안으로 들어왔다. 대신들이 모여 앉아 큰 술잔을 들어 번갈아 주거니 받거니 하며 흠뻑 취하여 의론을 끝내지 못하고 그대로 헤어졌다.

왕비를 맞아들이기를 대신들이 주청하자, 단종은

"대신들이 이같이 아뢰니, 끝내 내 뜻을 고수할 수가 없소이다."

하고, 송현수의 딸을 왕비로 삼고 그를 돈녕부사에 임명하였다.

사육신의 상왕 복위 모의

1455년 2월 의정부 · 육조 · 정원의 관리들이 빈청에 모여서 화의군 이영이 최승손 · 김옥겸과 더불어 금성대군 이유의 집에서 잔치를 베풀고, 활을 쏜 것과 평원대군 이임의 첩 초요섬을 간통한 죄를 아뢰어, 이영을 귀양보냈고, 이유의 직첩을 회수하였다.

또한 내시 엄자치의 죄를 물어 금부에 가두었다가 제주도에 안치시켰는데, 그는 도중에 죽었다. 그때에 혜빈 양씨가 단종을 보호한다는 핑계로 궁중에 출입함으로써, 견책을 당하였다.

1455년 윤6월 11일에 단종이 수양대군에게 왕위를 물려주자, 단종을 높여 상왕이라 하여 창덕궁에 옮겨 거처하게 하였다.

상왕이 양위한 것은 권남에서 시작되어, 정인지에 의해 이루어졌다.

정순왕후릉

김자인이 그때 열두 살인데, 그 의론을 보고 가슴에 불길이 타는 것 같았다고 말하였다.

　그때 단종이 환관 전균을 시켜 우의정 한확 등에게 전교하기를,

　"내가 어려서 나라 안팎의 일을 알지 못하여, 간악한 무리가 일어나 반란의 싹이 잇달아 움트려 하니, 장차 큰 임무를 영의정에게 전하려 하노라."

　이에 한확이 깜짝 놀라

　"지금 영상이 나라 안팎의 모든 일을 총괄하는데, 다시 무슨 대임을 전한다는 말씀입니까?"

　전균이 한확의 말을 아뢰자, 단종은 전교를 거두지 않았다.

　"내가 전날부터 뜻이 있어서 그리하기로 하였으니, 빨리 모든 일을 준비하라."

　한확 등이 간청하였고, 수양대군도 울면서 사양하였다. 전균이 들어가서 이러한 일을 아뢰자, 잠시 후에 다시 전지를 내렸다.

　"상서시 관원에게 옥새를 가지고 들어오라 하라."

　여러 대신이 서로 돌아보며 깜짝 놀랐다. 또 명령하여 동부승지 성삼문에게 상서원에서 빨리 옥새를 가져와 전균으로 하여금 경회루 아래로 받들고 나오라 하고, 단종이 친히 경회루에 나와서 수양대군을 불렀다.

　수양대군이 들어오자 승지와 사관이 따랐다. 단종이 일어서자, 수양대군은 꿇어 엎드려서 울면서 굳이 사양하였다. 단종이 옥새를 들어 그에게 전했다. 그러나 수양대군이 거듭 사양하면서 그대로 엎드려 있자, 단종이 부축하여 일어나게 하였다.

　이윽고 수양대군이 대군청에 이르자, 백관들이 시립하고 군사들이

호위하였으며, 정부는 집현전 부제학 김례몽 등으로 하여금 선위·즉위하는 교서를 받들게 하고, 유사는 의위를 갖추어 경복궁 근정전에 헌가를 설치하자, 수양대군은 익선관과 곤룡포를 갖추고 백관들을 거느리고 대궐 뜰에 나가서 선위를 받았다. 이어 수양대군은 사정전에 들어가 임금을 배알한 후 근정전에서 조선왕조 제7대 왕으로 즉위하였다.

세조가 단종으로부터 선위를 받을 때 자신은 덕이 없다고 사양하자, 좌우에 따르는 신하들 모두는 감히 한 마디 말도 하지 못하였다.

성삼문이 예방 승지로서 옥새를 안고 울음을 터뜨리자, 수양대군이 엎드려 사양하다가 머리를 들어 뻔히 바라보았다. 이 날 박팽년이 경회루 연못에 빠져 죽으려 하자, 성삼문이 굳이 말리며

"지금 왕위는 비록 선위되었으나, 임금께서 아직 상왕으로 계시니, 우리들이 살아 있다가 일을 도모할 수 있다. 도모하다가 뜻을 이루지 못하면 그때 죽어도 늦지 않다."

라고 하자, 박팽년이 그 말을 쫓았다.

한편 성승이 도총관으로 궁 안에 들어가 번을 들다가 선위한다는 말을 듣고 종을 보내어 상황을 물었으나, 성삼문이 대답하지 않고 한참 있다가 뒷간에 가서 하늘을 쳐다보며 눈물을 흘렸다.

성승은 병을 핑계로 집에 드러누워서 일어나지 않자, 식구들도 얼굴을 볼 수 없었다. 오직 성삼문이 찾아오면 좌우를 물리고 이야기를 나누었다.

박팽년이 성삼문·성승·이개·하위지·유성원·김질·유응부, 상왕의 외숙 권자신 등과 더불어 상왕의 복위를 모의하였는데, 얼마 뒤에 박팽년이 충청 감사로 부임하였다.

1456년 6월 명나라 사신이 와서 태평관에 머물렀는데, 세조가 창덕궁

에서 상왕을 모시고 사신을 초청하여 잔치를 벌이기로 하였다. 이때 박팽년·성삼문이 모의하여 그 날 성승·유응부로 하여금 운검을 삼아서 잔치가 한창 무르익을 때에 세조를 베면 상왕을 복위시키기는 일은 손바닥을 뒤집는 것만큼 쉬울 것이라 하였다. 그러자 유응부가 다짐하듯 말했다.

"임금과 세자는 내가 맡을 것이니, 나머지는 자네들이 처치하라."

이 말에 성삼문이 단호한 어조로 말했다.

"신숙주는 나의 절친한 벗이지만, 죄가 몹시 중하니 베지 않을 수 없다."

모두가 이에 찬성하였고, 형조정랑 윤영손으로 하여금 신숙주를 죽이기로 하였다. 성삼문이 김질에게 다짐하듯 말했다.

"일이 성공하면 자네의 장인 정창손이 영의정이 될 것이다."

하지만, 이미 계획이 다 짜여졌는데 한명회가 창덕궁 광연전이 좁고 또 날씨가 무더우니, 세자는 오지 말고 운검도 들어오지 못하게 청하자, 세조가 그대로 쫓았다.

성승이 칼을 차고 들어가려 하자, 한명회가 앞을 가로막으며 말했다.

"이미 운검은 들어오지 않기로 했소."

성승이 한명회를 죽이려 하자, 성삼문이 막아서며 말했다.

"세자가 오지 않았으니, 한명회를 죽여도 소용이 없습니다."

그래도 유응부는 들어가서 죽이려고 하자, 박팽년과 성삼문이 강하게 제지하였다.

"지금 세자가 경복궁에 있고, 또 운검을 들이지 않으니, 이것은 하늘의 뜻이라. 만일 여기서 거사하였다가 세자가 경복궁에서 군사를 일으키면 성패를 알 수 없으니, 다른 날에 임금과 세자가 같이 있는 때를 엿

보아 거사하는 것만 못하니 뒷날을 기약합시다.”

유응부가 언성을 높였다.

“일은 신속하게 처리하는 법인데, 만일 다음날로 미루면 일이 누설될까 두렵고, 세자가 비록 경복궁에 있지만, 수양의 대신들이 모두 수양을 따라 여기에 왔으니, 오늘 이 무리를 다 죽이고 상왕을 복위시켜 군사들을 거느리고 경복궁에 쳐들어가면 세자가 어디로 도망가겠는가. 비록 지혜 있는 자가 있다 해도 계교를 내지 못할 것이니, 기회는 이때다. 놓칠 수 없다.”

박팽년은 이런 유응부를 계속 말렸다.

이때 윤영손은 계획이 바뀐 것을 알지 못하고 신숙주가 한쪽 마루에서 서성거리는 것을 발견하자 지체없이 칼을 가지고 다가갔다. 그러나 성삼문이 눈짓하여 만류하자, 윤영손은 물러섰다. 이에 김질이 일이 틀어졌음을 눈치채고 장인 정창손에게 달려가 밀고했다.

“오늘 특별히 운검을 들이지 않고, 세자도 오지 않았으니 이것은 천명이다. 먼저 고발하면 부귀를 누리리라.”

하여, 정창손이 김질과 함께 대궐에 달려가서 변을 고했다.

“신은 실상을 알지 못하는데, 김질이 성삼문의 무리와…… 죄가 만 번 죽어 마땅합니다.”

마침내 세조가 김질을 불러들여 그 진상을 묻자, 그가 대답하기를,

“성삼문이 신을 보자고 청하기에 가 보았더니, 성삼문이 ‘근일에 상왕께서 창덕궁 북쪽 담을 터놓고 금성대군의 예전 집에 왕래하는데, 이것은 반드시 한명회 등의 헌책에 의한 것이라’ 하였습니다. 신이 어찌 그런가 하고 묻자, 성삼문이 ‘그 자세한 사항은 알지 못하나, 이는 상왕을 좁은 곳에 넣어 두고 한두 명 장사로 하여금 담을 넘어 들어가서 불궤한

일을 도모하려 함일 것이라.' 하였습니다. 또 '상왕과 세자가 모두 어리
니, 만일 임금이 죽고 왕위를 다툰다면 상왕을 돕는 것이 옳으니, 꼭 너
의 장인에게 이르라.'고 하였습니다."

하였다. 이 말을 들은 세조는 곧 승지를 불러들여 성삼문을 잡아오도록
명령하였다.

공조 참의 이휘가 일이 발각되었음을 듣고 정원에 나가서 성삼문 등
의 음모를 고발하였다.

"신이 곧 아뢰려 하였으나, 그 실상을 제대로 알지 못하여 감히 아뢰
지 못하였습니다. 죽여주시옵소서."

세조는 승지 윤자운으로 하여금 상왕에게

"성삼문이 조금 학문을 알기로 정원에 두었는데 실수가 많아 예방 승
지에서 공방 승지로 바꾸었더니, 원망을 품고 말을 지어내기를, '상왕을
금성대군의 집에 왕래하게 하는 것은 반드시 불측한 일을 도모하려 함
이라' 하고, 따라서 대신들을 모조리 죽이려 하였다 하므로, 방금 국문
하고 있나이다."

라고 전하였다.

세조가 편전에 나와 앉자, 성삼문을 무사로 하여금 끌어내어 심문하
자, 성삼문이 한참 하늘을 쳐다보다가 내뱉듯 말했다.

"김질을 대질시켜 주시오."

세조가 김질에게 명하여 그 실상을 말하자, 성삼문이 당당한 표정을
지으며 말했다.

"모두 사실이다. 상왕께서 춘추가 한창 젊으신데 선위하셨으니, 다시
세우려 함은 신하된 자가 마땅히 할 일 아닌가. 다시 또 무엇을 묻는 것
인가."

신숙주

　하고는 김질을 돌아보며 목청을 높였다.

　"네가 고한 것이 오히려 말을 둘러대어 올바르지 못하다. 우리들은
바로 상왕을 복위시키려는 것이다."

　이에 분노가 치민 세조가 명하여 다시 국문하자, 성삼문은 박팽년·
이개·하위지·유성원·유응부·박정 등이 그 계획에 참여했다고 실토
하였다.

　세조는 더욱 분노했다.

　"너희들이 어찌하여 나를 배반하였느냐?"

　이에 일갈하듯 성삼문이 말했다.

　"상왕을 복위하려 함이니, 천하에 누가 자기 임금을 사랑하지 않는

자가 있겠소이까. 어찌 이를 모반이라 말하는 게요. 내 마음은 나라 사람들이 다 알고 있소이다. 나리가 남의 나라를 도둑질하여 뺏으니, 내가 남의 신하가 되어서 차마 군왕이 폐출되는 것을 볼 수 없기 때문에 그러한 것이오. 나리가 평소에 곧잘 주공을 끌어댔는데, 주공도 어디 이런 일이 있었소이까. 내가 이 일을 하는 것은 하늘에 두 해가 없고, 백성들에게 두 임금이 없기 때문이외다."

세조의 분노가 하늘을 찔렀다.

"선위를 받을 때에는 가만 있다가 이제 나를 배반하는가?"

"그때는 사세가 불가능했기 때문이오. 내가 원래 그것을 저지하지 못할 바에는 물러가서 한 번 죽음이 있을 뿐임을 알지만, 쓸데없이 죽으면 소용이 없겠기에 참은 것이고 뒤에 일을 도모하려 함이었소."

"네가 신이라 일컫지 않고 나를 나리라고 하는데, 너는 내 녹봉을 먹지 않았느냐. 내 녹봉을 먹고 배반하는 것은 반역이다. 겉으로는 상왕을 복위시킨다 하지만, 실상은 네가 하려는 것이 아니냐?"

"상왕이 계신데, 나리가 어떻게 나를 신하로 삼을 수 있겠소. 내가 또 나리의 녹봉을 먹지 않았으니, 만일 믿지 못하겠거든 나의 집 재산을 몰수하여 따져 보시오. 나리의 말은 모두 허망하여 얻을 것이 없소이다."

세조는 분노를 참을 수가 없었다. 쇠를 달구어 다리를 뚫고 팔을 끊었다. 하지만 성삼문은 얼굴빛을 그대로 한 채 말했다.

"허허, 쇠가 다 식었소이다. 다시 달구어야겠오."

이어서 세조의 뒤에 서 있던 신숙주가 들으란 듯 말했다.

"옛날에 너와 더불어 집현전에 있을 적에 영릉^{세종의 능호}께서 원손을 안고 뜰안을 거닐으시면서 말씀하시기를, '나의 천추만세 뒤에 너희들이 모름지기 이 아이를 잘 생각하라' 하시던 말씀이 아직도 귓가에 맴도는

데, 그대는 그 일을 잊었는가!"

평소 박팽년의 재주를 몹시 아꼈던 세조는 몰래 사람을 박팽년에게 보내 말했다.

"네가 내게 항복하고 역모를 안 꾸몄다고 숨기면 살 수 있을 것이다." 하였다. 박팽년이 이 말을 듣고 웃었을 뿐 아니라, 세조를 칭할 때마다 나리라 하였다. 이에 분노한 세조는 순금부 무사로 하여금 그 입을 짓찢어버렸다.

"네가 이미 신이라 일컬었고 내게서 녹봉을 받았으니, 지금 비록 신이라 일컫지 않더라도 소용이 없다."

이에 박팽년이 태연한 어조로 말했다.

"내가 상왕의 신하로 충청 감사가 되었고, 장계에도 나리에게 한 번도 신이라 일컫지 않았으며, 녹봉도 먹지 않았소."

장계를 대조하여 보니 과연 그대로였다. 녹봉은 받아서 먹지 않고 창고에 쌓아 두고 있었다.

세조는 또 유응부에게 물었다.

"너는 무엇을 하려 하였느냐?"

"잔칫날에 한 칼로 나리를 베어 상왕을 복위하려 하였는데, 불행히도 간인이 고발하였으니, 다시 무슨 말을 하랴. 나리는 빨리 나를 죽이시오."

"네놈이 감히 상왕의 이름을 내걸고 사직을 도모하려 하였구나."

하고, 무사로 하여금 살가죽을 벗기자, 유응부가 성삼문 등을 돌아다보며 한심한 어조로 말했다.

"일찍이 사람들이 말하되, 서생과는 같이 일을 꾀할 수 없다 하더니 과연 그렇도다. 지난번 잔치를 벌이던 날에 내가 칼을 시험하려 하자,

너희들이 '만전의 계책이 아니라' 하여 오늘의 화를 당하게 되었으니, 너희들은 사람이라도 꾀가 없으니 짐승과 무엇이 다르랴."

이렇게 말하고는

"만약 이 일을 물으려거든 저 더벅머리 선비들에게 물어라."

하고는 아예 입을 다물고 대답하지 않았다.

세조가 더욱 노하여 쇠를 달구어 두 다리 사이에 넣자, 지글지글 끓으며 살가죽과 살이 다 익었다. 이렇게 되었음에도 유응부는 얼굴빛을 변하기는 커녕 오히려 쇠를 발로 차면서

"쇠가 다 식었다. 다시 달구어 오라."

소리치면서 끝끝내 항복하지 않았다.

이개의 차례가 되어 여전히 불로 지지는 형벌을 당하자

"이것이 무슨 형벌이냐?"

고 일갈했다.

하위지의 차례가 되어 세조가 치죄를 하자,

"사람이 반역이란 죄명을 쓰면 마땅히 목을 베는 것인데, 다시 무엇을 묻소이까?"

하위지의 말에 다소 노여움이 풀린 세조가 형벌은 가하지 않고 다만 성삼문에게 공모한 자를 물었으나,

"박팽년과 우리 아버지뿐이외다."

라고 답하였다. 세조가 다시 물었으나 답은 마찬가지였다.

"나의 아버지도 숨기지 않았거늘, 다른 사람이야 말해 무엇하오이까."

세조가 또 성삼문에게 묻기를

"강희안도 그 역모를 아느냐?"

"알지 못하오. 나리가 선왕의 신하들을 다 죽이고 이 사람만 남았소

이다. 그는 모의에 참여하지 않았소."

성삼문이 이렇게 말한 덕에 강희안은 죄를 면하였다.

성삼문은 형장으로 가는 수레에 오르면서 옛 동료들에게

"그대들은 어진 임금을 도와서 태평성대를 이룩하라. 나는 죽어서 옛 임금을 뵙겠다."

하고 황천길을 가는 자신의 처지를 시 한 수로 읊었다.

둥둥둥 북소리는 사람 목숨을 재촉하는데
머리 돌려 돌아보니 해는 이미 기울었네
머나먼 황천길에, 주막 하나 없으려니
오늘 밤은 뉘 집에서 자고 갈까나

당시 대여섯 살쯤 된 성삼문의 딸이 울면서 수레를 따라오자, 성삼문은

"사내 자식은 다 죽겠지만, 너는 계집 아이니까 살 것이다."

그때 따라오던 하인이 흐느끼면서 성삼문에게 술을 올리자, 단숨에 마시고 지은 시가 있었다.

임이 주신 밥을 먹고 임 주신 옷 입었으니
일평생 한마음이 어길 줄 있었으랴
한 번 죽음이 충의인 줄 알았으니
현릉의 송백이 꿈속에 아른아른 하고나

성삼문이 죽은 후에 재산을 몰수하려 관리들이 집에 가 보니, 거의 남

은 것이 없었다. 그동안 세조에게 받은 녹봉에는 '아무 달의 녹'이라 표시된 채 그대로 쌓여 있었다.

이개도 형장으로 끌려가면서 다음과 같은 시를 남겼다.

삶이 우임금의 구정처럼 중할 때에는
삶도 또한 크거니와 죽음도 영화로세
두 임을 생각타가 성문 밖을 나가노니
현릉의 솔빛만이 꿈속에도 푸르러라

당시 유성원은 성균관 사예로 있었다. 사람들이 성삼문의 일을 전하자, 곧장 집에 돌아와서 아내와 더불어 술을 마시고는 말없이 사당으로 올라갔다.

그의 부인이 한참이 지나도 남편이 내려오지 않는 것을 괴이하게 여겨 가 보니, 관대를 벗지 않고 반듯이 누워서 칼을 목에 찔러 자결하였다. 그리고 얼마 후에 포졸들이 시체를 가져다가 찢었다.

세조가 그 일당들을 국문하자, 성삼문은

"김문기·권자신·송석동·윤영손·이휘, 그리고 우리 부자이니라."

라고 하였다.

"상왕도 이를 아는가?"

"권자신을 시켜 알려드렸소이다."

이에 권자신·김문기 등 칠십여 인을 차례로 잡아 국문 끝에 처단하였다. 이때 허조는 이개의 매부로 모의에 참여하였다가 스스로 목을 찔러 자진했다.

이때 상왕이 별궁에 있었는데, 성삼문의 음모가 실패로 돌아가자, 정

사육신 묘

인지가 다음과 같은 글을 올렸다.

지난번에 성삼문 등의 역모를 상왕이 미리 알았으니, 이 일은 종사에
득죄한지라, 그대로 상왕의 위호를 누릴 수 없으니 일찍이 도모하여
후환을 막으소서.

6월 21일 백성 김정수가 제학 윤사균에게 변고를 알렸다.
"판돈령 송현수와 판관 권완이 반역을 꾀한다."
윤사균이 이 일을 세조에게 고하자, 세조는 정인지 · 정창손 · 신숙주
등과 의논한 끝에 송현수와 권완을 금부에 가두고 현덕왕후는 폐하여

서인으로 내렸다.

상왕 청령포로 떠나다

　1457년 6월에 상왕을 노산군으로 봉하고, 첨지 어득해에게 명하여 군사 50명으로 하여금 호송토록 했다. 그리고 금성대군 유를 순흥부에 유배보냈다.

　상왕이 영월을 향하여 떠나는데, 세조가 환관 안로를 보내 화양정에서 전송하였다. 이때 상왕이 안로에게

　"성삼문의 반역 모의를 내가 알고도 주상에게 말하지 않았으니, 이것이 나의 죄이다."

　하였다.

　7월에 왕방연이 노산군을 영월 서강 청령포에 모셔다 두고 밤에 곡탄 언덕 위에 앉아 슬픔에 젖어 시를 지었다.

　천만리 머나먼 길에 고운 님 여의옵고
　내 마음 둘 데 없어 냇가에 앉았으니
　저 물도 내 맘 같아야 울어 밤길 예놋다

　노산군은 객사에 거처하면서 매일 매죽루에 올라앉아 밤에 사람을 시켜 피리를 불게 했고, 매죽루 아래에서 이렇게 읊었다.

　달 밝은 밤 자규새 울면

시름 못 잊어 다락에 기대었네
네 울음 슬퍼 내 듣기 괴롭구나
네 소리 없으면 내 시름 없을 것을
이 세상 괴로운 이에게 말을 보내 권하노니
춘삼월 자규루子規樓엘랑 부디 오르지 마소

이 소리에 인근 사람들이 듣고 울지 않는 이가 없었다.
또다른 시가 있으니,

원통한 새 한 마리 궁중에서 나온 뒤로
외로운 몸 그림자 푸른 산을 헤매누나
밤마다 잠 청하나 잠들 길 바이 없고

해마다 한을 끝내려 애를 써도 끝없는 한이로세
울음소리 새벽 산에 끊어지면 지는 달이 비추이고
봄 골짜기에 토한 피가 흘러 떨어진 꽃 붉었구나
하늘은 귀먹어서 저 하소연을 못 듣는데
어쩌다 서른 이 몸 귀만 홀로 밝았는고

노산군이 매일 새벽 대청에 나와서 곤룡포를 입고 걸상에 앉아있으면 지나가는 사람들이 공경하지 않는 이가 없었다. 그리고 가물 때 향을 피워 하늘에 빌면 비가 쏟아졌다.

금성대군과 단종의 최후

1457년 가을 금성대군 유가 순흥부사 이보흠과 거사를 꾀하다가 발각되었다. 이때 종친과 재상, 그리고 대간들이 법으로 그를 처벌하기를 주청하였으나, 세조는 따르지 않다가 여러 번 청하자, 유에게는 사약을 내려 죽음을 명하고, 한남군 어와 영풍군 선과 영양위 정종 등을 모두 변두리에 안치하였다.

처음에 유가 순흥에 와서 매일 이보흠과 만나면 의기가 복받쳐 눈물을 흘렸다. 그는 비밀리에 남쪽 사람들과 결탁하여 노산군을 복위시킬 계획을 모의했는데, 어느 날 유가 주위 사람들을 물리치고 이보흠을 불러 격문을 짓게 하고 장차 순군사와 남쪽의 모의에 참여한 자를 움직여 노산군을 계림령 넘어 순흥에 옮겨 모시고 영남을 평정하여 조령과 죽령의 두 길을 막고 복위할 계책을 세웠다.

이때 순흥부의 관노가 그들의 모의를 숨어서 엿듣고 금성대군의 시녀를 꼬드겨 그 격문을 훔쳐 가지고 한양으로 올라갔다.

기천 현감이 그 말을 전해 듣고 황급히 쫓아가 격문을 빼앗아 고변하여 큰 벼슬을 얻었다. 유와 이보흠은 모두 잡혀 죽었다.

유가 안동 옥에 갇혀 있는데, 어느 날 옥을 빠져 나가서 행방을 알지 못하였다. 금부도사와 부사가 두려워서 종을 치고 사람을 동원하여 수색하였다. 얼마 뒤에 유가 밖에서 들어오면서 말하기를

"너희들이 비록 수가 많으나, 만일 내가 이곳에서 도망친다면 잡지 못할 것이다. 그러나 여러 사람이 죽는 것보다는 한 사람 죽는 것이 편하다."

하였는데, 한 사람이란 자기를 가리킨 것이다. 그는 의관을 정제하고 큰 상 앞에 앉자, 금부도사가 말했다. 임금이 계시는 서쪽을 향하여 절을 하도록 명하였다.

이에 유는

"우리 임금은 영월에 계신다."

하고는 북쪽을 향하여 통곡하며 사배하고 죽음에 임하자, 여러 사람들이 불쌍하게 여기지 않는 이가 없었다. 조정에서 유의 이름을 『선원록』에서 삭제하였으나 뒤에 다시 복적을 명하였다.

금부도사 왕방연이 사약을 받들고 영월에 이르러 감히 들어가지 못하고 머뭇거리자, 나장이 시각이 늦어진다고 발을 동동 굴렀다.

왕방연이 들어가 뜰 한가운데 엎드려 있자, 단종이 익선관과 곤룡포를 갖추고 나와서 찾아온 까닭을 묻자, 그는 대답을 못 하였다.

단종이 방에 들어가 죽을 것을 자청하고 활줄에 긴 노끈을 이어서 목에 걸고 창구멍으로 내보내자 통인이 그 끈을 잡아당겨 죽였다. 이때 단

종의 나이 17세였다.

시녀와 하인들이 다투어 동강에 몸을 던졌고, 이 날 우레가 크게 일어나 지척에서도 사람과 물건을 분별할 수 없었으며 강렬한 바람이 나무를 뽑고 검은 안개가 하늘에 가득 끼어 밤이 지나도록 걷히지 않았다.

노산군이 항상 객사에 있었으므로, 어떤 사람이 관가에 가는 길에 누각 아래에 와서 뵈었는데, 죽음을 당하던 날 저녁에 또 일이 있어 관가에 들어가다가 길에서 만났는데, 노산군이 백마를 타고 동곡으로 올라가는 것을 보았다. 이때 그는 길가에 엎드려,

"어디로 가시는 길입니까?"

하고 묻자, 노산군이 돌아다보며,

"태백산으로 놀러 간다."

하였다. 그가 관가에 들어갔을 때는 이미 노산군이 죽고난 후였다.

단종이 영월로 떠나자 왕비 송씨는 동대문 밖에 있는 비구니가 살고 있던 정업원에 기거하고 있었는데, 이때 단종을 시중들던 세 시녀는 머리를 깎고 비구니가 되어 그중 하나는 옆에서 단종을 모시고 다른 둘은 동냥하여 먹을 것을 댔다. 그 뒤 왕비 송씨가 단종의 생질인 해평부원군 정미수를 양자로 삼아서 그의 집에 옮겨 살았는데, 이때 두 여승도 따라갔다. 여승이 죽자, 왕비 송씨가 묻힌 사릉 옆 가까운 곳에 장사지냈다.

정순왕후 송씨가 1521년^{중종 16} 죽자, 그 묘를 양자인 정미수의 선산에 모셨다.

송씨 부인은 살아 있을 때 성 안에서 살려고 하지 않고, 동교에서 노산군이 있는 영월을 바라보기를 원하였기 때문에 동문 밖에 집을 짓고 영빈 정동이라고 이름하였는데, 항상 흰 옷과 소찬으로 평생을 마치었다. 후사는 정미수에게 맡겼으므로, 노산군과 송씨 부인의 신주가 정씨

집에 있었기 때문에, 정미수의 후손이 해마다 제사 지냈다고 한다.

1698년^{숙종 24}에 노산대군의 묘호를 단종으로, 부인 송씨의 시호를 정순왕후로 추상하였다. 그리고 이듬해 1699년^{숙종25} 정월에는 정순왕후의 아버지 송현수에게 영돈녕 부사 여량부원군을 증직하고, 부인 민씨는 부부인으로 증직하였다.

충절의 화신들

안평대군(1418~1453년)

안평대군의 이름은 용瑢, 자는 청지淸之이며, 호는 비해당匪懈堂이요, 세종의 셋째아들이다. 1453년에 강화도에 안치되었다가 사사되었다. 시호는 장소공이다.

그는 학문을 매우 좋아하였는데, 시와 글씨에 뛰어났으며, 서법이 빼어나 천하에 제일이었다. 또한 그림도 잘 그렸고, 거문고와 비파까지 잘 탔다.

본래 성품이 호방하여 좋은 경치를 찾아 북문 밖에 무이정사를 지었고, 남호에는 담담정을 지어 그곳에 고금의 서적 만 권을 장서하여 문사들을 불러 모아 십이경시와 사십팔영을 지었다.

또 밤에는 등불을 밝히고 선비들과 고금의 담소를 주고 받았으며 달빛 아래 배를 띄우고 연구聯句를 하였다. 나라 안의 이름 있는 선비들과 두루 사귀니, 무뢰배와 잡사람들도 많이 따랐다.

안평대군은 글씨가 뛰어나서 조자앙과 서로 견줄만 하였는데, 그는 조자앙의 필법만을 본받았기 때문에 속스러운 것을 면치 못하였다.

박팽년(1417~1456년)

박팽년朴彭年의 자는 인수이며, 호는 취금헌으로 본관은 순천이다.

1434년세종 16에 문과에 급제했고, 1447년 중시에 뽑혔다. 1456년 형조 참판으로 아버지 판서 박중림과 네 아우와 아들과 함께 모두 죽었다. 숙종 때에 시호를 충정이라 추증하고, 영조 때 이조 판서로 증직되었다.

그는 말이 적었으며, 종일토록 단정히 앉은 채로 의관을 벗지 않아, 사람들로 하여금 공경하는 마음이 저절로 우러나게 하였다. 문장이 화려하고 맑으며 필법은 왕희지를 본받았다.

그는 충성심이 강해서 명나라의 천순 황제가 오랑캐에게 포로가 되었을 때에는 안방에서 자지 않고 항상 문 밖에 짚자리를 깔고 잠을 잤다. 이때 어떤 사람이 그 이유를 묻자,

"천자가 오랑캐 나라에 있으므로 천하가 어지러우니, 내가 마음이 편치 못한 까닭이다."

라고 하였다.

집현전의 신숙주·최항·이석형·정인지·성삼문·유성원·이개·하위지 등과 모두 한때 이름을 떨쳤는데, 성삼문은 글은 호방하나 시에는 짧고, 하위지는 대책과 소장에는 능하나 시를 알지 못하고, 유성원은 재주가 뛰어났으나 보는 것이 넓지 못하고, 이개는 성품이 맑고 영리하여 빼어났으며 시도 또한 뛰어났는데, 동료들이 모두 박팽년을 집대성이라 칭찬하였는데, 그가 경학·문장·필법이 모두 능함을 말한다. 그러나 저술한 것이 세상에 남지 않았다.

세조가 김질을 시켜 술을 가지고 감옥에 가서 옛날 태종이 정몽주에게 지은 시를 읊어 시험하자, 성삼문은 정포은의 시로 답하였고, 박팽년

과 이개는 모두 스스로 짧은 시를 지어서 답하였다 한다.

그가 죽을 때 주위 사람을 돌아다보며,

"너희들은 나를 난신이라고 생각하지 마라. 우리들의 죽음은 계유 때의 사람과 같지 않다."

하였다. 금부랑 김명중이 박팽년에게.

"공은 어찌 군왕에게 불효하여 이런 화를 당하는가?"

라고 말하자, 그가 탄식하면서,

"나라의 중심이 불평하니 할 수 없다."

하였다.

그가 죽을 때에 아들 순의 아내 이씨는 임신 중이었다. 조정에서 명하기를,

"아들을 낳거든 죽여라."

하였다. 이때 박팽년의 종이 또한 임신 중이었는데,

"주인이 딸을 낳으면 다행이요, 비록 나와 함께 아들을 낳더라도 종이 낳은 것으로 대신 죽게 하리라."

이때 주인은 남자를 낳았고 종은 딸을 낳았다. 그녀는 주인이 낳은 아들을 자식으로 삼고 이름을 박비라 하였다.

그가 장성한 후 성종 때에 박순의 동서 이극균이 감사가 되자, 불러서 확인하고는 눈물을 흘리면서

"네가 이렇게 장성하였는데, 왜 자수하지 않고 끝끝내 조정에 숨기느냐?"

며 곧 자수를 하게 했다. 성종이 그를 특별히 용서하고 이름을 일산으로 고쳤다.

박팽년이 성삼문 등과 함께 집현전에서 숙직하는데, 세종이 친히 나

와서 술잔에 술을 부어 권하였다. 그가 취하여 엎드렸다가 고꾸라지자, 세종이 비단 남빛 옷을 벗어서 덮어 주었다.

죽은 뒤에 공의 자손이 이 옷을 여러 대에 걸쳐 전하였는데, 임진왜란 때 옷과 신주를 함께 땅에 묻었다가 왜군이 물러간 뒤에 파내어 보니, 신주는 그대로이나 옷은 썩어 버렸다고 전한다.

성승(?~1456년)

성승成勝의 본관은 창녕이며, 일찍이 무과에 급제하여 벼슬이 도총관에 이르렀다. 1456년 아들 성삼문과 함께 죽었다. 시호는 충숙공이다.

단종이 세조에게 양위할 때에 그가 도총부에서 번을 들었는데 이때, 하늘을 우러러 탄식하여,

"일은 끝났다."

하고, 곧 말을 몰아 집에 돌아와서 방에 누워서 집안 사람들도 볼 수가 없었고, 오직 아들이 찾아오면 주위 사람들을 물리치고 함께 얘기를 나누었다.

아들 성삼문과 상왕의 복위를 꾀하여, 명나라 사신을 접대하는 잔칫날에 거사하기로 약속하였다. 그와 유응부와 박정이 운검이 되었는데, 이 날 갑자기 운검이 취소되었다. 그가 칼을 차고 들어가려 하자, 한명회가,

"이미 전교가 내렸으니, 들어오지 마라."

하므로 그가 한명회 등을 죽이려고 하자, 성삼문이 말렸다.

성삼문(1418~1456년)

성삼문成三問은 자는 근보이며, 호는 매죽헌이요, 본관은 창녕이다. 1436년 문과에 급제했고, 1447년 중시에 장원으로 뽑혔다. 그 뒤 승지로서 아버지 성승과 아우 세 사람이 모두 죽었다. 숙종이 충문이라는 시호를 추증했고, 영조 때 이조 판서로 증직되었다.

성삼문은 홍주 노은골 외가에서 태어났는데, 전하기로는 태어날 때에 공중에서 "낳았느냐?" 하는 소리가 세 번이나 들려 이름을 삼문으로 지었다고 한다.

성품이 소탈하여 얘기와 농담을 좋아하고, 겉으로 보기에는 지조를 삼가지 않는 것 같으나 속뜻은 단단하고 확실하였다.

그는 항상 임금을 경연청에서 모시고, 보좌함이 많았다. 세종이 말년에 병이 있어 여러 번 온천에 거동하였는데, 항상 성삼문과 이개를 거느렸다.

아래는 그가 지은 단가이다.

이 몸이 죽어 가서 무엇이 될고 하니
봉래산 제일봉에 낙락 장송되었다가
백설이 만건곤할제 독야청청하리라

이개(?~1456년)

이개李塏의 자는 백고 또는 청보이며, 본관은 한산이다. 목은 이색의

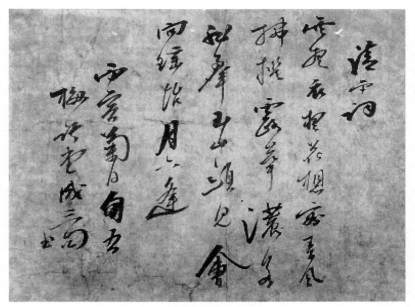

성삼문 유묵 시고

증손으로 어려서부터 문장에 능하였다. 1436년 문과에 급제했고, 1447년 중시에 뽑혀 직제학으로 세상을 떠났다. 시호는 충간공이요, 영조 때 이조 판서를 증직했다.

시와 글이 뛰어나게 절묘하여 세상 사람들이 그를 모두 귀하게 여겼는데, 가혹한 형벌에도 얼굴빛이 변하지 않자, 지켜보는 사람들이 모두 놀랐다.

하위지 (1387~1456년)

하위지河緯地의 자는 천장 또는 중장이다. 호는 단계이며, 본관은 진주로 1438년에 문과에 장원 급제하였고, 1456년에 예조 참판으로 죽었다. 시호는 충렬공이다.

그의 성품은 조용하고 말이 적어, 말을 함에 있어 버릴 것이 없으며, 공손하고 예의에 밝아, 대궐을 지날 때에는 반드시 말에서 내렸고, 비가 와도 한 번도 통행이 금지된 길로 가지 않았다. 항상 집현전에서 왕을 경연청에 모시고 학문을 강의하여 보정한 것이 많았다.

문종이 세상을 떠나자, 벼슬을 버리고 시골로 내려갔다. 단종이 왕위를 잇자, 몹시 걱정하였다. 박팽년이 일찍이 공에게서 도롱이를 빌렸는데, 그가 세상의 일을 슬퍼하며 다음과 같은 시로 답하였다.

남아의 득실이 예나 지금이나 같도다
머리 위에는 분명히 백일이 임하여 있네
도롱이를 주는 것이 아마도 뜻이 있으리니
오호의 연우에 좋게 서로 찾으리

수양대군이 김종서 등을 죽이고 영의정이 되자, 그는 조복을 모두 내버리고 선산으로 내려갔다. 수양대군이 임금께 아뢰어 좌사간으로 불렀으나 사양하고 나오지 않았다. 1455년 세조가 단종으로부터 선위를 받자, 교서를 내려 불렀다. 그가 부름에 응하자 예조 참판을 제수하였으나, 녹 받기를 부끄러워하여 1455년 이후의 녹은 따로 쌓아두고 먹지 않았다.

세조가 그의 재주를 사랑하여 그가 감옥에 있을 때에 은밀하게

"네가 만일 음모에 참가한 사실을 숨기면 죽음을 면할 수 있다."

하자, 그는 웃고 답하지 않았다. 세종이 배알한 인재 중에 그를 제일

로 삼았다 한다.

그는 선산부 영봉리에서 자랐는데, 어렸을 때에 작은 서당을 짓고 형제와 더불어 문을 닫고 글을 읽어서 사람들이 그 얼굴을 보지 못하였다고 한다.

그의 처자가 일선에 있었는데, 금부도사가 그 아들들을 잡으러 왔다. 이때 그에게는 큰아들 호요와 더불어 나이 스물의 둘째아들 박이 있었다. 박은 자신을 잡으러 온 금부도사에게 조금의 두려움도 없이

"원컨대, 조금만 늦추어 주시오. 어머니에게 고할 말이 있소."

하였다. 도사가 허락하자, 그는 집에 들어가 꿇어앉아 어머니께 고하기를

"죽는 것은 어렵지 않습니다. 아버지께서 이미 돌아가셨으니, 자식이 어찌 홀로 살겠습니까. 비록 조정의 명령이 없더라도 자결하여야 마땅합니다. 다만 누이동생이 출가할 나이가 되었으니, 비록 천한 종이 되더라도 부인의 도리로 마땅히 한 사람을 좇을 것이요. 짐승 같은 행실은 하지 말아야 할 것입니다."

하고는 어머니에게 절하고 나와서 조용히 죽자 사람들이 모두 과연 그 아비에 그 아들이라고 칭찬하였다.

유성원(?~1456년)

유성원柳誠源은 충북 음성군 출신으로 자는 태초太初, 시호는 절의節義, 뒤에 충경忠景을 더하였다.

1444년세종 26 문과에 급제하여 1447년세종 29 중시重試에 합격하여 호당湖

^當에 들고, 집현전 학사로 있으면서 세종의 총애를 받았다. 계유정난 때 집현전 학사들이 모두 도망했으나, 유성원만이 혼자 잡혀서 협박 끝에 정난공신의 공로를 기록하는 교서를 쓰고 집에 돌아와 통곡했다. 단종의 복위를 꾀하다가 일이 탄로되자 집에 돌아와 아내와 이별의 술잔을 나누고 조상의 사당에서 칼로 자결하였다

유성원이 집현전 학사로 있을 때 집현전 남쪽에 있는 큰 버드나무에 몇 년 전부터 흰 까치가 날아와서 둥지를 틀고 알을 낳아 부화하였는데 새끼가 모두 희었으며, 1453년에는 나무가 갑자기 다 말라 죽었다. 이를 본 유성원은 "화가 반드시 여기서부터 시작할 것이다."고 하였는데, 그가 죽고 얼마 후에 과연 집현전이 없어졌으니, 그 예언이 맞았다.

유응부(?~1456년)

유응부^{俞應孚}의 본관은 기계이다. 무과에 올랐고, 키가 몹시 컸으며 용모가 장대하고 날쌔며 활 쏘기를 잘 하였다. 세종과 문종이 매우 아끼고 중하게 여겨 벼슬이 2품에 이르렀으나, 1456년에 죽었다. 시호는 충목공이다.

그는 성품이 효성스러워서 어머니의 마음을 위로할 수 있는 것이라면 무슨 일이든지 하였다. 아우와 함께 활 쏘고 사냥으로 세상에 이름을 떨쳐 새와 짐승을 만나면 쏘아서 맞히지 못하는 것이 없었다.

집이 가난하여 한 섬 곡식의 저축도 없으나, 어머니를 봉양하는 데는 넉넉지 않은 것이 없었다. 어머니가 일찍이 포천 농장에 왕래할 때, 형제가 따라가다가 말 위에서 기러기를 향해 화살을 쏘아 기러기가 땅에 떨어지자, 어머니가 크게 기뻐하였다.

그는 벼슬이 재상의 반열에 있으면서도 거적으로 방문을 가렸고, 음식은 고기 한 점 없었으며, 때로는 양식이 떨어지기까지 하였다. 그가 죽던 날 부인이 울면서

"살아서는 평안히 산 적이 없고, 죽을 때는 큰 화를 얻었다."

하자, 길 가는 사람이 눈물을 흘리지 않는 이가 없었다. 관에서 그 가산을 몰수했는데, 방 안에는 떨어진 짚자리만이 있었다. 아들은 없고 딸만 둘 있었다.

금성대군(?~1457년)

금성대군 유는 세종의 여섯째아들로 1433년 금성대군에 봉해졌고, 1455년에 삭녕으로 귀양갔다가 1456년 순흥에 유배되었고, 1457년에 죽었다. 뒤에 신원되었고, 시호는 정민공이다.

1455년에 조정의 대신들이,

"그가 반역을 음모하여 한남군 어, 영풍군 선, 영양위 정종과 더불어 공모하였으니, 그 죄를 물어야 합니다."

라고 주청하자, 세조는 그를 삭녕으로 귀양보냈다. 1456년에 성삼문 등이 죽자, 그를 순흥에 안치하고 가산을 몰수하였다. 1457년에 순흥 부사 이보흠과 더불어 상왕의 복위를 꾀하다가 발각되어 안동의 옥에 갇혔다.

어느 날 그가 도망갔는데, 부중에서 사람을 풀어 수색하였으나, 잡지 못하였다. 얼마 뒤에 그가 밖에서 들어오면서,

"너희들이 비록 무리는 많으나. 보잘것없구나. 내가 어찌 도망할 사람이냐. 우리 임금은 영월에 계신다."

하고 의관을 정제하고 북향하여 통곡 사배하고 사약을 받았다.

정종鄭悰

본관은 해주로 문종의 부마이다. 경혜공주에게 장가들어 영양위가 되었다. 시호는 헌민공이다.

그는 유배지에 있다가 사사되었다. 그 뒤 경혜공주는 순천 관비가 되었다. 이때 부사 여자신은 무인으로 공주에게 관비의 일을 시키려 하자, 경혜공주는 대청에 들어가 의자에 앉아서,

"나는 이 나라의 공주이다. 비록 죄가 있어 귀양은 왔지만, 부사가 어찌 감히 나에게 관비의 일을 시킨단 말이냐."

하고 스스로 목을 매어 죽었다.

생육신의 절개

단종이 수양대군에게 왕위를 찬탈당하고 상왕이 되어 수강궁에서 비탄에 젖어 있을 때, 집현전 학사들은 단종의 복위를 위해서 은밀한 계획을 꾸미고 있었다.

그러나 같이 모의한 김질이 음모를 밀고하여 이로 인해서 사전에 발각되어 죽음을 당한 집현전 학사들이 후세에 일컫는 사육신이라는 것

은 너무나 잘 아는 사실이다.

세조는 이들을 친히 국문하고 온갖 악형과 감언이설로 자기에게 돌아오기를 권하였으나 끝내 그들은 지조를 굽히지 않았고 장렬한 죽음을 택하여 세조와 그를 따르는 인사들의 간담을 서늘케 하였다.

이와는 달리 단종 복위를 위해서 직접적으로 가담은 하지 않았으나 마음으로 단종을 보필한 사람들을 일컬어 생육신이라 한다. 어린 단종을 보필한다는 명분 아래 왕위를 빼앗은 세조에게 봉록을 받는 것은 치욕이라고 생각한 생육신은 김시습·남효온·이맹전·조여·성담수·원호 등으로 단종이 폐위되자 세상을 등진 채 살다가 죽었다.

김시습(1435~1493년)

김시습金時習은 강릉 사람으로 자는 열경, 호는 매월당이다. 그는 글을 하기 위해서 태어난 것처럼 천부적인 글재주를 갖고 있었다. 세 살 때 글을 읽을 수 있었고, 다섯 살에는 시문을 지을 수 있었다 하니 그의 재주가 어떠했는가를 알 수 있다.

『중용中庸』, 『대학大學』을 다섯 살 때 읽었고, 당시에는 신동으로 이름을 떨쳤다.

그때 집현전 학사인 최치운이 그를 보고 천하의 천재라고 칭찬하면서 이름을 시습이라 지어 주었다. 조선의 성군인 세종은 그의 소문을 듣고, 어느 날 어린 그를 승정원으로 불렀다.

이때 세종은 지신사 박이창에게 명하여 그의 재주를 시험하게 하였다. 거의 땅에 닿을 정도의 작은 김시습을 본 박이창은 벌어진 입이 다

물어지지 않았다.

"네가 시습이냐?"

"예, 그러하옵니다."

몸에 비해서 또렷하고 낭랑한 목소리에 그는 다시 한 번 놀랐다.

"오늘 상감마마께서 직접 네 재주를 시험하시려고 하시었으나 일이 있으셔서 내가 대신 시험하니 내 말을 잘 듣고 대꾸하여라."

"예."

좌중의 모든 사람은 그의 대답에 깜짝 놀랐다. 박이창은 그를 향해서 시를 읊었다.

어린아이의 배움은 흰 학이 푸른 하늘을 날아서 춤추는 듯하다.
동자지학童子之學 백학무童子之學 청공지말靑空之末

박이창의 시를 듣던 김시습은 이런 대구로 답했다.

어진 임금의 은총은 황룡이 푸른 하늘에서 번득이는 것과 같다
성주지덕聖主之德 황룡번黃龍飜 벽공지중碧空之中

김시습이 화답하자 깜짝 놀란 박이창은 물론, 그곳에 앉아 있던 모든 사람들은 신동이라 칭찬하였다.

박이창은 김시습을 안아 무릎에 앉혔다. 몇 번이나 시로써 어린 그를 시험했으나, 횟수가 거듭될수록 그의 글재주에 놀라지 않을 수 없었다.

세종은 박이창의 보고를 받고 곧 김시습을 내전에 들게 하여 만나 보니 아직도 어머니의 젖을 먹는 어린애였다.

"네가 김시습이냐? 가까이 오너라."

"예!"

어린 김시습은 머리를 조아리며 두 손을 앞에 모으고 상감 앞으로 가까이 나갔다.

"네가 글을 배워서 익히면 장래 과인이 좋은 인재로 쓰리라. 알았느냐?"

"성은이 망극하옵니다."

세종의 용안에 희색이 만연해졌

김시습

다. 김시습의 재주에 감탄한 세종은 그에게 상으로 비단 50필을 주면서

"과인이 너에게 비단을 주겠으니 네가 직접 가지고 가거라."

하였다.

김시습은 한동안 곰곰이 생각하더니 비단필을 모두 풀어 끝과 끝을 서로 이었다. 이렇게 50필을 잇더니 상감께 공손히 인사하고는 비단 한 끝을 잡고 밖으로 걸어 나갔다. 이때 이 광경을 지켜보던 사람들은 깜짝 놀랐다.

"어쩌면 어린 것이 저렇게 기발한가?"

마침내 이 소문이 온 장안에 퍼져 김시습은 신동이 분명하다는 소문이 떠돌게 되었다.

김시습은 열세 살 때 당시의 대석학인 김반·윤상에게 학문을 배웠다. 세종이 세상을 떠나고 이어서 문종이 병으로 세상을 떠나자 뒤를 이어 열두 살에 왕위에 오른 임금이 단종이었다. 김시습은 그때 스물 한 살의 청년으로 삼각산에 들어가서 학문을 닦고 있었다.

어린 단종의 왕위를 수양대군이 마침내 찬탈했다는 소문이 그에게 들어가자, 그는 땅을 치면서 하늘을 향해 울부짖었다.

"세종이 승하하시고 인자하신 문종마저 잇달아 승하하셨다. 그런데 왕위 찬탈이 웬말이냐? 이런 세상에 글을 배워 어디다 쓰고 시는 지어 무엇 하겠느냐?"

그는 주위에 있던 서적을 모조리 불살라 버렸다. 올바르게 살아가려고 배운 글이므로 정도가 무너진 세상에서는 소용이 없었기 때문이다. 그는 머리를 깎고 출가를 결심했다. 그는 스스로 승호를 설잠雪岑 · 청한자淸寒子 · 췌세옹贅世翁 등으로 불렀다.

작은 키에 몸매도 작아 어디 한 군데도 위엄이 있어 보이는 데라고는 없었으나, 그는 누구도 두렵지 않았다. 그리고 마음이 곧아서 누구도 용납이 안 되었다.

그는 어느 한 절에서만 수양하지 않고 온 나라 산천을 돌아다녔다. 혹시 어느 사람이 그에게 학문을 배우려고 하면 마치 미친 사람처럼 돌을 던지고 활을 쏘면서 고함을 질렀다.

"이런 세상에서 학문은 닦아서 무얼 하느냐? 농사나 지어서 배나 부르게 살면 된다. 그것이 제일이다."

그의 말에 수긍하면서도 그의 언행을 이상하게 여기는 사람들도 많았다. 어쩌다가 벼슬아치들이 그의 눈에 띄게 되면

"착한 백성들이 무슨 죄가 있어 너희들은 백성들만 달달 볶아대느냐?"

하고 통곡을 했는데, 당시 벼슬아치들은 그를 미친 사람으로 여겼을 따름이었다.

어느 날 당시의 대신인 서거정을 거리에서 만났다. 그의 입이 가만히 있을 리가 없었다. 그는 다 해진 옷에 허리를 새끼로 두르고는 큰 소리로

"그동안 살아있었소? 옳지 않은 부귀란 뜬구름과 같은 것! 그것을 아직도 깨닫지 못하였다니 답답하구나."

서거정은 언제나 그를 선비로 존중할 줄 아는 너그러운 인품을 지녔으므로 미소를 띠고 듣고만 있었다. 항간의 이러한 얘기들이 세조에게 전해졌다. 어느 날 세조는 내전에서 열리는 법회에 그를 불렀다.

그는 싫었으나 법회에 참례할 수밖에 없었다. 법회는 밤새도록 계속되었다. 먼동이 터오자 몸이 비틀리는 듯했다.

벌써부터 빠져나갈 구멍을 찾고 있던 그는 사람들이 밤을 새운 뒤라 피곤하여 눈이 몽롱해져 있음을 틈타 쏜살같이 빠져나갔다. 그 뒤 사람들이 정신이 번쩍 들어 곧 세조에게 이 일을 보고하자, 세조는 진노해서 곧 잡아들이라고 추상 같은 명령을 내렸다. 사령은 뒤쫓아 나갔다.

그를 쫓아갔던 사령은 기가 막혔다. 그는 똥과 오줌과 갖은 오물이 범벅이 된 구덩이 속에 의젓이 얼굴을 내밀고 있지 않은가. 이때 냄새는 천지를 진동했다. 사령은

"어서 나와라."

"안 나가겠다. 나를 데려가고 싶으면 이리로 들어와서 안고 나가거라 하하……."

그는 웃으면서 사령을 골려 주었다.

"감히 누구의 명이라고 네가 어기느냐?"

"이 똥만도 못한 임금의 앞잡이 놈아! 똥과 오줌이 무서워서 내 앞에 못 오느냐?"

사령은 어떻게 손을 써야 할지 한참 동안 망설이다가

"별 미친놈 다 보겠군!"

하고 투덜거리면서 돌아가 버렸다.

그는 이렇게 살다가 마흔일곱 살에 무슨 생각에선지 머리를 기르고 부인을 맞아들였다.

그때 주변 사람들은 이제야 제정신으로 돌아온 줄 알고 이제는 조정에 나가 벼슬도 하고 부인과 부귀도 함께 누리라고 그에게 권했다. 그러나 그는 여전히 전과 마찬가지로 생활하면서 초야에 묻혀 사는 것이 훨씬 좋다고 대답하곤 했다.

그는 어린아이들과 놀기를 즐겼다. 어느 날 거리에서 아이들과 놀고 있는데 영의정 정창손이 그 앞을 지나갔다.

"여봐라! 정창손아!"

정창손을 이렇게 부르는 사람은 오로지 김시습 뿐이었다. 시종들이 발길을 멈췄다. 이 모습을 지켜보던 사람들도 호기심 어린 눈으로 바라보고 있었다. 그는 또다시 큰 소리로 욕했다.

"정창손, 네 놈이 영의정 자리에 올라섰구나. 그래 그 자리가 그다지도 연연하더냐? 십 년 세도가 없다는 진리를 모르고 살지는 않을 텐데. 지금이라도 늦지 않았으니, 지난날을 깊이 뉘우치고 깨끗이 물러나거라!"

그 소리를 들은 정창손은 아무렇지도 않은 듯 시종들을 재촉해서 곧장 그곳을 떠났다.

김시습은 그에게 갖은 욕설을 다 퍼부었다. 필시 후환이 있을 것이라 거기 모여선 사람들은 생각했다.

김시습의 언행이 이렇게 거칠었기 때문에 그와 친분이 있던 사람들은 모두들 그를 멀리하기 시작했다. 그와 가깝게 지내면 그와 똑같은 사람으로 지목당하여 자신에게 화가 미칠 듯해서였을 것이다.

그러나 종실의 한 사람인 수천부정秀川副正 정은·남효온·안응세·홍유손 등은 계속 그를 두둔했고 친교를 끊지 않았다. 그들은 김시습의 마음을 너무도 잘 알고 있었다. 그리고 천재는 기인이라는 말은 곧 이같은 사람을 가리키는 것이라고 믿었다. 이때 김시습은 늦게 얻은 부인을 잃었다. 그러나 그는 괴로워하지 않았다.

그는 다시 머리를 깎고 집을 나섰다. 그리고 전처럼 강릉, 양양을 왕래하면서 자연과 더불어 살아갔다. 그때에 양양 원님으로 있던 유자한은 그를 특별한 예로써 대했다. 그를 잘 알기 때문이었다.

유자한은 항상 자신을 찾는 그에게 극진한 예로써 대하며 충고를 잊지 않았다.

"다시 평안하게 사십시오."

"아니오. 세상이 뒤숭숭하니 자연을 벗 삼아 사는 것이 훨씬 마음에 편안하오."

김시습은 언제나 이렇게 대답하면서 유유자적하였다.

김시습은 빼어난 손재주로 산에서 나무를 잘라 잘 다듬어서 자화상을 두 가지로 만들었다. 하나는 젊었을 때의 자신의 얼굴이요, 또 하나는 늙은 자신이었다. 그는 가끔 두 화상을 꺼내 놓고 혼잣말로

"네 얼굴이 몹시 못났고 네 말이 망언으로만 일관하니 이렇게 초야에 묻혀서 고생함이 마땅하다."

이 말이야말로 자신을 한탄하는 말이었다.

그는 쉰아홉 살로 천수를 다하는 날까지 산천을 떠돌아다니면서 지냈다. 그를 아는 사람은 그의 재주를 아깝게 생각하지 않는 사람이 없

었다. 그러나 그를 이해할 수 없는 사람들은 그를 가리켜 '미친놈'이라고 부르며 천대했다. 그가 쉰아홉 살에 세상을 떠난 후 숙종 대에 와서 그에게 집의의 벼슬을 내렸다가 다시 정조 때에는 이조 판서를 추증했고 청간공淸簡公이라는 시호까지 하사하였다.

그가 죽은 뒤에 자손이 없었으므로 홍산에 있는 무량사無量寺 곁에 빈소가 마련되었고 3년을 지냈다. 3년이 지난 후에 그를 장사지내려고 관을 연 사람들은 다시 한번 깜짝 놀랐다. 시체는 그가 살아 있을 때의 모습 그대로였기 때문이었다. 절에 있던 중들은 모두들 탄성을 올렸다.

"과연 부처님이 되신 게 틀림없다."

그들은 합장을 하고 그를 가리켜 '부처님'이라고 말하는 것을 주저하지 않았다.

남효온(1454~1492년)

남효온南孝溫은 의령 사람으로 호를 추강秋江이라고도 하고 행우杏雨라고도 불렀다. 그는 소년 시절부터 글 읽기를 좋아했고 항상 글 속에 묻혀서 지냈다.

그는 대학자인 김종직金宗直의 문하에서 학문을 닦았고 인격을 기르는 데 게을리하지 않았다.

그의 빼어난 학문에 김종직도 항상 기쁨을 감추지 못했다. 그는 그를 대할 때마다 이름을 부르지 않고

"우리 추강!"

하면서 그를 경칭하였다.

당시의 석학으로 김굉필金宏弼 · 정여창鄭汝昌 · 김시습金時習 · 안응세安應世
등도 그를 몹시 아끼고 사랑했다.

성종 시대, 그의 나이 27세 때였다. 그는 임금께 소릉昭陵 : 문종왕후의 능을
복구시켜 달라는 상소를 올렸다.

그는 자신의 상소문이 무시당한 것을 알게 되자, 이때부터 세상을 등
지기로 마음먹었다.

나라 안의 명승지와 명산을 찾아 세월을 보내려는 것이었다. 울적한
마음을 풀 길 없는 방랑 생활이 계속되었다. 높은 산에 올라 마음껏 마
음을 달래어 보자! 그래도 시원치 않으면 실컷 통곡이나 해보자!

얼마 후 그는 다시 마음을 고쳐먹고 한양으로 돌아왔다. 그러나 한양
에 들어서는 순간부터 조정의 일이 그의 마음을 편안케 하는 일이 거의
없었다. 모든 것이 눈에 거슬리고 시끄럽게 했다. 그가 비난을 일삼자
사람들은 모두

"저런 말을 함부로 해도 괜찮단 말인가?"

하고, 마치 자기 일처럼 걱정해 주었다. 그와 가까이 지내는 김굉필 · 정
여창은 항상 그에게 충언을 잊지 않았다.

"여보게, 추강. 예부터 입은 화의 문이라고 했네. 제발 비위에 안 맞는
일이 있어도 참게."

그러나 그의 귀는 선배들의 충고가 들리지 않는 듯 여전히 비난과 격
론으로 세상과 사람들을 대했다.

어느 날 김시습이 그를 찾았다.

"여보게, 추강. 무엇 때문에 부귀를 등지고 백면 서생을 일삼는가?"

"형님은 왜 그렇게 좋은 머리를 썩히고 있소?"

그의 허를 찌르는 반문에 김시습은 서슴지 않고 다음과 같이 말했다.

"나야 세종 대왕의 성은에 보답하려고 학문을 닦았으나……. 그대는 무엇 때문에 고생을 사서 하느냐 말일세."

"모르시는 말씀이오. 저는 소릉이 복구되지 않는 한 부귀도 영화도 없소이다."

"추강의 말이 옳네. 나 역시도 지금의 고생이 다만 낙으로만 여겨지는 터이니."

세상꼴이 보기 싫으면 그는 곧장 산속으로 들어가 울분을 달랜 후에 다시 한양으로 돌아오곤 했다. 이러한 생활이 계속되었다. 그는 어느 날 문득 사육신의 충의를 후세의 사람들에게 전하여 충의의 본보기로 삼고 싶었다.

그는 온갖 어려움을 무릅쓰고 이들의 충성심을 청사에 남기기로 결심하고 붓을 들었다. 성삼문 등의 충절을 담은 『사육신전』을 집필하려는 것이었다.

이때 그의 아들과 부인은 걱정되어 말렸으나 누구도 그의 뜻을 꺾지 못했다.

어느 날 사랑에서 붓을 들고 일하던 그는 많은 제자들에게 둘러싸여 있었다.

"선생님! 그 일만은 제발 그만두십시오!"

제자들은 그를 말렸다. 그러나 그는

"무슨 소리냐?"

"지금 집필 중에 있으신 것 말입니다."

"어서들 물러가라."

"선생님 저희들은 선생님의 신변을 염려해서 드리는 말씀입니다. 제발 삼가십시오."

"듣기 싫다. 너희들은 학문이란 무엇 때문에 공부하는지조차도 모르는 위인들이다."

"선생님, 군자는 위험한 곳에 가깝게 가지 않는다고 했는데, 지금처럼 어지러운 세상에서 오직 근신하는 길만이 잘 하는 일이라 생각됩니다."

"잘 들어라. 모두들 글을 쓸만한 문인들이 조정이 두려워 현인들의 충성을 기록해서 남기지 않는다면 천추에 한이 될 것이 아닌가? 자네들은 어떻게 생각하나?"

"옳으신 말씀입니다. 허나 세상이 이토록 시끄러우니 여쭙는 것입니다."

"내가 안 쓰면 누가 이 글을 쓸 용기 있는 학자가 없을 걸세. 그러니 나는 목숨을 바쳐서라도 이『사육신전』을 완성해서 충신들의 절개를 후세에 전하도록 하겠네."

그의 뜻이 너무나 간절하였으므로 그 누구도 말을 잇지 못하고 앉아 있었다.

그는 마침내『사육신전』을 탈고하였다. 만약 남효온이 없었다면 아무도 사육신의 원통한 죽음을 위로할 사람이 없었고, 사육신의 충성스런 면모를 알 수 없었을 것이다.

그는 술을 몹시 좋아했다. 거의 매일 술로 지냈다. 언제나 취해서 사는 아들을 둔 어머니의 심정은 말할 수 없이 답답했다. 그래서 그의 어머니는 그에게 충고하기로 결심하고 어느 날 그를 불러 앉혔다.

"술이 과하면 병이 되는 법. 네가 그것을 모르고 마시는 건 아니겠지만, 어미 마음이 너무나 답답하구나."

그는 몽롱한 정신에도 어머니의 말은 귓속을 파고들었다.

"소자가 잘못되었습니다. 그러나 취하지 않고 맑은 정신으로는 못 사는 자식이오니 어머님께서는 양해하시고 너무 꾸짖지 마십시오."

"아니다. 어미가 너를 꾸짖으려고 하는 말이 아니다. 네 몸과 집안을 위해서 앞으로는 술을 입에 대지 않도록 힘써 다오."

그는 정신이 번쩍 들었다.

그는 어머님의 마음을 언짢게 해드리고 싶지 않았다. 그는 금주를 결심하고 어머니 앞에서 맹세했다.

"어머님! 심려를 끼쳐 드려서 죄송하기 그지없습니다. 오늘부터 술을 끊고 어머니 말씀을 따르겠사오니 소자를 부디 용서하십시오."

어머니는 기뻤으나 마음속으로 아들이 세상을 잘못 만나 괴로워하며 술로 잊어버리려는 것을 슬퍼하였다.

그는 그 뒤부터 술을 한 모금도 안 마셨고 지주부止酒賦라는 글을 지어 어머니께 드렸다. 어머니와의 약속대로 10년 동안 술을 끊었다. 그는 마음이 울적할 때는 더욱 더 학문을 닦았고 글을 썼다.

세조 대에서는 과거를 보지 않으려고 굳게 결심한 그였지만 울적한 마음의 분출구는 글과 벗하는 것뿐이었다.

세상을 한탄하면서 글 속에 묻혀 사는 아들을 바라보는 어머니는 어느 날,

"남과 같이 과거에 급제해서 세상에 재주를 알려야지. 그대로 머릿속에만 쌓아 두어서는 소용이 없지 않느냐?"

늙은 어머니의 말에 그는 어머니를 즐겁게 해주기 위해 생각을 바꾸었다. 그는 이렇게 생각했다.

"옳지! 장원 급제해서 어머니를 기쁘게 해드리자. 그러나 벼슬은 하지 말자."

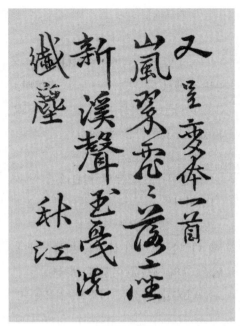

남효은 유묵

"소자 이번에 진사과거에 응시하겠습니다. 어머님의 소원이시라면……."

"이 어미를 위해서 과거에 응하겠다니……. 과연 내 아들이다."

어머니의 기쁨은 매우 컸다.

그는 약속대로 과거에 무난히 급제하였다. 온 집안의 기쁨은 형용할 수 없이 컸고 그뿐만 아니라, 그의 제자들도 자기 일처럼 기뻐하였다.

그러나 그는 결코 벼슬은 하려 하지 않았다. 효성스런 아들이었지만 벼슬하기를 권하는 어머니의 말을 듣지 않았다. 그리고 그는 어머니에게 눈물을 흘리면서

"어머니, 제 말씀을 들어보십시오. 소자는 절대로 이 세조 대에는 국

록을 안 받겠습니다. 누가 뭐래도 이 소자의 결심은 결코 변하지 않을 겁니다."

"너 혼자 버티어서 무얼 하겠다는 거냐? 신숙주 같은 대학자님도 상 감을 받들어 많은 일들을 하고 있다는데……."

"그런 역적의 얘기 더는 말씀하지 마십시오. 소자 몹시 걱정이 됩니 다."

"세상은 결코 그런 것만은 아니다. 너 혼자서 곧은 척해 보아야 세상 이 알아주는 법이 아닌데. 지금의 네 생각은 나에게 여간 안타까운 게 아니구나."

"어머님이 어떤 말씀을 하셔도 그 결심은 변하지 않을 것입니다. 소자 를 용서하십시오."

두 모자는 함께 울음을 삼켰다.

그는 39세에 세상을 떠났다. 너무나 그의 재주가 아깝고 충성 또한 몹시 아까웠다. 세월이 흘러 조선 정조 대에 조정에서는 이조 판서란 높 은 벼슬로 그의 충의를 위로하고 문정공이라는 시호를 내렸다.

이맹전

이맹전李孟專의 본관은 벽진碧珍이고, 호는 경은耕隱이다. 1419년에 문과 에 급제하여 사간원 정언을 거쳐 거창 현감을 지냈다.

그는 청백리淸白吏로서 세조의 횡포를 더 이상 눈 뜨고는 볼 수 없었다. 그는 마침내 벼슬을 물러나기로 결심했다.

그가 현감을 사직하고 선산으로 물러나온 뒤의 생활은 몹시 곤궁하였다.

세조는 그의 뛰어난 문장을 아깝게 여겨 사람을 보내 몇 번이나 조정에 나오도록 권고했으나 그는 굳이 응하지 않았다. 30여 년 동안 그는 단 한 번도 북쪽을 향해 자리에 앉은 일이 없었다.

그는 세상을 귀찮게 여기고 찾는 사람도 만나기를 꺼려하였다. 이때 그의 아들들은 이 일을 걱정하다 못해 아버지에게 물었다.

"아버님, 찾아오는 사람들을 왜 안 만나십니까?"

"너희들이 걱정할 문제가 아니다. 나는 몸이 불편해서 수양하고 있기 때문에 아무도 만나고 싶지 않다."

끼니를 거르는 형편에 약을 구할 방법이 없으므로 그의 부인과 아들의 걱정은 여간 큰 것이 아니었다.

매달 초하룻날이 되면 새벽같이 동쪽에 떠오르는 해를 향하여 삼배를 공손히 하였다. 그의 이런 행동은 식구들의 의구심을 불러일으키기에 넉넉했다. 이때 식구들은 그에게 또 물었다.

"매월 초하룻날이면 동쪽을 향해서 절하시는 건 무슨 뜻입니까?"

"그저 내 몸에 병이 들어서 하느님께 완쾌를 위해 기도드리는 것이다."

"그러면 자리에 앉으셔서 하늘에 기도를 드리시지 왜 동쪽을 향해 절하십니까?"

"그런 것은 몰라도 된다."

그의 대답이 이러하니 식구들도 더 이상 묻지 않았다.

어느 날 김종직이 그를 찾아왔다. 아무도 만나지 않는다는 것을 잘 알고 있었기 때문에 그는 약간 망설였지만, 소식을 보냈다.

김종직이 찾아오자, 그는 곧장 뛰어나가서 그의 손을 잡고 반갑게 맞아들였다. 이때 집안 사람들은 그의 행동을 이상한 눈으로 지켜보았다. 김종직은 그의 병이 완쾌되었나 싶어 물어보았다.

"선생의 병환은 어떠십니까."

"병이 며칠 사이에 완쾌될 리야 있겠소. 그러나 선생과 같은 군자를 만나 뵙고 흉금을 털어놓고 얘기할 수 있는 기회를 얻은 것 같아서 기운 이 나는 것 같습니다."

김종직은 그의 마음을 살필 수 있었다.

"이선생, 선생의 뜻을 짐작할 수 있을 것 같습니다. 이제부터 세상을 큰 눈으로 바라보면서 살아갑시다."

"김선생도 부디 오래 사셔서 이 나라가 되어 가는 꼴을 잘 지켜보십시 오."

그들은 세상 돌아가는 일들을 한참 동안 이야기하고 다시 만나기로 약속하고 헤어졌다.

김종직은 이맹전의 병은 신체의 병이 아님을 깨닫고 마음속으로 기쁨 을 감추지 못했다.

어느 날 그의 부인이

"영감, 이제 모두들 굶어 죽겠소이다. 어떻게 조치를 취하셔야 되지 않겠습니까?"

"난들 어떻게 하오?"

"애들까지도 영감 때문에 앞길이 꽉 막혀 버려서 과거도 치를 수 없고 그렇다고 땅 한 뙈기조차 없으니 농사를 지을 수도 없고…… 몹시 난감 하군요."

"저는 영감께서 병환이 깊으셔서 그런 줄만 알고 약을 대접 못하는 게 항상 죄스러웠는데, 이제는 그렇지도 않으신 것 같아서 드리는 말씀입니다.”

“어디 내 병이 하루아침에 이슬 사라지듯 사라졌단 말이오? 대체 무슨 말이오?”

“김종직 선생이 오시던 날은 몇 시간이나 일어나 앉아서 오랫동안 얘기도 나누시고 표정도 좋으시던데요.”

“그야 어진 사람을 만나니 어찌 반갑지 않겠소.”

“제가 뵙기에도 조금도 병환이 있으신 분 같지 않더군요.”

“그렇게 생각하시오?”

“여보, 제발 못 이기는 척하시고 조정에 나가세요. 이렇게 더 가다간 영감은 물론 식구들 전부가 굶어 죽겠습니다.”

“그래도 할 수 없는 일이오. 길이 아니면 가지를 말라는 옛 성현의 말씀이 있지 않소. 그 더러운 조정에 들어가 국록을 받아먹고 구차스럽게 생을 계속하느니 차라리 목숨을 끊고 죽는 게 장한 일이라는 걸 언제나 나는 생각하고 있으니, 다시는 내게 그런 말을 하지 마시오.”

부인은 몹시 답답했다. 모진 목숨을 억지로 끊을 수도 없고 살아가자니 먹을 양식이 걱정되어 한숨이 나왔다. 남편의 청백한 성격을 어느 누구보다도 잘 아는 부인은 더 권해 보아야 아무 소득이 없다는 것을 잘 알고 있었다.

그는 90살까지 살았다고 한다. 그동안에 그의 굶주림과 헐벗음은 가히 짐작이 가고도 남음이 있다. 그가 세상을 떠난 후 정조 때 이조 판서의 벼슬을 증직하고 정간공靖簡公이라는 시호를 내려 그의 충혼을 위로하였다.

조여(1420~1489년)

조여趙旅는 함안 사람으로 호를 어계漁溪라 했다.

1453년 진사 문과에 급제하여 벼슬길에 올랐다.

그의 문장은 몹시 뛰어나서 사람들로부터 많은 신망을 얻었다. 그러던 어느 날 조여는 갑자기 유생들에게 작별 인사를 하였다.

이때 그는 동문들에게 고향으로 돌아갈 뜻을 밝히고는 낙향하여 대과에도 응시하지 않고 밖에 나가지도 않았다. 단종이 수양대군에게 왕위를 찬탈당한 바로 그 해였다.

조여는 수양대군의 신하가 되기 싫었고 그의 찬탈이 싫었다. 어린 왕을 보필해야 하거늘 상감의 자리를 빼앗기 위해 많은 충신들을 죽이고 일가를 몰살한 그가 미웠다. 그의 시문에는 항상 고사리를 캐어 먹으면서 세상을 등지고 살고 싶어 하는 뜻이 실려 있었다.

조여는 김시습과 뜻을 같이했고 서로의 학문을 존경했다.

그 무렵 상왕이던 단종은 노산군으로 강봉되어 강원도 영월로 귀양을 떠났는데, 청령포 근처에 자리 잡은 노산군의 우거를 찾아가려면 나룻배가 그 강을 건네주어야 했다.

이때 조정에서는 뜻있는 사람들의 왕래를 막기 위해 교통을 두절시켰기 때문에 청령포에 있는 모든 나룻배는 누구도 움직일 수 없도록 엄명이 내려져 있었다.

조여는 고향으로 내려가서 글만 읽고 지냈으나 어린 상감의 생각이 떠날 때가 없었다. 그리고 어떻게 해서든지 상감이 계신 곳에 찾아가서 뵙고 싶었다.

그러나 조정에서 사람의 왕래를 끊고 배를 금지했다니 그 일은 어떻게 할 것인가. 그는 아침 일찍 단종이 있는 영월로 떠나기로 결심했다. 5백 리 길이니 하루에 7, 80리씩 걸어도 7일은 걸린다. 이렇게 생각한 그는 그 이튿날 새벽녘에 길을 떠났다.

첫날은 거의 백 리를 걸을 수 있었으나 다음날은 걸음이 느려지고 그 다음 날은 점점 걷는 거리가 짧아졌다. 그러나 상왕을 염려하는 그의 마음은 몸의 피로를 잊을 수 있게 하였다.

일주일 만에 그는 목적지에 도착했다. 몸은 몹시 피로해 있었다. 그는 멀리 단종이 있는 동헌이 바라보이는 청령포 앞에 닿았다. 그는 강 건너 있을 상왕을 만나지 못하는 안타까움에 눈물을 흘렸다.

"전하, 소신 조여가 멀리 용안을 뵙고자 5백 리 길을 왔사옵니다."

그는 상감이 계신 동헌을 향해 이렇게 말하면서 절하였다. 그리고 곧 근처에 있는 친구인 원관난의 집을 찾았다. 그는 그의 집에서 머무르면서 동네 사람들에게 상감의 근황을 알고 싶었던 것이다.

유관난은 조여를 반겼다.

"웬일이시오? 5백여 리 먼 길을…… 과연 그대의 충심이 하늘에 닿겠소이다."

"자나 깨나 상왕의 옥체만이 나의 관심의 전부인 것을…… 폐를 끼치게 될 것이 걱정이오."

"여독이 다 풀리신 다음에 떠나시도록 하십시오."

"고맙소. 상왕께서는 옥체 만강하옵신지 궁금하기 이를 데 없습니다그려!"

"예, 상왕께서 머무르시는 근처에 사는 촌부를 한 사람 알고 있습니다. 그의 말에 의하면 늘 동헌에 나가 앉아 계신답니다. 예전처럼 곤룡포를 입으시고 의젓하게 앉아 계신 용안을 뵈올 때마다 그 고을 모든 사람이 눈물로 옷깃을 적신다 하더군요."

"과연 상감마마는 위풍당당하시군요. 어떻게 하면 한번 가 뵐 수 있을는지……."

그는 상왕을 생각하며 중얼거렸다.

그는 밤마다 청령포 강가에 나와 앉아 상왕이 있는 동헌을 향해 만수무강을 빌었다.

그는 그곳에서 며칠을 머무르고 고향으로 되돌아왔다. 그러나 고향에 돌아온 날부터 그는 또 상왕의 소식이 알고 싶어졌다. 그는 다시 영월로 떠났다.

이렇게 그는 영월과 고향을 오르내리며 머나먼 영월 땅에서 살기를 즐겨했다.

세월은 흘러 단종이 영월로 유배를 온 지 3년째 되는 정축년 정월 초열흘 그는 세상을 떠났다.

조여는 마침 고향에 와 있었다. 영월을 떠나온 지 열흘도 채 안 되었다. 그는 가슴이 아파 오는 것을 가눌 길이 없었다. 땅을 치고 가슴을 쥐어뜯어 보았으나 원통함은 풀리지 않았다.

그는 곧 길을 떠났다. 세상을 떠난 상왕의 용안이라도 뵙고 옥체나마 수렴하고 싶어서였다. 그는 밤낮을 가리지 않고 발길을 재촉하여 청령포 강가에 이르렀다.

때는 한밤중이었다. 배는 없었다. 강을 건너야만 단종의 빈소로 들어갈 수 있을 것이 아닌가.

그는 어쩔 줄을 몰랐다. 참았던 눈물이 쏟아지며 울음이 터져 나왔다. 그는 한참 동안 통곡하다 정신을 차리고 결심을 새롭게 했다.

'이렇게 지체하고 있을 때가 아니다! 강을 건너가자.'

그는 훌훌 옷을 벗어 꽁꽁 묶어 등에 짊어졌다. 그가 한 발을 강 속에 집어넣으려는 순간 무엇인가 뒤에서 잡아당기는 것이었다. 그가 깜짝 놀라 멈칫하자 뒤에서 짊어진 옷을 또 한번 잡아당겼다. 머리칼이 곤두섰다. 그는 곧장 뒤를 돌아보았다. 이때 그는 깜짝 놀랐다.

그의 옷을 잡아당긴 것은 큰 호랑이였다. 그는 마음을 진정하고 호랑이에게 자기의 마음을 알려 주고 싶어 목소리를 가다듬었다.

"호랑이야, 내 옷을 왜 잡아당기느냐? 나는 영월 적소에서 한을 품고 세상을 떠나신 상왕을 뵙고자 온 것이다. 그런데 청령포가 길을 막고 있으니 이를 어찌하면 좋단 말이냐? 하늘이 나를 도와서 이 나루를 건너가게 되면 상왕의 빈소로 가서 옥체를 수렴하겠거늘…… 만일 이 강을 못 건너간다면 나는 이대로 강 속으로 걸어갈 작정이다. 만약 못 가면 물귀신이 될 각오도 되어 있다. 그런데 어찌하여 너는 내 갈 길을 방해하며 잡아당긴단 말이냐? 너는 동물 중의 왕이라고 들었는데 네게 어떤 꾀라도 있단 말이냐? 그렇다면 내게 알려주렴."

아무리 동물의 왕이라 한들 그의 말을 알아들을 리 없고 그의 뜻을 알 까닭이 없지만, 너무 다급해서 그는 이렇게 자신의 뜻을 늘어놓았다.

조여의 말을 듣고 눈만 번쩍이고 있던 호랑이는 마치 말을 알아듣기나 한 것처럼 고개를 크게 두어 번 끄덕이더니 천천히 그의 앞으로 다가서서 넙죽 엎드렸다.

조여는 이렇게 되자, 호랑이가 영물이라는 것을 깨달았다.

"네가 나를 업어다 준다는 것이렷다. 과연 불쌍하신 상왕을 위한 하늘의 뜻이로구나."

그는 급히 호랑이 등에 올라탔다.

"어서 가자. 어서 강으로 내려서라."

그는 호랑이 등에 올라타고 명령하였다. 호랑이는 곧장 강물로 뛰어들어 단숨에 청령포 강가에 와 닿았다. 호랑이 덕택에 강을 건너간 조여는 호랑이 등을 어루만지며

"과연 영물이로다. 네 은혜는 잊지 않겠다."

호랑이는 마치 조여의 말을 알아들은 듯이 고개를 끄덕이더니 서서히 산속으로 사라졌다.

그는 상왕의 빈소를 찾아 들어갔다.

빈소에는 단종의 시신을 지키는 두 사람이 앉아 있었다. 그는 통곡하였다.

그러나 이렇게 울고만 있을 때가 아니었다. 그는 곧 눈물을 거두고 일어섰다.

그는 시체 앞으로 다가갔다. 수의도 따로 있을 리 없었다. 그는 정성 들여 수렴을 마쳤다. 그리고 상왕의 명복을 빌고 사배를 올린 후 빈소를 나와 캄캄한 강가로 나왔다. 이제는 이 강을 걸어 건너야만 할 처지에 놓여 있었다. 바로 그때 산속으로 들어갔던 호랑이가 그의 앞에 나타나 넙죽 엎드렸다.

"넌 아까 그 호랑이가 아니냐! 불쌍하신 상왕의 용안도 돌아가신 후나마 뵈옵고 또 직접 내 손으로 수렴도 해드렸다. 너희 동물의 세계가 오히려 부럽기만 하구나!"

그는 이렇게 자기의 마음을 털어놓고 다시 호랑이 등에 올라탔다. 그는 호랑이 덕택으로 청령포를 단숨에 건널 수 있었다.

"이것은 하늘이 나를 도와주신 것이다. 네 은혜는 내 생명이 다하는 날까지 잊지 않겠다."

호랑이는 그의 말을 알아들은 양 서서히 산속으로 사라졌다. 고향에

돌아온 조여의 얘기를 전해 들은 사람들은 그의 충성심을 찬양하지 않는 사람이 없었다.

이 말을 전해 들은 남효온은 감격하여 시 한 수를 읊었다.

호도청령포虎渡淸泠浦 조옹렴노산趙翁殮魯山
호랑이가 조여를 업어 청령포를 건네주니
조여는 노산군의 시체를 염하고 돌아왔도다.

성담수(?~1456년)

성담수成聃壽는 창녕 사람으로 호를 문두文斗라 일컬었다. 세종 때 문과에 급제하여 교리로 있었다.

그는 사육신의 한 사람인 성삼문과는 집안 사람이었다. 성담수는 항상 성삼문과 만나기만 하면 나랏일에 대해 걱정했다.

"자네와 나는 왕실을 위해 이 목숨 다하기까지 어떠한 난관이 다가와도 뚫고 나가야 하네."

성삼문은 그에게 이렇게 말했다.

그도 성삼문에게

"저도 상왕을 위해서 목숨을 바치겠습니다."

그러나 수강궁에 있는 어린 상왕을 다시 왕위에 모셔야겠다는 집현전 학사들의 모의가 사전에 발각이 되고 말았다.

이 사실을 알게 된 세조는 성삼문 등을 비롯하여 많은 사람들을 죽였고, 이때 성담수도 성삼문의 친척이었기 때문에 국문을 받았다.

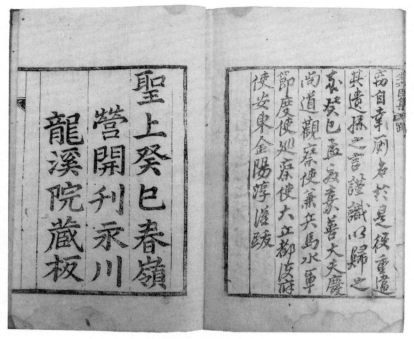

생육신합집生肉臣合集

"네 이놈! 성삼문과 모의한 사실을 낱낱이 실토하면 살려 줄 것이고 그렇지 않으면 너도 죽음을 면치 못할 줄 알라."

그는 추상같이 명령하였다. 그러나 그는 끝내

"나는 아무것도 모릅니다. 죽이던 살리던 뜻대로 하시오."

그는 태연자약했다. 어떠한 지독한 고문이 가해져도 조금도 흐트러짐이 없었다.

그는 김해에서 3년 동안 귀양살이를 하였다. 그리고 3년 후에 대사령이 내려 공주로 갔다.

성담수는 매우 박학다식한 사람이었다. 그러나 그는 고향에서 농부와 똑같은 옷과 음식을 먹으면서 지냈다. 고향 사람들은 그를 농부로 알 뿐 그가 어떤 사람인가를 알지 못할 정도로 자신을 철저하게 숨기고 살았다.

그에게는 이름이 몽정인 재당질육촌형의 아들이 하나 있었는데, 당시 경기감사였다. 성몽정은 경기 감사가 된 후 성담수를 찾았다. 그러나 문 앞에 도착한 그는 집 대문이 촌부의 집만도 못한 것을 보고 깜짝 놀랐다. 더구나 집안으로 안내된 그는 온 집안이 어찌나 퇴락하였는지 비바람도 막지 못하게 될 형편인데다 방은 모두가 흙방이어서 더욱 놀랐다.

성담수의 성품을 잘 아는 몽정은 인사만 하고 곧장 돌아왔다. 그는 곧 돗자리 몇 닢을 성담수의 집으로 보냈다. 아무리 강직한 그일지라도 돗자리마저 사양할 리가 없으리라는 생각에서였다. 이 일을 성담수에게 알리자, 그는

"이 돗자리는 우리 집 방에는 가당치 않은 돗자리가 아니지 않느냐? 어서 빨리 돌려보내라."

하고 명령하였다. 그러나 식구들은 그것을 돌려보내기가 아까웠다. 그래도 그는 고집을 꺾지 않았다.

이런 그를 보고 식구들은 입을 모아 말했다.

"아버님, 이 돗자리가 뇌물로 들어온 것이 아니지 않습니까?"

그러자 성담수는

"이 돗자리는 우리 집에 가당치 않은 물건이다. 어서 돌려보내라!"

그는 낚시질과 때때로 시를 읊어 우울한 마음을 달래곤 했다. 아래는 그때 지은 그의 '조어시釣魚詩'이다.

하루 종일 낚싯대를 드리우고 강변에서 머물다가

푸른 물결 속에 발을 넣고 졸기도 하는도다
꿈속에서 백구와 짝이 되어 만리창공을 날다가
문득 꿈에서 깨어나니 몸은 석양이 비낀 하늘 아래 있구나

역대 왕들에게 충성을 맹세한 중신들의 배반도 증오스러웠다. 그는 나라가 제대로 잘 되어 나갈 것인지가 몹시 의심스럽기까지 했다. 이런 까닭에 나날의 삶이 역겨웠다. 누구에게도 호소할 수도 없고 마음을 털어놓을 사람 없었다. 결국 충분을 못 이겨 세상을 떠나고 말았다.

정조 때 이르러 그의 충절에 감동하여 이조 판서의 벼슬을 추증하고 정숙공靖肅公이라는 시호를 내려 그의 충혼을 위로해 주었다.

원호

원호元昊는 원주 사람으로 호를 무항이라 불렀다. 1424년 문과에 급제하여 집현전의 직제학에 이르렀다.

단종이 수양대군에게 왕위를 찬탈당하자, 그는 벼슬을 사직하고 초야에 묻혔다. 그리고 단종이 노산군으로 강봉되어 영월寧越 땅으로 유배를 떠나자 그는 매일 울면서 지냈다. 죽기가 소원이었지만, 단종이 아직 살아있었으므로 희망은 한 가닥 있었다. 그러나 이런 바람도 잠시 금성대군의 상왕 복위 모의가 탄로나는 바람에 무위로 돌아가고 말았다.

세조는 영월에 있는 노산군을 살려둘 수 없다고 결정하고 금부도사에게 사약을 가지고 영월에 내려가도록 명령했다.

영월 적소에서 한적한 시간을 보내고 있던 단종은 열일곱 살의 어린

나이로 세상을 떠났다. 이 소식이 나라 안에 퍼지자 백성들은 오열을 금치 못했다.

원호는 실신할 정도로 비탄에 잠기고 말았다. 이제는 세상을 살아나갈 아무런 의미도 없었다. 영월 땅을 향해 절하고 앉아 울면서 지냈다. 날이 밝자 그는 영월을 향해 집을 나서기로 결심했다. 그는 부인에게 이 뜻을 전했다.

"왜 그 먼 데를 가시려고 하십니까?"

그의 부인은 이렇게 말하며 말렸다. 그러나 그의 결심은 요지부동이었다.

"나는 집을 나가 상왕의 복상을 3년간 할 것이오."

"어떻게 3년이나 집을 나가 계신단 말씀입니까?"

그는 태연스럽게 대답했다.

"상왕께서 죽음을 당하셨는데 내 한 몸쯤 어디서 무얼 먹으면 어떻단 말이오. 살다가 못 살면 우리 님을 따를 뿐이오."

그의 결심을 그 누구도 막을 수가 없었다. 식구들의 만류를 뿌리치고 그는 곧장 길을 떠나 영월에 도착했다. 때는 겨울이었다.

산속에서 겨우 비바람을 막을 만한 토굴 속에 들어가 상복을 입고 곧장 복상에 들어갔다. 토굴 생활은 비참하였다. 눈보라 치는 겨울밤을 뜬눈으로 보냈고, 짐승이 무서워 찌는 듯한 여름밤도 토굴 속으로 기어 들어가야만 했다. 그는 산에 있는 온갖 풀뿌리를 뜯어다 먹었다.

3년이란 세월은 그에게 눈물과 한숨의 연속이었다. 마침내 3년 복상이 끝나자 고향으로 돌아가기로 마음먹었다.

3년 동안의 일들이 새삼 그의 머리를 스쳐 지나갔다.

몇 번이나 죽으려고 했는지도 모른다. 그러나 그의 가족들이 기다리는 고향으로 돌아가야 했다.

마침내 3년 상을 마친 그는 원주로 돌까왔다. 모든 고향 사람들은 반기며 인사하였다.

그는 집에 돌아와 방에 틀어박혀 문밖에 나가지 않았다. 그는 동쪽을 향해 어린 임금의 참사를 추모하며 지냈다. 아들이 그의 모습을 보고 물었다.

"아버님 왜 그 자리에만 앉아 계십니까?"

"상왕께서 돌아가신 곳이 영월 땅이다. 나는 항상 그분을 추모하는 뜻으로 이렇게 앉아 있다."

그의 대답은 간단했다. 그는 오로지 단종을 생각하는 일념뿐이었다.

정조 때 그의 고고한 충절을 높이 평가하여 이조 판서의 벼슬을 추증했고 정간貞簡이란 시호를 내렸다.

금삼錦衫의 피

폐비|廢妃 윤씨|尹氏, 1455년~1482년|는 봉상시|奉常寺 판사|判事 윤기견의 딸로 조선의
제9대 임금 성종의 계비이자 둘째부인으로 투기와 남편인 성종의 용안에
상처를 내어 폐위되었다.

1473년 성종의 후궁으로 간택되어 숙의|淑儀|의 지위에 있다가 공혜왕후가
죽자 왕비로 책봉되었으나 남편 용안에 상처를 내어 폐비되어 사사되었다.

윤씨는 왕비로 있을 당시에 남편 성종의 후궁들 문제로 시어머니인
인수대비와 심한 고부 갈등을 빚었다.

어느 날 윤씨는 성종과 후궁들 문제로 심한 언쟁을 하다가 성종의
얼굴을 할퀴어 상처를 내었는데, 결국 이 일로 하여 폐비가 되었고 끝내
사사|賜死|되었다.

사사 당시 윤씨는 친정어머니 신씨에게 세자가 자라서 왕이되거든 피를
토한 금삼을 넘겨줄 것을 유언했고, 이는 후일 무오사화와 갑자사화의
도화선이 되고 말았다. 연산군은 자신의 어머니가 되는 윤씨를 제헌왕후로
왕비의 작호를 추숭시켰다. 그러나 중종 반정이 일어난 후 왕후|王后|의 호가
삭탈되는 동시에 다시 폐서인 신분으로 돌아갔다.

폐비 윤씨의 죽음

왕비의 질투

1469년 12세의 어린 나이로 조선왕조 제9대 임금으로 왕위에 오른 성종은 세조의 손자이자 덕종의 둘째아들로 총명했으며, 학문을 즐기고 널리 인재를 등용했다.

그의 이름은 혈이며 아버지는 덕종인데, 일찍이 세상을 떠났고, 세조의 둘째아들인 예종의 뒤를 이어 왕위에 올랐다.

본디 몸이 약한 예종이 재위 1년도 넘기지 못하고 1469년 11월 20세에 세상을 떠났는데, 이때 왕실에서 실권을 잡고 있는 사람은 다름아닌 세조의 후비 정희왕후 윤씨였다. 따라서 그녀의 말 한마디로 왕위가 결정되는 형편이었다. 정희왕후는 조정의 대신들이 모인 자리에서 원로대신인 신숙주에게 그의 뜻을 물었다.

"대감, 누구에게 보위를 잇게 하는 것이 좋겠소?"

그러자 신숙주가 머리를 조아리며 대답했다.

"아뢰옵기 황송하오나 그 전부되 선왕께서 자을산군 혈을 몹시 귀여워하셨으니 그를 속히 상주로 정하시어 민심을 안정시키소서."

신숙주의 대답을 들은 정희왕후는 흐뭇한 미소를 띠웠다. 그도 그럴 것이 신숙주와 정희왕후 사이에는 혈을 왕위에 앉히기로 이미 약속이 되어 있었기 때문이었다.

이리하여 혈이 예종의 뒤를 이어 왕위에 올라 성종으로 불리게 되었다. 이때 성종은 영의정으로 있던 한명회의 딸과 결혼하였으므로 한명회는 자연스럽게 임금의 장인으로서 부귀영화와 권력을 누리게 되었다.

어린 나이로 왕위에 오른 성종은 차차 나이가 들어감에 따라 성품이 너그러우며 모든 일을 재치있게 잘 처리해 나갔다. 궁궐 안에서는 할머니 정희왕후 윤씨와 어머니 소혜왕후 한씨, 숙모인 예종의 왕비 안순왕후安順王后 한씨 등이 있었으므로 성종은 이들을 위로하기 위해 후원에서 자주 잔치를 베풀었다. 특히 성종은 형님인 월산대군에 대해서는 항상 미안한 생각을 품고 있었기 때문에 오늘날 서울의 덕수궁 터에 따로 큰 저택을 지어 월산대군으로 하여금 편히 살게 하였다.

성종은 20여 세 무렵까지도 나라를 잘 다스렸으므로 평화로운 세상이 계속되어 나라 안에서는 백성들의 행복한 노랫소리가 들렸다.

성종은 이 무렵에 판봉상시사로 있었던 윤기무의 딸을 숙의로 맞아들였는데, 윤씨는 그 무렵 장안에서 얼굴이 아름답기로 소문이 자자했다. 성종에게는 후궁도 많았지만, 그중에서 미모가 뛰어났던 윤씨는 성종의 사랑을 한몸에 독차지했다. 성종은 궁궐의 후원에서 자주 잔치를 베풀었는데, 이때에는 각지에서 불러들인 기녀들이 노래와 춤과 재담으로 취흥을 돋우었으며, 술이 거나하게 취한 성종은 신하들에게 직접 큰 잔에 술을 가득 부어 권했다.

잔치가 자주 베풀어지기는 했으나 성종이 결코 나랏일을 잊어버린 것은 아니었다. 성종은 항상 정치에 유의하여 공명정대한 처리가 많았기

때문에 국태 민안의 태평성대를 이루었다. 백성들은 그를 가리켜 주요
순畫堯舜 야걸주夜桀紂, 즉 낮에는 전설상의 요와 순임금처럼 어진 정치를
베풀었고, 밤에는 중국 하나라의 걸과 은나라의 주임금처럼 술과 여자
를 좋아하고, 놀기를 좋아한다고 했다. 걸과 주는 고금의 포악한 임금
의 대표로 나라를 망치고 말았지만, 성종은 비록 놀기를 좋아하고 술과
여자를 탐했다 할지라도 낮에는 요순처럼 어진 정치를 베풀어 나라를
부강하게 했다는 것이다.

성종이 이루어 놓은 가장 두드러진 업적 몇 가지만 보아도 그것이 사
실임을 알 수가 있는데,『동국여지승람東國輿地勝覽』등의 편찬과『경국대전
經國大典』의 완성 등이 모두 이때 이루어졌다.

이렇듯 성종은 명철하고 학문을 좋아하며, 정치도 공명정대하게 처
리하였고, 잔치를 벌이고 즐겼으며 또 여자를 좋아하는 단점도 있었다.
성종은 윤기무의 딸 외에도 윤호尹壕의 딸을 숙의로 맞아들였고, 이어서
권숙의 및 엄숙의와 정소용 등을 가까이 하였다.

1474년 성종 5년 4월에 왕비 한씨가 세상을 떠났다. 이때 성종은 2년
후에 숙의로 있던 윤기무의 딸 윤씨를 새로이 왕비로 정했는데, 윤씨는
왕비가 된 지 4개월 후에 앞으로 성종의 뒤를 이을 아들을 낳았으므로
임금의 사랑은 더욱더 깊어졌고, 따라서 윤비의 교만함은 그 정도가 넘
치게 되었다.

윤비는 워낙 보잘것 없는 집안에서 태어났기 때문에 어려서부터 특별
하게 보고 들은 것이 없이 자란 데다가 타고난 성품이 모질고 질투가 심
했다. 게다가 이제는 국모의 자리에 올랐으므로 세상에 두려운 것이 없
었고, 자신이 바라는 것은 무엇이나 뜻대로 이룰 수가 있었기 때문에 그
녀의 교만과 사치는 날이 갈수록 심해졌다.

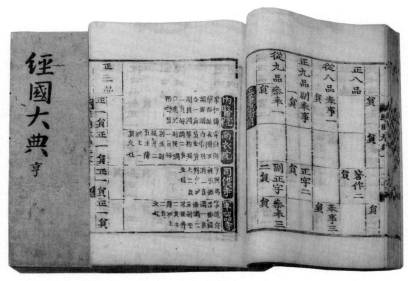

경국대전

그러나 오직 한 가지 자신의 뜻대로 되지 않는 것이 있었으니 그것은 지아비인 임금의 사랑을 혼자 독차지하려는 욕심이었다. 질투심이 강한 윤비는 임금이 후궁의 처소로 들어가는 날 밤이면 시기심이 머리끝까지 치밀어 그날 밤을 뜬눈으로 보내기가 일쑤였다. 궁궐에는 후궁들이 많아 임금은 날마다 번갈아 가며 후궁을 택하여 밤을 보내곤 했는데, 그 중에서도 권숙의와 엄숙의 및 정소용 등 세 후궁들은 임금의 방탕한 생활을 더욱더 부채질했다.

성종은 물론 윤비를 사랑하지 않은 것은 아니었다. 그러나 본디 성품이 호탕한 임금은 왕비 한 여인만으로는 만족할 수 없어서 윤비가 제아무리 시기를 하더라도 다른 후궁에게도 한결같이 사랑을 베풀었다. 청초한 정소용과 산뜻한 엄숙의 및 구수한 권숙의 등 세 여인들은 성종을 대하는 태도가 각각 달랐기 때문에 왕비, 세 후궁 등 네 여인 사이에서 벌어지는 시기와 질투는 날이 갈수록 더욱 심해지기만 했다.

성종 8년 3월 어느 날, 누구의 짓인지 알 수 없는 한글로 쓴 편지 한 장이 궁궐 밖에 있는 권숙의 집에 전해졌다. 보낸 사람의 성명은 쓰여 있지 않았고 다만, 감찰가 소송監察家所送이라고 쓰여 있었는데 그 내용은 정소용과 엄숙의가 비밀리에 뜻을 모아 윤비와 원자를 살해하기로 계획하고 있다는 것이었다.

이 편지를 받은 권숙의 집에서는 큰 소동이 일어났다. 사실을 덮어 두었다가 탄로가 되는 날이면 큰 벌을 받을 것이고, 또 사실대로 고발하면 정소용이나 엄숙의의 생명이 위험할 것이므로 이 일을 어떻게 처리하면 좋을지 몰라 불안에 떨고 있었다. 그러나 언제까지 덮어 둘 수만은 없는 일이어서 결국 이 편지를 승정원으로 보냈고, 승정원에서는 임금에게 이 편지를 전했다.

그러자 성종은 곧바로 중신들을 불러 그들의 의견을 물었다.

"이 편지의 내용이 비록 거짓이라고 하더라도 그냥 넘길 일이 아니니 어떻게 했으면 좋은지 의견들을 말해 보시오."

성종이 묻자, 여러 대신들이 입을 모아

"이것은 아마도 정소용의 소행인 듯하오나 정소용이 현재 임신 중이니 출산을 한 뒤에 전하께서 친히 국문하시는 것이 좋을 것 같사옵니다."

하고 아뢰었으므로 성종도 그때까지 기다리기로 했다.

이 사실을 전해 들은 윤비의 마음은 더욱 허전해졌고, 후궁들이 자기 모자를 해치려고 하는 것을 알게 되자, 두 후궁을 없앨 계획을 세우고 비상을 마련하여 간직해 두었다.

이 무렵 성종은 자라나는 아들의 재롱이 귀엽기만 하여 낮에 틈만 나

면 윤비의 처소를 찾았는데, 하루는 윤비의 방에 앉아 있다가 문득 머리
맡 서안 위에 비단 주머니 하나가 놓여 있는 것을 보았다.

"이것이 웬 비단 주머니인고?"

성종은 호기심이 나서 그 비단 주머니를 열어 본 뒤에 그만 소스라치
게 놀라고 말았다. 그 비단 주머니 속에는 뜻밖에도 독약으로 쓰이는 비
상 한 덩어리가 들어 있었던 것이다. 성종은 또 서안 밑에 놓여 있는 작
은 상자 하나를 발견하고 얼른 그 상자도 집어서 뚜껑을 연 다음에 상
자 안에 들어 있는 종이를 꺼내서 거기에 쓰여 있는 글을 읽어 보고 다시
한번 놀랐다.

그 종이에는 정소용과 엄숙의를 저주하는 내용의 글이 적혀 있었던
것이다.

'지독한 여인이로군!'

이렇게 생각한 성종은 고개를 들어 옆에서 새파랗게 질린 채 떨고 있
는 윤비를 쏘아보며 물었다.

"중전, 이것을 어디서 구했소?"

"……."

윤비는 고개를 숙인 채 떨기만 할 뿐 아무런 대답이 없었다. 이때 성
종은 화가 난 목소리로 다그쳐 물었다.

"대체 이것들을 어떻게 구했느냐고 묻고 있지 않소?"

성종의 다그침에 이윽고 윤비가 입을 열었다.

"며칠 전에 친잠하러 나갔을 때 삼월이라는 종년이 가져다주었습니
다."

왕비의 방에서 나온 성종은 아무리 생각해 봐도 그냥 넘길 일이 아니
어서 형틀을 갖추게 한 뒤 곧 삼월이를 불러다가 신문했다.

"네가 삼월이라는 아이냐?"

"그러하옵니다. 상감마마."

"그럼 네가 비상과 저 주문을 구해 중전에게 바쳤느냐?"

삼월이는 처음에는 아무것도 모른다고 딱 잡아떼다가 마침내 매질과 고문을 이기지 못하여 모든 것을 순순히 털어놓았다.

"저 주문은 중전마마와 인척이 되는 선전관 윤구 나리댁의 종년인 사비와 나리의 마님이 쓴 것이옵고, 비단 주머니는 중전마마의 어머님이신 장흥부부인 신씨께서 주셨사옵니다."

"그 밖에 편지에 대해서도 아는 것이 있느냐?"

"자세히는 모르오나 석쇠라는 사람이 중전마마와 원자를 해치겠다고 쓰인 편지를 권숙의 마마의 댁에 던졌다고 하옵니다."

"음, 이런 괘씸한 것들이 있나."

국문을 끝낸 성종은 윤비의 어머니인 신씨의 직첩을 빼앗고 삼월은 교수형에 처했으며, 사비는 곤장 1백 대를 때린 뒤 변방의 관비로 삼았다.

이 사건은 윤비가 성종을 해치려고 한 것은 아니었지만 정소용과 엄숙의를 없애려고 한 것이었기 때문에 윤비의 행동을 그대로 덮어 둘 수만은 없는 노릇이었다. 만일 그대로 덮어 두었다가는 뒷날에 또 다른 불행한 일이 일어날 수도 있고 자칫하면 임금인 자신에게도 화가 미칠 수도 있었으므로, 성종은 몇몇 중신들을 불러 물었다.

"이번에 중전으로 인하여 일어난 불미스러운 사건은 모두가 과인의 덕이 없었기 때문이오. 그래서 중전을 폐하려고 하는데 경들의 뜻을 말씀해 보시오."

성종의 청천벽력과도 같은 말에 중신들은 서로 얼굴만 쳐다보고 있을 뿐 아무도 선뜻 나서서 말하는 사람이 없었다. 이를 불쾌하게 생각한 성종은 화가 난 표정으로 명령을 내렸다.

"그러면 중전에 대한 죄목을 정하시오."

이때 예조 판서인 허종이 비로소 입을 열었다.

"중전께 죄를 정하는 일은 세상에 발표하지 마시옵고, 궁궐 안 한적한 곳을 택하여 지내도록 하신 후 개과천선하실 때까지 기다렸다가 그때에 복위시킬 것이며, 만약 그렇지 않다면 그때 가서 중전을 서인으로 삼으시어 궐 밖으로 내치더라도 늦지 않을 것이옵니다."

라고 말하자, 성종은 허종의 의견에 따라 중전을 별궁에 머무르도록 하고, 선전관 윤구를 옥에 가두었다.

질투의 끝

그 후로 중전과 세 후궁들 사이의 암투는 더욱 치열해졌다. 성종은 가끔 별궁에 있는 중전을 찾아갔는데, 그때마다 질투에 불타는 중전과 말다툼을 벌이곤 하였다.

그러던 어느 날이었다. 이 날도 별궁을 찾은 성종과 중전 사이에는 말다툼이 벌어졌는데, 그 정도가 지나쳐 서로 붙잡고 옥신각신하다가 그만 잘못하여 중전이 손톱으로 성종의 얼굴을 할퀴어 손톱 자국이 뚜렷이 드러나게 되었다. 이로써 성종은 물론이려니와 인수대비인 한씨, 즉 성종의 어머니 역시 크게 노하지 않을 수가 없었다. 인수대비는 여러 중신들 앞에서 성종의 얼굴에 난 생채기를 가리키면서,

"임금의 몸은 용체이거늘 중전 따위가 감히 용안에 손을 댈 수 있다

고 보시오? 이것은 임금을 해치려는 반역죄에 해당하는 것이니 아무리 중전이라 해도 그대로 둘 수가 없소."

하고 노발대발하였다.

인수대비는 중전을 좋아하지 않았다. 중전이 아직 숙의의 신분으로 성종의 총애를 받고 있을 때부터 그녀의 성품이 교만하다 하여 마음속으로는 은근히 미워하고 있었다. 따라서 그녀를 중전으로 삼을 때에도 매우 마땅치 않았으나 중전의 자리가 비어 있는데다가 윤숙의가 원자를 낳는 바람에 어쩔 수 없이 중전의 자리를 승낙했었다.

인수대비가 중전을 싫어하는 또 하나의 이유가 있었는데, 그것은 인수대비가 정소용과 엄숙의를 각별히 사랑했는데 중전은 그들을 오래 전부터 미워하고 시기했기 때문이었다. 그런 관계로 시어머니인 인수대비와 며느리인 중전의 사이가 좋지 않았다.

인수대비는 따로 우의정 윤필상을 불러 당부했다.

"조정의 대신들과 의논하여 상감의 용안에 손을 대서 생채기를 낸 중전을 폐위시켜 궐 밖으로 내보내도록 하시오."

윤필상은 세조의 왕비 정희왕후의 친정 일가로서 이때 자기의 친척인 윤호의 딸이 궁궐에 들어와 숙의로 있었다. 말하자면 자기 친척의 딸을 중전에 앉혀 놓고 윤씨들이 세력을 잡아 보려고 하던 때였으므로 좋은 기회라고 생각한 윤필상은 중전을 쫓아내려고 결심했다.

1479년 성종 10년 5월 3일 아침 일찍이 영의정 정창손을 비롯하여 상당부원군 한명회·청송부원군 심회·광산부원군 김국광, 우의정 윤필상 등이 궁궐에 모여 성종이 참석한 가운데 어전회의를 열었다.

이 날의 회의는 중전의 폐비에 대한 것이었는데, 이는 나라의 중대한 문제였으므로 비록 대비의 명령이 있었다 하더라도 성종은 만조 백관들의 의견에 따라서 최후의 결정을 내릴 생각이었다.

마침내 성종은 천천히 입을 열었다.

"전날에 중전의 잘못이 매우 컸기 때문에 폐비를 시키려고 했으나 경 등이 모두 옳지 않다고 반대를 하였고, 과인도 중전이 뉘우치기를 바라면서 오늘에까지 이르렀소. 하지만 중전은 조금도 뉘우치는 기색이 보이지 않을 뿐만 아니라 과인까지도 업신여기고 깔보게 되었으니 중전의 잘못이 한두 가지가 아니오. 따라서 중전에 대해 빨리 처리하지 않으면 뒷날에 무슨 중대한 사건을 일으킬지도 알 수 없으니, 이제 마땅히 중전의 지위를 빼앗아 서인으로 만들어 궐 밖으로 내보낼 것이오."

그러자 정창손이 나서서 반대했다.

"중전은 원자를 낳으신 분이며, 옛날에 정인지 등이 중전마마의 집안과 인품을 살펴본 후에 정하신 왕비입니다. 그러니 궐 밖으로 내보내지 마시고 따로 궁전을 지어 머무르게 하시는 것이 좋을 듯합니다."

이 말을 들은 성종은 노여움을 터뜨리며 폐비시키려는 뜻을 꺾지 않았다.

"모두들 물러가시오. 과인의 뜻은 이미 정해졌으니 아무도 과인의 뜻을 꺾지 못할 것이오."

그러자 도승지 홍귀달과 좌승지 김승경, 우승지 이경동, 좌부승지 김계창, 우부승지 채수 등은 끝까지 남아서 성종에게 여러 번 간청했으나 성종은 더욱더 노여워하면서

"경 등이 물러가지 않으면 과인이 먼저 자리를 뜨겠소."

하면서 나가 버렸다.

한편 별궁에서 자신을 폐비시킨다는 소식을 들은 중전은 방바닥을 치며 통곡했으나 아무 소용이 없었다. 성종의 명령으로 사인교와 함께

별궁을 찾은 승지는 통곡하는 중전을 거들어 일으키며

"마마, 어서 가마에 오르십시오."

하고 사인교에 오르기를 재촉했다.

"이것 보세요. 승지! 궁궐에서 쫓겨나더라도 내 아들을 한번 만나고 가게 해주시오."

중전은 통곡하면서 애원했으나 아무 소용이 없었다. 원자는 인수대비의 명령으로 어머니인 중전과의 만남이 금지되어 있었기 때문이었다. 이로써 지금까지 한 나라의 국모로 온갖 영화와 부귀를 누리던 중전 윤씨는 폐비가 되어 초라한 사인교에 몸을 싣고 통곡 소리를 뒤로 남긴 채 궐 밖으로 내쫓기는 몸이 되었다.

이때 홍귀달 등의 승지들은 성종에게 중전의 폐비를 거두어 달라고 간청하는 한편, 인수대비에게도 폐비 문제를 다시 생각해 줄 것을 청원했다.

그러자 성종은 이들의 행동을 괘씸하게 여긴 나머지 홍귀달·김승경·이경동·김계창·채수 등을 옥에 가두어 버렸다.

이때 대사헌 박숙진과 대사간 성현, 홍문관 직제학 최경지 등 이른바 삼사에서 성종에게 폐비 윤씨의 죄상을 물었다. 이들의 물음에 성종은 아무런 대답도 하지 않고 다만,

"중신들과의 회의에서 결정한 것이니, 궁금하거든 승정원에 물어보라."

라고 할 뿐이었다. 이어서 성종은 홍문관 전한 이우보에게 종묘에 가서 폐비의 일을 고하게 했으나 이우보가 명령에 따르지 않았으므로 성종은 그를 의금부에 가두고 다시 조위로 하여금 종묘에 고하는 글을 짓게 했다. 그 후에도 육조 판서들이 힘을 합쳐 폐비가 옳지 않음을 간언했으

나, 성종은 끝내 이들의 말을 듣지 않았다.

성종은 기어이 폐비의 이유를 종묘에 고하는 동시에 중전 윤씨를 폐하여 서인으로 삼는다는 교서를 발표했다.

한편, 폐비가 된 윤씨는 친정집에 살면서 날마다 슬픔에 젖어 눈물을 흘리며 자신의 지나친 행동을 후회했으나 이러한 사정을 성종에게 알려주는 사람은 아무도 없었다.

성종은 윤씨를 서인으로 삼아 궐 밖의 친정으로 내치기는 했으나 그래도 그녀가 낳은 원자가 궁궐 안에 있었으므로 사람을 보내 날마다 윤씨의 행동을 살피게 할 뿐만 아니라 편지를 보내 아무쪼록 뉘우치라고 타일렀다. 그리고 만일 뉘우치기만 한다면 다시 중전으로 다시 맞아들이겠다고 달래 보기도 했다. 그러나 거기에 대한 회답과 뉘우치는 태도가 확실히 보인다는 보고가 성종에게 전해질 리가 없었다. 그것은 성종의 어머니인 인수대비 한씨의 방해가 있었기 때문이다.

인수대비는 내시를 시켜 윤씨가 날마다 화장에만 힘쓰고 도리어 임금을 원망하는 태도로 교태를 부린다고 임금에게 알리게 했기 때문에 성종은 내시의 말을 믿고 윤씨를 더욱더 미워하게 되었다.

이렇듯 인수대비의 방해로 인하여 윤씨의 생활이 성종에게 제대로 알려지지 않았기 때문에 윤씨의 처지는 더욱 불리한 쪽으로 치닫고 있었다. 그러나 인수대비에게도 근심 걱정은 있었다. 앞으로 윤씨의 아들이 성종의 뒤를 이어 왕위에 오를 경우 윤씨가 아들에게 모든 사실을 일러바치게 될 것이고 그렇게 되는 날에는 윤씨와 사이가 좋지 않았던 후궁들은 말할 것도 없고 자신에게까지 해가 미칠 것을 생각하면 소름이 끼쳐서 어떤 때에는 혼자서 근심과 걱정에 싸여 잠을 이루지 못 하였다.

그래서 인수대비는 곰곰이 생각한 끝에 원자가 자라서 모든 사실을 알기 전에 윤씨에게 사약을 내려 원자로 하여금 이 사실을 영원히 모르게 하는 길밖에는 다른 방법이 없다고 생각하게 되었다.

인수대비는 성종에게 거짓 사실을 들어 윤씨를 헐뜯기 시작했다.

"주상, 요즘도 폐비의 소식을 듣고 있소?"

"아니옵니다, 어마마마. 요즘은 소식이 뜸하옵니다."

"그래요? 이 어미가 듣기에는 폐비가 상감의 뒤를 이어 자기 아들이 보위에 오르기만을 목이 빠지게 기다리고 있다는구려."

성종도 윤씨가 뉘우치지 않는 한 그 성품으로 반드시 그러리라는 생각이 들었으므로 큰 화가 닥치기 전에 적당한 기회를 보아서 폐비에게 사약을 내려야겠다고 결심하게 되었다.

어느덧 폐비 윤씨가 친정에서 3년이라는 세월을 보내는 동안에 성종은 숙의로 있던 윤호의 딸을 중전으로 맞이하였다.

궁궐 안은 인수대비의 감시가 몹시 심하여 폐비의 사정을 그대로 성종에게 알리는 사람도 없었고 또 알릴 수도 없었다. 그러나 폐비가 뉘우침의 눈물을 흘린다는 사실이 알려지자 조정의 백관들은 깜짝 놀랐다. 하지만 이런 사실을 임금에 고했다가는 어떤 불호령이 떨어질지 알 수 없었고, 게다가 인수대비에게 불리할 것이라 생각되어 감히 입을 열지 못하였다.

장안에는 이런 저런 소문이 떠돌면서 백성들 간에 폐비에 대한 처사가 잘못됐다고 생각하는 사람들이 많아졌다.

성종 13년 8월, 시강관인 권경우는 성종 앞에 나아가 주청을 드렸다.

"폐비 윤씨가 친정에서 어렵게 살고 있는 것을 온 백성들이 마음 아프게 여기고 있사오니, 친정보다 나은 곳을 정하여 살게 하는 동시에 생활하는 데에 어려움이 없도록 여러 가지 물품을 내려주시옵소서."

이에 대사헌 채수와 한명회 등도 폐비를 옹호하고 나섰다. 그러자 성종은 화를 내면서 용상에서 벌떡 일어나 그들을 노려보며,

"경들이 폐비를 옹호하는 것은 원자에게 잘 보여 훗날에도 부귀영화를 누려보자는 것 아닌가?"

하고 호통을 쳤다.

이때 동지사 이극기와 채수, 검토관 안윤손 등은

"신 등의 뜻은 그런 것이 아닙니다."

"경들이 만일 원자에게 아부하는 것이 아니라면 무슨 까닭으로 과인에게 죄를 지은 폐비에 대해서 여러 말을 하는 것이오? 얼마 전에 박영변이 폐비에 대한 글을 올렸으나 이는 관직이 없는 한낱 백성이기 때문에 그대로 두었소. 그러나 지금 경 등이 말하는 것은 모두 폐비만을 위한 것이지, 과인을 위한 것이 아니지 않은가?"

그래도 권경우와 채수 등이 폐비에 대한 선처를 아뢰자 성종은 매우 불쾌하게 여긴 나머지 마침내,

"너희들은 경연관으로서 과인의 뜻을 알 터인데도 불구하고 그런 말을 자꾸만 하니 과연 너희들은 폐비의 신하인지 과인의 신하인지 알 수가 없다. 폐비가 처형되지 않은 것만도 다행으로 알아야 할 것 아닌가? 이는 틀림없이 폐비의 집안과 불순한 무리들이 서로 짜고 한 짓이 분명하다."

하고 폐비와 배가 다른 오라버니인 윤구와 윤우 등이 폐비의 일로 민심을 부추긴다 하여 의금부에 가두어 버렸다.

이튿날, 성종은 채수와 권경우를 불러 폐비의 일에 대하여 다시 한번 물어 보았다. 채수와 권경우는 전날처럼 분명하게 대답하지 못하고 그저 나랏일이 그릇되어 간다고만 할 뿐이었다. 폐비는 원자의 어머니이

기 때문에 그렇게 해서는 안 된다는 것을 에둘러 말한 것이었다.

그러나 성종의 귀에는 그런 말이 모두 폐비를 변호하는 것처럼 들렸다. 분노한 성종은 중신들을 불러 채수와 권경우의 죄를 의논케 하고 그래도 가시지 않아 전에 상소문을 올렸던 박영변을 붙잡아 옥에 가두었다.

이렇게 여러 사람들이 번갈아 가면서 폐비를 그대로 민가에 두어서는 안 된다는 등 원자를 낳은 윤씨를 대우할 수 없다는 등 성종과 인수대비에 대한 비난이 쏟아졌다. 이와 동시에 폐비의 선처를 호소하는 상소문이 그치지 않자, 성종은 마침내 중대한 결심을 하기에 이르렀다.

그리하여 인수대비를 찾은 성종은 한참 동안 의논한 끝에 어전으로 돌아와 곧 문무백관을 불러놓고 입을 열었다.

"폐비 윤씨는 본디부터 질투와 시기심이 많은 여인으로서 행실이 옳지 못하여 쫓겨났는데 원자가 차차 자라남에 따라 민심이 그를 동정하는 기미가 생겼다. 만일 이대로 두었다가는 뒷날에 무슨 일을 저지를지 알 수 없다. 과인은 폐비가 그 죄를 뉘우치기는커녕 거의 날마다 궁궐을 저주하고 원자가 자라기를 기다려 복수한다는 말을 들었다. 만일에 폐비가 오래 살아서 원자가 즉위한 뒤에 국정을 어지럽힌다면 이 나라 종묘사직을 어찌 구하겠는가? 이에 과인은 오랜 생각 끝에 폐비에게 사약을 내리기로 결정했노라."

성종의 말이 끝나는 순간 문무백관들의 안색이 변했고, 그들의 등에는 진땀이 흘러내렸다. 이윽고 성종은 좌승지 이세좌와 의금부 도사 이극균 두 사람을 불러

"좌승지는 어명을 전하고 의금부 도사는 사약을 가지고 가서 거행토록 하라!"

하고 최후의 명령을 내렸다.

성종은 어명을 내리고 곧장 편전으로 들어갔다. 비록 종묘사직의 앞날을 위하여 어쩔 수 없이 폐비에게 사약을 내리기는 했으나 가슴 한 구석이 허전함을 가눌 수가 없었다.

성종에게 있어서 폐비는 눈에 넣어도 아픈 줄을 모를 만큼 사랑하던 여인이었으며, 그녀와 함께 백 년을 해로하려던 여인이었고, 원자의 생모이기 때문에 결코 가볍게 대해서는 안 될 여인이었다.

"조금이라도 뉘우치는 빛을 보여 주었더라면 이리 되지는 않았을 것을……."

성종은 창가에 홀로 앉아 정원에서 지저귀는 새소리를 들으며 무심결에 그렇게 중얼거렸으며, 그의 눈에서는 눈물이 소리없이 흘러내리고 있었다.

피 묻은 금삼

이 날도 폐비 윤씨는 그의 어머니 신씨와 함께 적막한 시간을 보내고 있었다. 때는 초가을, 황폐한 뜰에도 녹음은 제대로 우거졌다. 폐비는 방문을 열고 뜰에 무성한 녹음을 내다보고 있었다. 한나절쯤 되어 어디선가 벽제소리가 아득히 들려오기 시작하더니 그 소리가 점점 가까이 다가오고 있었다.

"아니, 저게 웬 벽제소리예요?"

그러다가 두 모녀는 동시에 깜짝 놀랐다. 그 소리가 점점 가까워 오는 것을 보면 틀림없이 그들의 집을 향해 오는 것이 분명했기 때문이다.

이윽고 벽제소리가 담장 밖에서 요란스럽게 나더니 뒤이어 내시가 대문을 밀고 들어서며,

"어명이오!"

하고 그가 내놓는 것은 뜻밖에도 사약이었다. 이때 폐비의 어머니 신씨는 얼굴이 새파랗게 질리며,

"아니, 이게 어인 날벼락인고?"

하고 펄펄 뛰었다.

이세좌는 전지를 읽어 내려갔고 폐비와 그녀의 어머니 신씨는 얼굴이 새파랗게 질려서 몸을 와들와들 떨고 있었다.

몹시 비참한 광경이었으나 전지를 받든 이세좌로서는 어명을 이행하지 않을 수가 없었다. 전지를 다 읽은 이세좌는

"속히 어명을 거행할 준비를 하시기 바랍니다."

하고 엄숙히 말했다. 이세좌의 명령이 내리자 내시들은 목욕물을 데우고 방 안을 뜨겁게 하기 위해 아궁이에 불을 지피기 시작했다.

예부터 사약을 받는 데는 일정한 법도가 있었는데, 사약을 받은 사람은 그 약을 마시기 전에 반드시 목욕재계를 하고 의관을 단정하게 갖춘 뒤에 약사발을 받아 상에 올려놓고 임금이 있는 방향을 향해 세 번 절하고 마셔야 한다. 그리고 방에는 방바닥에 발을 딛지 못할 정도로 불을 뜨끈뜨끈하게 지펴야만 한다. 왜냐하면 방 안이 그처럼 뜨거워야만 약기운이 몸에 빨리 퍼지기 때문이었다.

사약을 앞에 놓은 폐비의 얼굴은 창백하게 질려 있었으나 그녀는 이미 각오하고 있었음인지 겁내는 빛은 없었고, 오히려 놀랍도록 침착하기까지 했다.

폐비가 사약을 마지막 한 모금까지 마셨을 때에는 이미 그녀의 얼굴

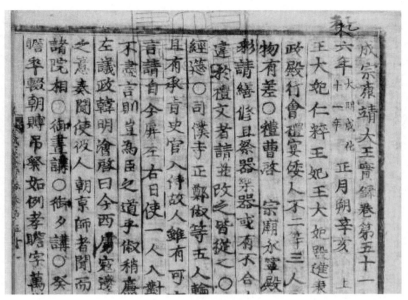

성종실록

에는 붉은 기운이 감돌았고 뒤이어 폐비의 코와 입에서는 붉은 피가 흘러 금삼을 적시기 시작했다.

　이때 폐비는 다 꺼져가는 목소리로,

　"어머니, 어머니는 이 피 묻은 금삼을 고이 간직했다가 다음날 원자가 보위에 오르거든 이 금삼을 보여주고 어미의 슬픈 사연을 꼭 들려주시오."

하고 부탁한 뒤에 마침내 숨을 거두었다.

　이것을 본 신씨는 정신이 나간 사람처럼 우두커니 앉아있다가 점점 싸늘하게 식어가는 딸의 시신을 어루만지며 통곡했다.

　"불쌍하게 죽고 말았구나. 이제는 모든 것이 끝났다."

　폐비가 죽자, 그 날로 신씨는 전라도 장흥으로 귀양의 길을 떠났다.

이로써 폐비 윤씨의 한 많은 생애는 죽음으로 그 막을 내렸다.

그러나 그녀가 남겨 놓은 피 묻은 금삼은 앞으로 어떤 피바람을 불러 일으킬지 아무도 모르고 있었다.

이세좌는 곧 폐비의 죽음을 궁궐에 알리는 동시에 그 시신을 거두어 동대문 밖에 묻어 주었다. 그 날 저녁 집에 돌아온 이세좌는 한숨을 내쉬며 부인에게 말했다.

"우리 자식들의 앞날이 걱정되는구려. 원자께서 앞으로 보위에 오르시는 날에는 제일 먼저 우리 자식들이 틀림없이 화를 당하게 될 것이오."

이세좌의 한숨 섞인 말에 그의 부인은 아무것도 모르고 잠들어 있는 자식들의 얼굴을 유심히 바라보며,

"이 일을 어찌하면 좋을꼬?"

하고 남편과 함께 한숨만 쉴 뿐이었다.

성종은 중전을 폐위시켜 내쫓고 마침내 사약을 내렸으나 쓰라린 마음은 걷잡을 수가 없었다. 원자를 대할 때마다 불쌍한 마음과 함께 불안한 마음을 떨쳐 버릴 수가 없었다. 성종은 원자의 생모를 내쳤고 사약까지 내린 사실을 입에 담지 않도록 철저히 단속했기 때문에 원자는 전혀 모르고 있었다. 따라서 원자가 아주 어렸을 때에는 '나는 본디 어머니가 없이 태어났나 보다'고 생각했고, 조금 자라서는 자기 어머니가 병으로 세상을 떠났으려니 생각하고 어머니에 대한 일은 별로 관심을 쏟지 않았다. 원자의 나이 4세 때에 중전이 쫓겨났으니 자기 어머니가 어찌 되었는지 알 수 없을 것이고 7세 때에 죽었으나 폐비가 된 후에는 만나지 못했으므로 알 길이 없었다. 그러나 성종은 원자를 향한 애틋한 생각만은 쉽게 떨쳐 버릴 수가 없었다.

그러던 어느 날 원자가 훈련원을 구경하고 온 일이 있었는데, 그날 저녁때 궁궐로 돌아온 원자에게 성종이 물었다.

　"원자야, 오늘 훈련원 가는 길에 무엇을 구경하고 왔느냐?"

　성종은 그냥 무심히 물어 본 말에 지나지 않았으나 원자의 대답은 너무나 뜻밖이었다.

　"아바마마, 다른 것은 하나도 볼 것이 없었사오나 남문 밖으로 나갔더니 송아지 한 마리가 어미소를 따라가고 있었는데 어미소가 부르면 송아지가 대답하고, 송아지가 부르면 어미소가 대답하면서 걸어가는 것을 보고 소자는 어미와 자식의 정을 느꼈사옵니다."

　원자의 대답을 들은 성종은 가슴이 철렁 내려앉는 동시에 자신도 모르게 눈물을 흘렸다.

　'내가 역시 잘못했구나. 자식의 어머니에게 대한 정은 생각하지 않고 원자의 생모를 죽게 하였으니…… 저 어린 것이 불쌍하구나!'

　원자가 물러난 뒤에 성종은 편전에 혼자 앉아서 몹시 괴로워했다. 원자가 자기 생모의 비참한 운명을 전혀 알지 못한 채 그런 말을 태연스럽게 말했기에 성종의 마음은 더욱 고통스러울 뿐이었다.

　성종이 풍류를 즐기는 것은 폐비가 죽은 뒤에도 조금도 줄어들지 않았다. 폐비가 죽은 얼마 후에 할머니인 정희왕후 윤씨가 세상을 떠나자 장례를 치르는 동안에는 금지되었던 궁궐 안의 잔치가 또다시 시작되었다.

　성종은 부지런하고 건강하여 낮에는 정무에 바쁘고 저녁에는 연회에서 노래를 듣고 춤추다가 밤이 깊으면 왕비·소용·숙용·궁녀들 중 마음에 드는 여인을 택하여 하룻밤을 보내는 것이 일과였다.

　성종은 특히 숙의 하씨와 홍씨, 귀인 정씨와 권씨·엄씨·숙용 심씨·

권씨와 숙의 김씨 등을 가까이 하여 슬하에 16남 12녀 등 모두 28명의 자녀를 두었는데, 이것은 조선의 역대 임금 중 가장 많은 자녀들인 것이다.

연산군의 등장

성종의 원자이자 폐비의 아들인 융은 어려서부터 생모를 만나보지 못한 채 자라났기 때문에 자기는 어머니 없이 세상에 태어난 사람이라고 스스로 생각하였고, 어머니가 사약을 마시고 죽었다는 사실을 전혀 모르고 있었다. 인수대비가 살아 있는 동안에는 궁궐 안에서 아무도 원자에게 사실을 알려주는 사람이 없었으니, 그것은 만일 원자에게 그러한 사실을 알려주는 사람이 있으면 남녀와 지위를 가리지 않고 목을 벤다고 선언했고, 항상 감시를 했기 때문이다.

대체로 조선왕조의 전례에 따르면 원자의 나이 8세가 되었을 때 왕세자로 책봉하게 되어 있었다. 그래서 원자도 이런 예에 따라 그의 나이 8세이던 1486년 성종 14년 정월에 왕세자로 책봉되는 의식을 치르게 되었다.

세자 융이 12세가 되어 성균관에 입학하던 해 3월에 병조 판서 신승선의 딸을 세자빈으로 정하고 이어서 동궁을 따로 지었는데, 동궁이란 세자가 거처하는 집을 말한다.

이듬해 2월 5일에는 선정전에서 초례를 치르고, 세자가 직접 신승선의 집으로 가서 그의 딸을 대궐로 맞아들였다.

어려서부터 고집이 셌던 세자는 자기의 뜻에 맞지 않으면 아무리 권하고 달래어도 듣지 않았다. 다만 부왕인 성종에게만은 고집을 부리지 못했다. 그러나 사실은 부왕에게도 마음속으로는 복종하는 것이 아니고 어쩔 수가 없었기 때문에 겉으로만 복종하는 척한 것이다.

어느 날 이런 일이 있었다. 성종이 사슴 한 마리를 구해다가 궁궐 안에 두고 길렀는데 이 사슴이 매우 영리하여 사람을 잘 따랐고 말도 잘 알아들어서 누구에게나 반갑게 달려와 혓바닥으로 손이나 얼굴을 핥기도 하였다. 그런 탓에 성종은 특별히 그 사슴을 귀중히 여겼으며, 궁궐에 드나드는 문무백관들도 사슴을 몹시 사랑했다.

어느 날 세자가 부왕을 만나러 오자 사슴이 뛰어와서 세자의 손과 얼굴을 핥으며 반가운 시늉을 하였다. 그러나 세자는 그것이 마음에 들지 않았는지 발길로 사슴의 배를 냅다 걷어차는 바람에 사슴은 그만 고꾸라지고 말았다.

"앗!"

세자의 무자비한 행동을 보는 순간 성종을 비롯하여 옆에 있던 모든 신하들은 깜짝 놀랐으나 다행히 다친 데는 없었다. 하지만 사슴의 부상이 문제가 아니라 자기를 따르는 동물을 너무나 잔인하게 대하는 세자의 포악한 행동이 문제여서 모든 사람들은 앞날에 대한 불안을 금할 수가 없었다.

세자의 행동에 화가 난 성종은 그를 나무랐다.

"너는 사슴에게 무슨 죄가 있다고 발길로 차기까지 하느냐? 짐승 중에는 사람을 믿고 사람을 위해 사는 것도 있는데, 그렇게 잔인하게 대할 수가 있느냐? 너는 어디서 그 따위 행동을 배웠느냐?"

성종의 꾸지람에 세자는 고개를 숙인 채 묵묵히 서 있기만 했다. 그러자 성종은 대답이 없는 세자에게 더욱 화가 나서 엄하게 꾸짖었다.

"세자는 들어라, 짐승을 학대하는 버릇이 점점 커지게 되면 반드시 백성들까지도 학대하게 될 것이니, 네가 그렇게 되는 날에는 이 나라의 꼴이 어떻게 되겠느냐?"

성종의 엄한 꾸지람을 들은 세자는 아무 말도 못 하고 그 자리를 물러났는데, 이때 부왕으로부터 들은 꾸지람이 얼마나 가슴속에 맺혔던지 뒷날 성종의 뒤를 이어 왕위에 오른 세자는 제일 먼저 화살을 쏘아 그 사슴을 죽여 버렸다. 이 한 가지의 예를 보아도 세자의 성격이 어떻다는 것은 어렵지 않게 짐작할 수가 있을 것이다.

세자는 그 무렵에 유명한 학자인 서거정을 스승으로 삼았다가, 그가 늙어서 떠난 후로는 조지서와 허침을 스승으로 삼았다.

그런데 두 스승의 성격이 정반대로 달라서 조지서는 성격이 강하고 남을 용서할 줄 몰랐다. 그는 성종 때에 대과에 급제했고 어유소가 만주의 건주위를 칠 때에 그의 부하로 참전한 경력까지 있었다. 그는 세자가 평소에 장난을 좋아하고 공부를 게을리하면, 비록 세자라 할지라도 조금도 망설이지 않고 엄하게 꾸짖었다.

"저하께서는 앞으로 이 나라의 임금이 되실 분입니다. 그러한데도 글을 싫어하시고 장난만 좋아하시면 이 나라가 어찌 되겠습니까? 부디 장난을 삼가시고 글공부를 부지런히 하십시오."

조지서는 이렇게 번번이 세자를 꾸짖었으나 세자는 이런 조지서의 꾸짖음을 매우 못마땅하게 생각했으며, 마음속으로는 늘 원수같이 미워했고 무서워했다.

'이 놈의 늙은이가…… 어디 두고 보자!'

이와는 반대로 허침은 성격이 온순하고 부드러워서 세자가 장난이나 하고 글공부를 열심히 하지 않아도 별로 꾸짖는 일이 없이 부드럽게 타

이르곤 하였다.

"글공부란 억지로 할 수 없는 것입니다. 놀 때는 놀더라도 일단 글공부를 할 때에는 열심히 하는 것이 바람직합니다."

이렇게 좋은 말로 타일렀기 때문에 세자도 그의 앞에서는 책을 자주 읽고 토론하는 일도 있었다.

어느 날 이런 일이 있었다. 조지서가 글을 가르치려고 세자 방으로 가자 세자는 보이지 않고 벽에 커다란 글씨로

대성인은 허침이요, 대소인은 조지서라

라고 쓰여 있었는데, 세자의 짓이 분명했으므로 매우 불쾌하게 여긴 그는 곧바로 낙향하려고 마음먹었다. 그러나 한편으로는 그렇게 되면 세자의 잘못을 밖으로 드러내는 것이 되므로 곧 마음을 바꾸어 참기로 하였다.

뒷날에 세자가 즉위하자 조지서는 한양 같은 번화한 곳이 싫으니 지방관이 되기를 청하여 창원 군수로 갔으나 얼마 후 군수 벼슬도 던져 버리고 지리산 속에 숨어 버리고 말았다. 이를테면 앞으로 어지러워지는 세상을 자신의 능력으로는 도저히 바로잡지 못할 것을 짐작하고 아예 세상과 인연을 끊어 버렸던 것이다.

조지서는 지리산으로 들어온 뒤 그곳에 정자를 지어 이름을 지족정이라 정하고 날마다 산천을 즐기며 세월을 보내고 있었다. 그러던 중 마침내 연산군 10년에 일어난 갑자사화에 관련되어 극형을 당했고, 시신은 강물에 던져졌으며 재산은 몰수되었다. 이와는 반대로 허침은 연산군이 등극한 후에 우의정이 되었다가 좌의정까지 지냈고 무사히 일생을

마쳤다.

세자는 글공부를 죽기보다 싫어했으나 여자라면 물불을 가리지 않을 만큼 좋아하여 13세에 세자빈을 맞았음에도 불구하고 젊은 궁녀들과 하루도 즐기지 않는 날이 없었다. 그러다가 16세 때에는 곽린의 딸을 데려와 양원이라는 벼슬을 준 뒤에 세자궁의 궁녀로 두기까지 했으니 그의 음탕한 생활은 이때부터 싹을 틔우고 있었다.

1494년 12월, 성종이 37세로 세상을 떠나자 며칠 후에 창덕궁에서 세자의 즉위식이 거행되었는데, 이때 세자의 나이는 18세였으며 이 사람이 바로 조선왕조의 제10대 임금이자 폭군으로 불리는 연산군이다.

연산군은 왕위에 오르자 인수대비와 정현왕후를 높여서 대왕 대비로 삼았으며 세자빈 신씨를 왕비로 삼았다.

무오사화

성종이 승하한 3개월 후, 연산군은 선왕의 무덤인 선릉에 올릴 글을 읽어보다가 그 글의 내용 중에 판봉상시사 윤기무라는 이름이 나왔고 또 폐비에 관한 사실이 쓰여 있는 것을 발견했다.

이때 연산군은 승지를 불러,

"윤기무가 무엇 하는 사람인데, 이 글 속에 나오는가?"

승지는 곧장 대답할 수가 없었다. 윤기무는 폐비 윤씨의 친정아버지로서 연산군에게는 바로 외할아버지가 되기 때문이었다.

윤기무는 자기 딸이 왕비로 책봉되기 전에 죽었으므로 연산군이 외할아버지의 이름을 모르는 것도 당연하겠으나 만일 연산군에게 그 사

성종왕릉

실을 알렸다가는 그가 아직도 모르고 있는 생모 윤씨에 대한 모든 비밀이 곧바로 밝혀지고 말 것이기 때문이었다. 그렇다고 신하로서 임금에게 거짓말을 할 수도 없는 일이었으므로 승지는 말을 못 하고 벙어리가 된 채 엎드려 있기만 했다. 그러자 연산군은 답답하다는 듯 연상을 손으로 치면서 몹시 화가 난 목소리로,

"왜 대답을 못 하는가? 윤기무가 어떤 사람인지 묻고 있지 않느냐?"

라고 대답을 재촉하자, 승지는 마침내 할 수 없다는 듯이 사실대로 대답했다.

"아뢰옵기 황공하오나 윤기무는 폐비 윤씨의 아버지로서 윤씨가 아직 왕비로 책봉되기 전에 세상을 떠났으며, 바로 전하의 외할아버지가 되시는 분이십니다."

"뭐라고? 윤기무가 과인의 외할아버지라고?"

연산군은 승지의 말을 듣고 깜짝 놀랐다.

"과인에게는 외할아버지가 따로 있는데, 어째서 윤기무가 과인의 외할아버지란 말인가? 사실대로 아뢰렷다."

일이 이렇게 되자, 이제는 비밀을 지킬 수가 없게 되었으므로 이때 승지는 폐비 윤씨의 비밀을 연산군에게 낱낱이 털어놓고 말았다.

"아뢰옵기 황공하오나 전하의 생모는 따로 계셨습니다. 전하께서 아직 어리셨을 때 선왕께서 전하의 생모를 폐위시키시면서 모든 것을 비밀로 하라는 엄한 분부를 내리셨사옵니다."

"그렇다면 과인의 생모는 아직도 생존해 계시는가?"

"여러 해 전에 세상을 떠나셨습니다."

승지는 폐비 윤씨가 사약을 받고 죽었다는 사실을 차마 알리지 못했다.

연산군은 생모 윤씨가 이미 세상을 떠났다는 말에 땅이 꺼질 듯이 한숨을 내쉬었다. 연산군은 너무나 놀라운 사실에 눈앞이 캄캄하여 그 날부터는 수라도 들지 않고 슬퍼하다가 하루는 인수대비를 찾아가 생모 폐비의 이유를 물어보았다. 그러자 인수대비는

"선왕께서 중전을 폐위시킬 때에는 본인에게 그만한 잘못이 있었기 때문이겠지요."

하고 생모에게 좋지 못한 일이 있었다는 듯이 말했다.

'과인의 생모에게 무슨 잘못이 있었다는 말인가? 그리고 비록 잘못이 있었다 할지라도 폐비시켜 내쫓을 것까지는 없지 않은가?'

연산군은 그 날부터 생모를 그리워하며 이렇게 생각했다. 자신의 생모가 폐비가 되어 궁궐에서 쫓겨나게 된 것은 반드시 사헌부나 사간원, 홍문관의 유생들이 이른바 칠거지악이니 뭐니 하는 유학의 이론으로 부

왕에게 자꾸만 못된 상소질을 하는 바람에 마침내는 부왕도 어쩔 수 없어 폐비시킨 것이 아닐까 하는 생각이 들자, 그들이 몹시 미워졌다.

'이 놈들! 어디 두고 보자.'

이렇게 앙심을 품은 연산군의 머리에 제일 먼저 떠오르는 사람은 어려서부터 자기에게 잔소리만 늘어놓던 조지서였다. 연산군은 모든 유학자들이 조지서처럼 밉기만 했다.

그때 유학자들은 대부분 김종직의 제자들로 대과에 급제하여 조정에 많았다.

김종직은 조선 유학계의 큰 인물로서 벼슬을 떠나 있을 때에도 그의 행동 하나하나가 그 무렵의 정치계에 큰 영향을 주었기 때문에, 성종은 그를 일부러 서울로 불러올려서 형조 판서를 시킨 적이 있었다.

유학자들은 공자孔子의 가르침을 따른다 하여 모든 것을 중국에 기대고 중국의 제도와 문물을 흉내내기에 힘썼다. 특히 부모에게 효도하고 임금에게 충성을 다한다는 것이 그들의 중심 사상이었다.

만일 임금이 유학의 가르침에 어긋나는 일이 있을 때에는 죽음을 두려워하지 않고 그만두게 해야만 충성을 다하는 것이요, 임금이 듣지 않는다고 그만두어서는 충성이 아니라고 믿었다. 특히 이러한 일을 맡은 사람들이 이른바 삼사라고 하는 사헌부와 사간원 및 홍문관의 벼슬아치들이었다. 따라서 임금에게 상소하는 책임을 맡은 벼슬아치는 학문으로나 인격으로나 남의 모범이 될 만한 인물이어야 했다.

그러므로 임금도 이들의 상소는 가볍게 대하지 못했고, 나라에 중요한 일이 있을 때는 대신들보다도 그들의 의견을 더 많이 참고하게 되었다.

이렇듯 큰 세력을 이루고 있는 유학자들을 연산군은 가장 미워하게 된 것이다.

이때에 유자광이 나타나게 되는데, 그는 일찍이 세조 때에 이시애의 반란을 진압하여 강순·남이 등과 함께 나라에 큰 공을 세웠다.

그런데도 똑같이 공을 세운 강순과 남이보다 못한 대우를 받자 화가 치민 유자광은 그들에게 불만을 품게 되었다. 그때의 사회제도는 첩의 아들 즉, 서자는 학문이 뛰어나거나 나라에 큰 공을 세워도 출세할 수가 없었는데, 유자광은 바로 유규의 첩에게서 태어난 아들이었다. 하지만 아무리 첩의 자식이라도 그가 세운 공이 컸기 때문에 세조는 이를 무시할 수가 없어 그에게 알맞은 대우를 하였다.

이때부터 유자광은 은근히 남이를 시기했다. 강순은 나이도 많고 군사에 대한 경험이 많았으므로 나무랄 점이 없지만, 남이는 자기보다도 나이도 어리고 재주도 모자란데다가 이번 싸움에서 자신의 활약으로 그의 이름을 떨쳤는데도 불구하고 지위가 자신보다 높아졌고 상도 자신보다 몇 배나 더 많이 탔던 것이다. 더욱이 남이가 병조 판서에 올라 거들먹거리는 꼴을 볼 때마다 속이 뒤틀리는 것을 참을 수가 없었다.

남이가 그렇게 된 것은 재주가 있어서가 아니라 그의 집안이 좋았기 때문이라고 생각했다. 남이는 태종의 외손자이자 세조를 도와 계유정난 때 큰 공을 세운 권남의 사위였던 것이다. 그런 까닭에 남이에게는 유자광과 같은 서자는 사람으로 보이지도 않았을 것이다.

그러던 중 남이를 총애하던 세조가 세상을 떠났고 예종이 즉위했다. 예종은 남이를 몹시 싫어했다.

그 후 어느 날 밤에 남이가 궁궐 안에서 숙직을 하는데 혜성이 나타나자 이를 본 사람들은 모두 불길한 조짐이 아닌가 하고 걱정을 하는데, 남이는

"이것은 반드시 묵은 것을 없애고 새로운 것이 나타날 기상이오."

이때 옆방에서 이 말을 엿들은 유자광은 얼굴에 음흉한 미소를 띤 채 서둘러 편전으로 달려가 예종에게 남이가 한 말을 그대로 일러바쳤고 이는 남이가 틀림없이 역모를 꾀하는 것이라고 모함을 했다.

그렇지 않아도 남이를 좋게 여기지 않던 예종은 곧 남이를 잡아다가 극형에 처해 버렸다. 남이는 결국 유자광의 모함으로 인하여 죽고 말았던 것이다. 이 사건으로 유자광은 모든 백성들로부터 소인이라고 손가락질을 받게 되었고, 김종직 또한 유자광을 가리켜 상대할 가치조차 없는 나쁜 소인배라고 욕했다.

어느 날 함양 군수로 있던 김종직은 동헌 누마루에 유자광의 시가 걸려 있는 것을 보고 이방을 불러 불호령을 내렸다.

"여봐라, 이방 내가 있는 동헌에 유자광 같은 소인 놈의 시를 걸어놓다니…… 저것을 당장 떼어서 불살라 버려라."

나중에 이 소문을 들은 유자광은 분개하여 이를 갈았으나 김종직을 감히 건드릴 수가 없었으므로 마음속으로만

'김종직 어디 한번 두고 보자!'

하고 앙심을 품은 채 복수할 기회가 오기만을 기다렸다.

그 후 김종직은 형조판서를 지내다가 당시의 세자이던 연산군의 눈 모양이 사나움을 보고 그가 앞으로 반드시 나라에 큰 일을 저지를 인물이라 하여 스스로 벼슬을 버리고 고향으로 돌아갔는데, 성종 23년 3월에 61세로 세상을 떠났다. 유자광은 김종직이 죽었다는 소식을 듣고 몹시 억울해 하며 그의 제자들에게라도 분풀이를 하려고 마음먹고 아무도 모르게 계획을 세웠다.

이때 김종직이 가장 아끼던 제자인 김일손이 사관으로 있었다. 사관

이란 궁궐에서 일어난 일이나 각 지방에서 일어난 일을 기록하는 벼슬아치로서 그들은 어디까지나 사실 그대로 기록해야 하며, 다른 사람이 이것을 함부로 볼 수 없고 임금도 자기 시대의 기록을 볼 수 없게 되어 있었다.

그런데 성종이 세상을 떠난 후 연산군이 즉위했는데 이때 김일손은 사관으로 있었고, 이극돈은 『성종실록』을 편찬할 사국 당상관이 되었다. 하루는 이극돈이 선왕 때의 기록을 읽어보다가 그 기록 중에 놀랍게도 자신의 좋지 않은 사실이 쓰여 있는 구절을 발견했다.

거기에는 이극돈이 전라 감사로 있을 때에 정희왕후 윤씨가 세상을 떠나자 모든 백성들이 슬픔에 젖어 있음에도 불구하고 이극돈은 지방 장관으로서 기생을 불러 잔치를 벌인 것은 도덕적으로 매우 어긋난 행위이므로 비난을 받아야 마땅한 일이라고 쓰여 있었다.

이극돈은 그 기록을 보고 깜짝 놀라는 한편, 만일에 그 기록을 고치지 않는다면 천추에 더러운 이름이 남을 것이 뻔했으므로 곧바로 사관인 김일손을 찾아가서 자신에 관한 기록을 고쳐 달라고 간청했다. 그러나 강직한 김일손은 그에게

"그대도 사관이 아닌가? 사관은 사실 그대로 기록하는 것이 임무가 아닌가? 그대가 사관이 아니라면 그럴 수도 있는 일이라고 생각하겠지만 사관인 그대가 한번 기록된 사실을 어찌 고치라고 하는가?"
하고 몹시 꾸짖었다. 이극돈은 그의 위엄 있는 말에 기가 질려 아무 말도 못 하고 그 자리를 물러났으나, 마음속으로는 반드시 그에게 복수하고야 말겠다는 생각을 갖게 되었다.

이리하여 곰곰이 궁리한 끝에 이극돈은 유자광이 김일손 등에게 깊은 원한을 품고 있음을 알고 마침내 유자광을 찾아갔다. 유자광도 그

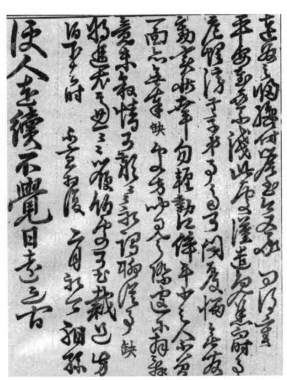

김일손 유묵

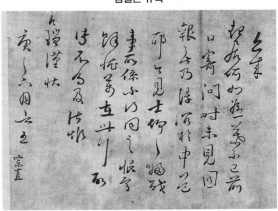

김종직 간찰 유묵

전에 김종직에게 모욕을 당한 일이 있었으므로 이극돈의 말을 들은 유자광은 좋은 기회를 만났다고 여긴 나머지 김일손에게 복수할 방법을 찾기 시작했다. 그리하여 유자광은 이극돈에게

"김일손 등에게 복수하려면 내가 먼저 그 기록을 읽어 봐야겠소."
하고 말했다. 본디 역사의 기록인 사초는 임금도 마음대로 못 보는 것인데도 이극돈은 김일손에게 복수할 생각에 눈이 어두워 유자광에게 사초를 보여 주었다.

유자광이 그것을 읽어보니 세종대왕世宗大王에 대한 기록에서 세조를 헐뜯는 구절이 많았다. 즉 세조가 한번은 자기 아들 덕종의 후궁인 권씨를 불렀으나 권씨가 명령에 따르지 않았다는 둥 세조가 〈후전곡後殿曲〉이라는 슬픈 노래를 듣고 세상일을 근심했다는 둥 황보인과 김종서가 죽은 것을 사절死節, 즉 절개를 굳게 지키기 위해서였다는 둥 성종 때에 세종대왕의 여덟째 아들인 영응대군의 부인 송씨가 군장사라는 절에 가서 설법을 듣다가 시녀들이 깊이 잠든 틈을 타서 학조라는 중과 정을 통했다는 둥의 내용들이 실려 있었다.

유자광은 그 기록을 읽고 그대로 있을 수 없다면서 곧장 노사신·윤필상·한치형 등의 중신들을 찾아가,

"당신들은 선왕의 총애를 받던 중신들인데 이런 일이 있다는 것을 알고도 모른 척할 수 있소?"
하고 위협했다.

이 말을 들은 중신들은 이런 사실을 임금이 알게 되면 당장 큰 사단이 벌어질 것을 뻔히 알지만, 그렇다고 덮어 두면 더욱 큰 죄를 범하는 것이 될 것 같아 어쩔 수 없이 임금에게 고할 수밖에 없었다.

연산군 4년 7월 초하룻날 노사신·윤필상·한치형·유자광 등은 차

비문으로 나아가 임금에게 비밀을 고하겠다고 청하자, 이 소식을 들은 도승지 신수근이 곧장 마중을 나왔다.

"대감들께서 어떤 일로 이렇게 함께 오셨습니까?"

신수근이 묻자 유자광이 얼른 그의 귀에 입을 갖다 대고 뭐라고 한동안 소곤거렸으며, 처음에는 건성으로 듣고 있던 신수근이 나중에는 신이 나서 고개를 계속 끄덕였다. 유자광이 신수근의 귀에 대고 속삭인 것은 김일손을 비롯하여 선비들을 없애 버리자는 것이었고, 신수근이 신이 나서 고개를 끄덕이는 데는 그럴 만한 까닭이 있었기 때문이었다.

신수근은 연산군의 후비인 신씨의 친척으로서 도승지로 임명될 때 대간臺諫이 나서서 만일 그가 도승지에 오르면 외척들이 권력을 잡고 나라를 어지럽히게 된다면서 모두 반대했었다. 이런 관계로 신수근은 대간들에게 앙심을 품고 있었으므로 앞장서서 그들을 궁궐 안으로 데리고 들어갔다.

연산군은 유자광이 늘어놓는 말을 듣고 그렇지 않아도 유생들을 미워하던 중에 사초에까지 세조에 대한 추문이 기록된 것을 알고 분노가 머리끝까지 치밀었다.

연산군은 곧 의금부 경력 홍사호와 도사 신극성에게 명령을 내려 경상도 청도에 있는 김일손을 붙잡아 오게 하였다. 그리고 이어서 김일손이 기록한 사초를 모두 가져오라고 명령했다. 이때 이극돈은 그것을 전부 가져간다면 뒷날에 사관들이 역사적 사실을 바른대로 기록할 수 없을 것이라고 하면서 김일손이 쓴 사초 중에서 왕실에 관계되는 부분만을 골라 연산군에게 바쳤다.

김일손이 억울하게 큰 칼을 쓴 채 서울로 끌려오자, 연산군은 친히 국문하기 위해 그를 국문 장소인 수문당 앞으로 끌어내게 한 뒤에 노사신·윤필상·한치형·유자광·신수근 등과 주서 이희순 이외에는 아무도 참석하지 못하게 하였다.

뜰 아래에 큰 칼을 쓰고 엎드려 있는 김일손을 보고 연산군은 큰소리로 호령했다.

"너는 과인의 부왕이셨던 성종대왕의 사실을 기록할 때에 어찌하여 선대왕인 세조 때의 사실까지 기록했는지 그 이유를 밝혀라."

김일손은 연산군의 물음에 곧바로 이극돈의 무고임을 깨닫고 고개를 번쩍 든 채 말했다.

"옛날부터 역사를 기록할 때에는 선왕에 관한 사실도 기록해 왔었습니다."

연산군은 김일손의 대답에 더욱 분노했다.

"그러면 세조께서 덕종의 후궁 권씨를 귀여워했기 때문에 노래를 불러 보라고 했으나 권씨가 듣지 않았다는 기록은 네가 꾸며서 세조를 헐뜯으려고 한 짓이 아니란 말이냐?"

"아니옵니다. 그것은 신이 지어서 한 짓이 아니라 권씨의 조카인 허반에게서 들었사옵니다."

연산군은 점점 화가 치밀어 곧 권지승문원 부정자로 있는 허반을 잡아들여 물었다.

"네가 허반이냐?"

"그러하옵니다."

"그렇다면 네 놈이 세조와 권씨 사이에 있었던 일을 저 김일손한테 지껄였느냐?"

허반은 김일손에게 그런 사실을 말한 적이 있었으나 연산군의 표정이 너무나 험악한 것을 보고 딱 잡아뗐다.

"상감마마! 소신은 맹세코 그런 일이 없사옵니다. 아마도 저 사람이 정신에 이상이 생겨서 그런 말을 한 것 같사옵니다."

허반은 모든 것을 김일손에게 덮어씌워 버렸다.

연산군이 직접 여러 사람을 불러 며칠 동안 계속해서 심문하던 중 하루는 유자광이 소매 속에서 두루마리를 꺼내어 연산군에게 바치면서,

"상감마마! 이것을 보시옵소서, 이것은 김종직의 글이온데 이 글의 내용을 보시면 그들이 세종대왕을 조롱하여 불충한 뜻을 품었다는 사실을 알고도 남을 것이옵니다."

하고 말했다.

연산군이 받아 보니 그것은 '조의제문弔義帝文'이라고 쓴 글이었다.

"조의제문? 이것이 무슨 뜻이오?"

연산군이 유자광에게 물었다.

"조의제문이라 하옵는 것은 옛날 한漢나라의 의제가 항우에게 살해된 것을 슬퍼한다는 뜻으로, 김종직이 그런 글을 쓰게 된 참뜻은 세조를 항우에게 비유하고 의제는 단종에 비유하여 세조께서 단종을 죽이신 것을 직접 쓸 수가 없으므로 그렇게 빗대서 쓴 글이옵니다. 한번 읽어 보시옵소서."

유지광의 설명을 들은 연산군은 살기가 가득한 표정으로,

"과인이 읽어 볼 필요도 없겠소. 이제 김종직과 김일손 등의 죄가 분명히 드러났으니 그놈들을 어찌했으면 좋겠소?"

하고 좌우에 있는 중신들을 돌아보며 물었다.

유자광은 이 기회를 이용하여 평소에 이를 갈며 원수처럼 여기던 김일손 등 유학자들을 모두 없애 버리려고 연산군에게

"김종직과 김일손 등의 죄악은 무릇 신하된 몸으로서 상상도 없을 만

큼 크므로 이 무리들을 붙잡아 모두 극형에 처해야만 조정이 안정될 것이옵니다. 만일 그렇게 하지 않으면 나머지 무리들이 날뛰어 종묘사직이 위태로워질 것이옵니다."

하고 강력하게 주장했다.

실로 무서운 일이 아닐 수 없었다. 김종직과 김일손의 무리라면 삼사 즉 사헌부·사간원·홍문관의 대간들을 비롯하여 많은 벼슬아치들이 요직에 앉아 있었다. 그런데 이들을 모두 잡아 없애자는 주장에 그 자리에 참석했던 중신들은 모두 깜짝 놀랐다. 하지만 이때 바른말을 하는 사람이 하나도 없었으므로 연산군은 곧바로 명을 내렸다.

"모두들 잘 들으시오. 세조대왕께서는 나라가 위급한 처지에 놓여 간신들이 반란을 일으키려는 것을 미리 막으시려고 역도들을 처치하여 종묘사직을 굳게 지키셨으며, 그 뜻을 자손들이 이어받아 오늘에 이르렀소. 그런데 김종직과 그의 무리들이 세조대왕의 덕을 헐뜯고 사초에 기록까지 해놓았으니, 그 죄는 백번 죽어 마땅할 것이오. 이에 이미 죽고 없는 김종직은 부관참시할 것이고, 나머지 무리들은 죄의 무겁고 가벼움에 따라 형벌을 내릴 것이오."

부관참시란 죽은 뒤에 큰 죄가 드러난 사람의 무덤을 파고 관 속의 시체를 꺼내어 베거나 목을 잘라 거리에 내거는 형벌을 이른다.

연산군은 마침내 그들의 죄를 정하여 김일손·권오복·권경유는 대역죄로 능지처참에 처하고, 이목과 허반 등은 참형에 처했으며, 나머지 김종직의 제자와 친구들은 곤장을 때려 먼 지방으로 귀양을 보냈다. 이리하여 유학을 숭상하던 사람 중에 화를 면한 사람이 거의 없을 정도였는데, 이것이 연산군 4년인 1498년에 일어난 무오사화戊午士禍이다.

연산군의 뜻을 거스를 사람은 이제 아무도 없게 되었다. 그 전까지는 삼사의 대간들과 그 밖의 유학자들이 임금이 하는 일에 대하여 걸핏하면 상소하기가 일쑤였으나 무오사화가 일어난 다음에는 임금이 하는 일에 트집을 잡는 사람은 자취를 감추었다. 이로써 연산군은 그의 마음이 내키면 무슨 일이든 할 수가 있게 되었다.

요부 장녹수

무오사화 때 연산군은 22세였다. 남자의 나이 22세라면 여자에 완전히 눈을 뜨게 되고, 더욱이 어떤 일이나 마음대로 할 수 있는 한 나라의 임금인 연산군의 음탕한 행동은 이때부터 시작되었다.

연산군은 왕비 신씨와 궁인 곽씨 외에 따로 윤훤의 딸을 맞아 숙의를 삼았다. 연산군이 여자를 좋아한다는 소문은 차츰 나라 안에 널리 퍼지기 시작했는데, 이때 김효손이 성종 때에 문의 현감을 지냈던 장한필의 딸 장녹수를 연산군에게 천거했다.

당시 장녹수는 예종의 둘째 아들인 제안대군의 여종으로 매우 영리했다. 노래면 노래, 춤이면 춤 못하는 게 없었다. 게다가 목소리까지 좋아 듣는 사람으로 하여금 황홀한 느낌을 주었다. 나이는 연산군보다 몇 살 위였지만 앳되고 아름다웠다.

연산군은 장녹수를 한번 만나 보고 넋을 빼앗긴 나머지 곧 그녀를 맞아들여 숙원으로 삼았다. 그리하여 조회에도 참석하지 않고 경연도 빼먹었으며 오직 장녹수만을 사랑했고, 그녀의 옆을 떠나서는 한시도 견딜 수 없을 정도가 되고 말았다.

연산군이 이렇듯 장녹수를 사랑하면 사랑할수록 그녀는 점점 교만해져서 마침내는 연산군을 마음대로 조종하게 되어 그녀 앞에서는 잘 길들인 사자처럼 온순할 뿐이었다. 그리하여 아무리 노여웠다가도 장녹수만 보면 웃음이 저절로 나왔으므로 장녹수의 일거수 일투족은 모든 백성들에게까지 큰 영향을 끼쳐 벼슬자리를 얻으려거나 무슨 청원할 일이 있으면 임금이나 비변사 등에 청하기보다 장녹수에게 찾아가서 청하는 것이 더욱 효과적이고 빠른 길이었다.

장녹수의 집 앞에는 날마다 사람들로 인산인해를 이루었고, 그녀에게 뇌물로 바칠 진귀한 물건들이 즐비했다. 그녀의 말 한마디면 죽을 사람도 살릴 수 있었고, 살 사람도 죽일 수 있어서, 그는 실로 한 나라의 운명을 손에 거머쥐고 있는 것 같았다.

이때 많은 백성들이 장녹수를 부러워하여 아들보다는 예쁜 딸 낳기를 원했으며, 다음과 같은 노래까지 생겨나게 되었다.

장사천하부모심張使天下父母心
부중생남중생녀不重生男重生女
장녹수는 천하의 부모들 마음에
아들보다 딸을 더 중하게 여기도록 만들었다.

연산군은 장녹수를 기쁘게 해주기 위해 각 관청의 여자 종이나 여염집 딸 중에 8세부터 12세까지의 예쁜 소녀들을 궁궐로 데려오게 하여 노래와 춤을 가르친 후 연회에 불러들여 그녀들의 재주를 자랑하게 함으로써 장녹수를 기쁘게 하였다.

이 밖에도 당시의 유명한 기생인 해금기와 광한선 등 네 사람들을 뽑아 대궐로 불러들이는가 하면 가야금과 아쟁을 잘 타는 기생들도 각각

한 사람씩 불러들였다.

이때부터 궁궐에는 연회가 날마다 열렸고, 연산군은 하루도 거르지 않는 날이 없었으며, 그의 곁에는 언제나 장녹수가 붙어 있었다. 연산군에게는 나랏일도 관심이 없었고 백성들도 눈에 보이지 않았으며 오직 술과 장녹수뿐이었다.

그때만 해도 궁궐의 담이 낮아서 밖에서 궁궐 안을 엿볼 수가 있었다. 그리하여 궁궐 안에서 연회가 벌어지고 노랫소리에 맞추어 기생들이 춤을 추노라면 그것을 구경하기 위해 백성들이 구름같이 모여들었다.

이를 알게 된 연산군은 이극균을 불러 명령했다.

"궁궐의 담을 두 길 높이로 쌓아올리고 담장 밖에 있는 민가들을 모두 철거시켜라, 그리고 궁궐 안이 내려다보이는 곳에 있는 복세암과 인왕사·금강굴 등도 모두 없애고 백성들이 드나들지 못하도록 하라."

곧바로 궁궐의 담장 밖에 있는 집들이 헐리고 동소문에 경수소警守所를 설치한 뒤에 포졸들을 두어 백성들의 출입을 막았다.

어느 해 봄날 연산군은 궁궐 안에서의 연회에 싫증을 느꼈는지 몇 명의 내시를 거느리고 정업원이라는 절에 갔다.

연산군이 아무런 예고도 없이 정업원에 나타나자 법당 안에서는 불경을 읽고 있던 비구니들이 모두 일어나 합장하였다.

"상감마마 만수무강하시옵소서!"

이때 연산군은 얼굴에 미소를 띤 채 비구니들을 한 사람 한 사람씩 찬찬히 훑어보았다.

그 중에 곱게 접은 고깔을 머리에 쓴 채 손에 쥔 염주를 굴리는 아름다운 비구니가 있었다.

"음……"

연산군은 음흉한 미소를 띠고 여러 비구니들 중에서 젊고 예쁜 비구니 5명을 가리키면서 그들만 남고 모두 물러들 가라고 명했다.

속세를 떠난 비구니라 할지라도 어명을 거역할 길은 없었으므로 물러가라는 명령을 받은 비구니들은 염불을 외우며 합장 배례를 하고 법당을 떠났다.

이 날 비구니들을 상대로 한 연산군의 음탕한 행동은 상상을 뛰어넘을 정도였다. 일찍이 한 사람의 여인을 상대로 한 음탕한 행동은 많았으나, 한꺼번에 5명의 여인을 상대로 한 음탕한 짓은 연산군에게도 처음으로 있는 일이었다.

어느 날 연산군의 계모인 왕대비 윤씨가 그를 위로하기 위해 창경궁 안뜰에서 큰 잔치를 베푼 적이 있었다. 이 자리에는 정승들을 비롯하여 사헌부와 승정원의 높은 벼슬아치들도 참석했다. 이 날 왕대비는 연회를 흥겹게 하기 위해 기생인 광한선과 내한매 등을 불러 연산군을 모시게 했는데, 얼마 후 거나하게 취한 연산군은 두 기생들에게 중신들 쪽을 보고 앉게 한 뒤에 말했다.

"잘 들으시오. 오늘의 시제는 내한매와 광한선이오. 이 아이들처럼 아름다운 시를 지어 바치도록 하시오."

중신들은 이 말을 듣고 모두 깜짝 놀랐다. 기생의 이름을 시제로 해서 중신들에게 시를 지으라니 그처럼 중신들을 모욕하는 일은 없었던 것이다. 중신들은 서로의 얼굴을 바라보며 머뭇거렸으나 그렇다고 어명을 거역할 수도 없는 노릇이었다. 이때 이자건이 나섰다.

"전하, 기생의 이름으로 시를 짓게 하는 것은 중신들의 체면을 손상케 하는 것이니 분부를 거두어 주시옵소서."

그러나 연산군에게 이런 말이 통할 리가 없었으므로 끝내 고집을 부려 중신들로 하여금 기생의 이름으로 시를 짓게 하였다.

이렇듯 연산군의 고집과 음탕한 행동은 날이 갈수록 심해졌다. 이런 지경에 이르자, 조정 중신들 중에는 간언하는 사람조차 없게 되었다.

갑자사화

연산군은 자신의 어머니 윤씨가 폐위되어 궁궐 밖으로 쫓겨났다는 사실만 어렴풋이 짐작하고 있을 뿐 자세한 내막은 전혀 모르고 있었다.

이때 연산군의 신하 가운데 가장 신임받는 사람은 신수근과 임사홍任士洪이었다.

임사홍은 성종 때에 당상관을 지냈으며, 그의 맏아들인 광재는 예종의 사위였고, 둘째아들 숭재는 성종의 사위였다. 임사홍은 이렇게 왕실과 깊은 인연이 있었기 때문에 연산군에게 잘 보여 자신의 부귀영화와 권력을 지탱하기 위해 온갖 방법으로 아첨을 일삼았다. 더욱이 그의 둘째아들 숭재는 남의 아름다운 첩을 빼앗아 연산군에게 바친 일로 해서 그의 특별한 총애를 받았다.

그런데 임사홍의 셋째아들인 희재는 어려서부터 재주가 있어 김종직의 제자가 되었고, 성종 때에는 생원과 진사 시험에 급제했으며 연산군 4년에는 대과에 급제했다. 그러나 그 해에 무오사화가 일어나는 바람에 김종직의 제자였던 그는 귀양을 가고 말았다.

임희재는 자기 형들이나 아버지와는 달라서 아첨하여 권력을 얻거나 부귀영화를 누리는 것을 천하게 여겼기 때문에 형제들과 뜻이 맞지 않았다.

글과 글씨에 능한 그는 어느 날 자기 집 병풍에 이런 글을 써 붙였다.

祖舜宗堯自太平 조순종요자태평 *秦皇何事苦蒼生* 진황하사고창생
不知禍起所墻內 불지화기소장내 *虛築防胡萬里城* 허축방호만리성
순임금과 요임금을 본받는다면 저절로 태평한 세상을 이룰 터인데
진나라 시황제는 어찌하여 백성들을 괴롭혔던가
화가 자기 집 담장 안에서 일어날 줄은 모르고
공연히 쓸데없이 오랑캐를 막는다고 만리장성을 쌓았구나

이 시는 김종직이 조의제문을 지어 세조를 비웃은 것과 마찬가지로 진나라 시황제의 이름을 빌려 연산군을 조롱한 것이다. 즉 연산군이 백성들로 하여금 궁중의 잔치를 엿보지 못하게 하려고 대궐 담장을 높이 쌓은 일을 진시황에 빗대어 비난한 것이다.

그런데 어느 날 연산군이 임사홍 집에 미행을 나왔다가 병풍에 쓰인 시를 보고 크게 노했다.

"이것은 누구의 시인가?"

연산군은 시를 읽기가 무섭게 임사홍에게 묻자, 그는

"전하, 소신의 자식놈인 희재의 시이옵니다."

하고 바른대로 아뢰었다. 이에 연산군은 화를 버럭 내며

"그대의 아들이 이렇듯 괘씸하니 과인이 그대로 둘 수 없노라."

라고 말한 후 궁궐로 돌아와 임희재를 붙잡아 옥에 가두었다가 며칠 후에 참형에 처해 버렸다.

그런데 임사홍은 자기 아들이 참형을 당하는 날 조금도 슬퍼하거나 언짢아 하는 일이 없이 도리어 자기 집에서 큰 잔치를 베풀어 친구들과

함께 즐겼다. 이것을 보면 임사홍이 얼마나 간악한 인간이라는 것을 알수 있을 것이다.

이 소식을 들은 연산군은 더욱 임사홍을 믿게 되었고 수시로 임사홍의 집을 찾았는데, 그때마다 임사홍은 예쁜 여인들로 하여금 수청을 들게 하였다.

그러던 어느 날 임사홍의 집을 찾은 연산군은 그와 술잔을 기울이던 중에 문득 폐비 윤씨에 관한 이야기를 듣게 되었다.

"전하, 아뢰옵기 황송하오나 전하의 생모이신 폐비 윤씨께오서는 성격 때문에 성종대왕의 미움을 받으신 것이 아니라 엄숙의와 정숙의의 갖은 모함 때문에 성종대왕의 노여움을 받으신 끝에 마침내 폐출당하시어 결국에는 사약을 받고 세상을 떠나셨사옵니다."

이 말을 들은 연산군은 그만 정신이 아찔함을 느꼈다.

"그 두 계집의 음해 때문에 돌아가셨다고?"

연산군은 부왕의 총애를 받던 엄숙의와 정숙의가 자신의 생모에게는 원수나 다름없었다는 사실을 전혀 모르고 있었다.

'생모의 원수를 바로 눈앞에 두고도 지금까지 모르고 있었다니! 내 이두 년들을 당장……'

연산군은 이를 갈며 곧장 환궁하여 엄 귀인과 정 귀인을 붙잡아 꿇어앉혀 놓고 그들의 얼굴에 흰 보자기를 씌운 다음에 정 귀인이 낳은 안양군安陽君과 봉안군鳳安君 형제를 데려와 그들에게 몽둥이를 주어 때려죽이게 하였다.

윤씨가 중전이 되어 연산군을 낳은 뒤에도 줄곧 윤씨를 미워하고 시기하여 결국 폐비시키는 데 결정적인 역할을 했으며, 끝내 폐비를 죽음으로까지 몰고 간 두 여인은 마침내 폐비의 아들인 연산군에 의해 처참하게 일생을 마쳤다.

바로 그때였다.

인수대비가 시녀들의 부축을 받으며 나타났다. 연산군의 할머니요, 성종의 어머니인 인수대비는 이때 나이가 이미 70세에 가까웠으므로 후궁 별채에서 한가한 여생을 보내고 있었는데, 연산군이 궁궐 안에서 엄귀인과 정 귀인을 때려죽였다는 소식을 나인들에게서 듣고 서둘러서 나온 것이다.

인수대비는 노여움이 치밀어 연산군을 향해

"주상, 아무리 그 두 귀인이 잘못한 일이 있었더라도 선대왕이 사랑했던 사람들인데, 어찌 그럴 수가 있단 말이오?"

라고 큰 소리로 꾸짖었다.

그러나 인수대비의 말을 잠자코 듣고만 있을 연산군이 아니었으므로 한참 동안 인수대비를 노려보다가,

"이 늙은 게 뭐, 어쩌구 어째?"

하고 번개같이 덤벼들어 대비의 가슴팍을 머리로 받아 쓰러뜨렸다. 그러자 인수대비는

"어이쿠 세상에 이런 일이……."

하더니 그 자리에 쓰러져 정신을 잃고 말았으며, 이때 쓰러진 것이 원인이 되어 얼마 동안 누워 앓다가 세상을 떠났다.

인수대비가 세상을 떠나자, 이제는 궁궐 출입을 막을 사람이 없게 되었으므로 폐비 윤씨의 어머니 신씨는 자유로이 궁궐 출입을 하게 되었다. 이렇게 되자, 신씨는 기회를 엿보다가 하루는 딸이 사약을 마신 후 피를 토했던 금삼을 가지고 가서 연산군에게 보이며, 그때의 상황을 자세히 들려주었다.

김종직 조의제문

피 묻은 금삼을 받아 든 연산군은 어머니를 그리워하는 마음에 한없이 흐느끼다가 복수심에 불타 점점 흥분하기 시작했다.

'이것은 엄 귀인과 정 귀인의 죽음만으로 끝날 일이 아니다. 내 어머니의 죽음에 관계된 모든 자들에게 복수를 해야겠다.'

이렇게 결심한 연산군은 춘추관에 폐비사약시말단자廢妃賜藥始末單子를 꾸며 바치라고 명령했다. 다시 말하면 생모 윤씨의 죽음에 관계된 사람의 이름을 적어 바치라는 것이었다.

연산군의 명이 있자 폐비사약시말단자는 곧 바쳐졌으며, 이 명단에 의해 제일 먼저 희생된 사람은 성종 때에 좌승지로 있으면서 왕명을 받들고 폐비 윤씨에게 사약을 가지고 찾아간 이세좌였다.

"승지로서 반대는 못 할망정 사약을 가지고 갔으니 이는 도저히 용서 못 할 일이다. 이세좌를 귀양 보내도록 하라."

그러나 아무리 생각해도 이세좌를 귀양보내는 것만으로는 화가 풀리지 않았던지 그에게 스스로 목숨을 끊으라는 명령을 내렸다. 그리하여 이세좌가 여러 귀양지를 거쳐 거제도로 옮겨 가던 중 곤양포 양포역에서 연산군으로부터 자진하라는 명령을 받고 목을 매어 자살하였다.

폐비사약시말단자에 기록된 사람은 한두 명이 아니었다. 중전 윤씨를 폐위시키는 데 적극적으로 찬성한 사람은 물론이고, 비록 찬성은 하지 않았지만 반대하지 않은 사람들까지 모두 조사해 올리라는 명령이었으므로 시말단자에는 수백 명이 올라 있었다.

그리하여 폐비 사건에 관련된 사람은 모조리 대역죄로 삼족을 멸했는데, 아무리 가벼운 형벌을 당한 사람이라도 팔촌까지는 형벌을 면치못했다. 그러므로 형벌의 범위는 거의 전국에 미쳐서 민심이 극도로 흉흉하게 되었다.

그 중에서도 가장 무거운 형벌을 받은 사람들은 윤필상·한치형·한명회·정창손·이세겸·심회·이파·이극균·성준 등 12명으로서 연산군은 그들을 이륙간二六奸이라 불렀다.

그 중에서 살아 있는 윤필상·권주·성준 등은 참형을 당했고, 이미죽은 사람들은 김종직처럼 부관참시를 당했는데, 이번에는 한 술 더 떠서 쇄골표풍碎骨飄風이라 하여 무덤을 파고 뼈를 갈아서 가루로 만든 후바람에 날리기까지 했다.

이 해가 연산군 10년인 갑자년1504년이었기에 이를 갑자사화甲子士禍라 부르게 되었다.

충신이 다 떠나다

연산군은 날마다 주지육림 속으로 점점 더 깊이 빠져들었다. 충신은 입이 있으나 임금에게 바른말을 못 하는 세상이 된 반면에 처남인 신수근과 임사홍 같은 간신들이 연산군의 비위를 맞추며 종 노릇만 하고 있었으므로 나라는 날이 갈수록 어지러워지고 민심은 나날이 살벌해져 갔다.

그러던 어느 날 장녹수의 집에 난데없는 글이 날아들었는데 글의 내용은 연산군이 장녹수를 너무 지나치게 사랑함을 조롱한 것이었다. 이 사실을 보고받은 연산군은 이것이 그 전에 정소용과 엄숙의 밑에 있다가 귀양간 궁녀 전향과 수근비의 짓이라고 하여 두 궁녀의 부모 형제와 친척들을 모두 붙잡아들여 모진 고문을 가했다. 그러나 어느 누구도 실토하지 않았으므로 연산군은 의금부 관리를 강계와 온성으로 각각 보내 전향과 수근비를 능지처참해 버렸다.

그런 다음에 다시 전향의 친척인 최금산과 그의 어머니, 아우 춘금과 향비를 능지처참해 버렸고, 수근비의 부모·동생·숙모는 곤장을 때리고 국경 지방으로 멀리 쫓아 버렸다.

이런 세상이었으므로 연산군에 대한 백성들의 원성은 날로 높아져 갔다. 아무리 힘이 없고 온순한 백성들일지라도 이제는 더 이상 견딜 수가 없게 되었다.

연산군도 백성들의 그러한 불평을 짐작하고 있었기에 마음속으로는 불안한 생각이 없지도 않았다. 연산군은 그 불안한 마음을 달래기 위해서 더욱더 술과 여자를 탐하게 되었으며, 불안하기는 장녹수도 마찬가지였다.

장녹수는 승정원이나 삼사에서 올라오는 상소가 제일 두려웠다. 그래서 장녹수는 연산군에게 다음과 같은 조서를 조정에 내리게 했다.

5월에 우박이 내리니 큰 변괴가 아닐 수 없다. 이는 과인이 사람을 많이 해쳤기 때문에 온화한 기운을 잃어서 그러한 것인가. 요즈음에 더위로 인하여 나랏일을 보지 않았으나, 아무리 덥더라도 그래서는 안 되는 것인가. 또 과인이 연회를 자주 베푸는 것은 나라의 돈을 헛되이 쓰는 것인가. 궁궐 담장 밖에 붙어 있는 백성들의 집을 모두 헐어버린 데 대해서 백성들의 원성은 없는가. 이에 대하여 중신들은 의견을 올리도록 하라.

그러나 승정원의 중신들과 대간들은 연산군의 속셈을 알고 있었으므로 의견이 있을 리 없었다. 함부로 자신의 뜻을 올렸다가는 억울한 죄를 뒤집어쓰고 귀양을 가거나 죽임을 당할 것이 뻔했기 때문이다.

연산군은 이제 어떤 짓을 하더라도 귀에 거슬리는 말을 할 수 없을 것이라 생각하고 만족한 듯 미소를 지었다.

연산군은 날마다 궁녀들을 상대로 온갖 음탕한 짓을 일삼으면서도 장녹수에 대한 사랑만은 조금도 변함이 없었다. 따라서 장녹수의 권세는 날이 갈수록 커져서 이제는 온 나라를 마음대로 뒤흔들 수 있을 정도까지 되었다.

그녀는 궁궐 안에서 잔치를 벌이고 즐길 것이 아니라 산천을 구경하면서 사냥도 하고 잔치도 열어 즐기는 것이 더욱 흥미 있으리라고 생각한 끝에 연산군에게 자신의 뜻을 알리자, 연산군은 곧장 명을 내려 서울을 중심 삼아 사방 몇 십 리의 주위를 사냥과 오락장으로 만든 다음 그곳에 푯말을 세워 일반 백성들의 접근을 막게 하였다.

즉 동쪽으로는 한강을 비롯하여 삼전도·광나루·묘적산·퇴현·천마산·마산·주업산에 이르는 곳까지요, 북쪽으로는 돌참[石岾]·홍복산·게넘이참[蟹踰岾]까지이며, 서쪽으로는 파주 보곡현까지이고, 남쪽으로는 용산·한강·노량진·양화도까지에 이르는 드넓은 지역이었다.

그리고 이 지역에는 사람의 통행을 금지할 뿐만 아니라 이 지역 안에 있던 집들도 모두 다른 곳으로 옮기게 한 뒤에 연산군은 장녹수와 궁녀들, 그리고 호위하는 군사들과 사냥꾼들을 거느리고 골짜기와 숲 사이를 돌아다니며 노루와 멧돼지·꿩·토끼 등의 사냥을 즐겼다.

그리고 장악원의 기녀들을 그 전보다 갑절로 늘리되, 될 수 있는 대로 20세 미만의 예쁜 처녀만 골라서 그들에게 취악과 현악을 가르쳐 연회에 참석시키는 동시에 처용무도 가르치게 했다.

그리고 악공을 광회廣熙, 기악妓樂을 흥청興淸 또는 운평運平이라고 했는데 흥청악은 3백, 운평악은 7백으로 숫자를 정했다. 흥청은 사예邪穢, 즉 더러운 것을 씻어 버린다는 뜻이요, 운평은 운태평運太平, 나라의 운이 태평한 때를 만났다는 뜻이었다.

그들이 처용무를 출 때에는 여러 가지 난잡한 행동을 보였으며 심지어는 벌거벗은 채로 춤을 추는 일도 있어 그 모습은 차마 눈 뜨고 볼 수 없을 정도였다. 그때 내시였던 김처선은 옷을 벗고 춤을 추는 것을 보고 차마 못 본 체할 수가 없어 연산군에게 여러 번 간언을 했으나, 그의 간언을 듣기는커녕 오히려 김처선을 미워하기에 이르렀다.

어느 날 김처선은 궁궐에 들어가기 전에 가족들에게,

"상감께서 처용문가 뭔가 하는 추잡한 춤을 추게 하는데, 오늘은 내가 끝까지 강경하게 반대할 생각인데, 아마 살아 돌아올 수 없을 것이다.”

하는 말을 남기고 집을 떠났다.

　그 날도 역시 궁중에선 처용무가 벌어지자 김처선은 보다못해 연산군 앞에 나아가 아뢰었다.

　“전하, 이 늙은 것이 네 임금님들을 섬기었고 경서와 사서를 대강 아오나, 고금에 전하와 같은 예는 보지 못했사옵니다.”

　“닥치거라, 이놈!”

　“전하, 임금의 몸으로서 이토록 황음에 빠지신 분은 고금에 없는 것 같사오니 깊이 통촉하시어 삼가하시기 바라옵니다.”

　김처선의 말에 독기가 오른 연산군은 두 눈을 부릅떴다.

　“닥치거라 이놈! 늙은 것이 무엇이 어떻다고 주둥이를 함부로 놀리느냐? 썩 물러가지 못할까!”

　그러나 김처선은 결심한 바가 있어서 연산군의 호령에도 주저함이 없이 아뢰었다.

　“전하께서는 나라의 앞날을 생각하시어 부디 열성조께 부끄럽지 않은 임금이 되시기 바라옵니다.”

　“뭐라고? 열성조께 무엇이 어쩌고 어째?”

　김처선의 말에 분노가 극도에 이른 연산군은

　“저, 저 놈이…… 여봐라, 어서 활을 가져오너라. 내 저 놈의 주둥아리에 화살을 꽂고야 말리라.”

하고 그가 즐겨 쓰던 활에 화살을 메겨 김처선의 가슴을 향해 쏘자 화살은 그의 옆구리에 꽂혔다. 그러자 김처선은 화살을 잡고 무릎을 꿇은 채 턱을 부들부들 떨면서 연산군을 똑바로 쳐다보며 말했다.

　“전하, 조정의 대신들도 죽음을 두려워하지 않는데, 이 늙은 내시가 어찌 죽음을 두려워하오리까. 다만 원통한 것은 전하께서 임금 노릇을 오래 못할 것이 안타까울 뿐입니다."

연산군은 그 말에 더욱 화가 나서 또 다시 화살을 메겨 시위를 당겼다가 놓자 화살은 김처선의 허벅지에 꽂혔고 김처선은 그 자리에 고꾸라졌다.

"일어나라, 어서 일어나지 못하겠느냐?"

"전하께서는 부러진 다리로 일어나실 수 있사옵니까?"

이때 연산군은 보검을 가져오라고 하여 그 보검으로 김처선의 성한 다리를 내리찍자 비명과 함께 피가 솟구쳤다.

"전하, 일찍이 내시를 칼로 내리친 임금은 없었사옵니다."

"저 놈이 그래도, 저 놈의 주둥이를……."

연산군은 칼로 그의 얼굴을 내리쳤으며, 피범벅이 되어 쓰러진 김처선은 마지막까지 중얼거리다가 마침내 숨을 멈추고 말았다. 그러나 연산군의 난도질은 거기서 멈추지 않았다.

"입은 화를 불러들이는 문이라고 했거늘! 내 이 놈의 혀를 그대로 둘 수 없다."

연산군은 숨이 끊어진 김처선의 입을 찢어 혀를 자르고, 배를 갈라 창자를 끄집어냈다. 하지만 그것만으로도 화가 풀리지 않았는지,

"앞으로 김처선이라는 '처'자가 들어 있는 글을 읽거나 말하지 말라."
하고 엄명을 내렸다. 또 김처선의 양자인 이공신을 죽였다. 그리고 김처선의 가산을 몰수했으며, 그의 본관이 전의全義라 하여 전의읍을 없애 버렸고 그의 부모 무덤을 파헤쳐 평지를 만든 뒤에 7촌까지 중벌을 내렸다. 그뿐만이 아니었다. 김처선의 이름인 '처'자가 들어 있는 것은 무엇이든지 부르기 싫다 하여 처서라는 절기의 이름을 저서, 또 처용무를 풍

두무로 고치기까지 하였다.

　연산군의 황음무도한 생활은 여전히 계속되어 이제는 그 생활 자체에서 어떤 즐거움을 느끼기 위해서가 아니라 무엇인지 모르게 괴롭고 두려운 마음을 잊어버리기 위해서 술과 여자가 절실히 필요했다.

　연산군은 장악원의 기녀들의 수를 더 늘려 규모를 크게 하려고 구영수를 장악원 제조로 임명했다. 제조란 총감독을 이르는 말이다. 연산군은 원각사의 중들을 모두 내쫓고 장악원을 그곳에 옮겨 기흥청 2백 명과 운평과 광희를 각각 1천 명씩을 두고 관리 40명을 두어 그들을 가르치게 했다.

　연산군은 유생인 황윤묵의 첩이었던 최보비를 좋아하여 강제로 궁궐에 데려다 놓았는데, 최보비는 말이 적고 잘 웃지 않았다. 그러자 연산군은 최보비가 그러한 까닭은 남편 때문이라면서 아무 죄도 없는 황윤묵을 죽여 버렸다.

　그리고 또 영남에서 데려온 어떤 유부녀가 음식상에 놓인 삶은 돼지머리를 보고 웃자, 연산군이 궁금해 하며 그 까닭을 물었다.

　"왜 까닭없이 웃느냐?"

　"상감마마 아뢰옵기 황송하오나 소첩의 서방이 돼지처럼 생겼사와 돼지머리를 보고 서방의 모습이 떠올라서 웃었사옵니다."

　이 말을 들은 연산군은 곧바로 승지를 불러 며칠 후에 그 목을 소반 위에 올려놓은 후 여인에게 보여 주면서,

　"자, 여기에 네 서방의 머리가 있으니 실컷 보아라."

라고 하였다.

　이 무렵, 연산군은 창덕궁 안에 서총대瑞葱臺라는 큰 대를 쌓게 하였다. 서총대란 본디 성종 때 후원에 파가 돋아났는데 한 줄기에 아홉 가지가

뻗었으므로 그것을 서총이라 하여 그 주위에 돌을 둘러쌓게 한 것이었다. 그러던 것을 연산군이 무관들의 활 쏘는 것을 점검하기 위해 대를 새로 짓게 한 것이다.

그런데 서총대를 쌓을 재력이 모자라 백성들에게 부역을 과하여 무명을 거두었다. 그 결과 백성들의 살림이 어려워질 대로 어려워져서 나중에는 자로 잰 수량이 짧고 빛이 검은 무명을 바치게 되었다.

이런 까닭으로 서총대 베라는 말이 생겼는데 이는 품질이 나쁘고 자로 잰 수량이 짧은 무명베를 가리켜 농담으로 부르는 말이 되었다.

그뿐만이 아니었다. 이와 때를 같이하여 경회루 옆 연못가에 만수산이라는 커다란 산을 쌓아 올린 뒤에 봉래궁·일궁·월궁·훼주궁 등을 짓게 하였다. 그리고 오색이 영롱한 비단으로 꽃을 만들어 꾸미고, 연못속에는 금은보화로 산호림을 만들어 세웠으며 물 위에는 임금이 타는 배를 띄워 놓았다.

연산군은 또 이제동과 임숭재를 채홍준사採紅駿使로 정하여 전라도와 충청도로 보내 좋은 말과 미녀를 구해 오게 했으며, 그들이 미녀 63명과 좋은 말 1백50필을 구해 오자, 연산군은 크게 기뻐하여 두 사람에게 노비 10명씩과 벼슬도 올려 주었다. 그리고 다시 이손·홍숙·조계상·성몽정 등을 평안도로 보내 좋은 말과 미녀를 구해 오게 하였다.

그런가 하면 채청사採靑使와 채응견사採鷹犬使를 8도로 보냈는데, 채청이란 아직 출가하지 않은 몸으로서 얼굴이 잘 생긴 처녀를 뽑는 일이고, 채응견이란 좋은 매와 영리한 개를 구하는 일이었다. 이처럼 연산군은 남의 부인이건 처녀이건 가리지 않고 상하 귀천을 따지지 않은 채 그저 잘 생긴 여자를 붙들어 오게 하였다.

이렇게 전국에서 붙들려 온 유부녀·첩·처녀·기생·하녀·무당의 숫자가 1만여 명에 이르자 머무를 곳과 그들이 생활하는 데에 필요한 물품과 식량을 마련하는 일이 큰 골칫거리가 되고 말았다.

그리하여 원각사에 방도 많이 만들고 궁궐 안에도 방을 만들었건만 여전히 모자랐다. 이렇게 많은 여인들 중에서 한번 연산군의 부름을 받아 은총을 입은 사람은 천과흥청天科興清이라 불렸고, 아직 기다리고 있는 여자는 지과흥청地科興清이라 불렸다.

연산군의 황음과 폭정은 조금도 나아지지 않았다. 나아지기는커녕 오히려 날이 갈수록 그 규모와 사치가 심해지더니 점점 주색잡기에 미친 사람처럼 되어가고 있었다. 그의 눈에는 이미 나라도 백성도 보이지 않고, 오직 예쁜 여인과 그 여인의 육체만 보일 뿐이었다.

연산군이 그토록 여색에 철저히 미치게 된 것은 요부 장녹수의 탓이 었는지도 모른다. 장녹수는 처음에 양반집 부녀자들에게 욕을 보이기 위해 연산군에게 황음을 부추겼으나, 이제 더는 그녀의 힘으로는 연산군의 황음을 막을 방법이 없었다.

중종반정

임사홍의 며느리이자 임숭재의 부인인 휘숙옹주는 성종의 후궁이 낳은 딸로서 연산군에게는 배가 다른 남매가 되는 사이였다. 그런데 연산군이 임사홍의 집에 자주 드나드는 사이에 그녀에게 욕심이 생겨서 마침내 욕을 보이고 말았다.

임숭재는 연산군에게 아첨하기 위해 남의 여인을 빼앗아 바친 까닭에 연산군에게 총애를 받았으나 이제 자기 부인까지 욕을 당하고 보니 아무리 권력에 욕심이 많은 그였지만 기분이 몹시 상했다. 그러나 임숭재는 겉으로 그런 표정을 드러내지 못하고 속으로만 불쾌하게 여기고 있었다.

하지만 연산군은 임숭재가 아무런 표정도 드러내지 않았지만, 혹시 그가 딴생각을 품지나 않을까 하는 의심이 들어 그에게 아무 말도 하지 말라는 뜻으로 쇳조각을 입에 물게 하였다. 그러자 임숭재는 말조차 할 수 없어 마음을 상한 끝에 화병으로 죽고 말았다.

연산군이 왕족 부녀자를 욕보인 사건은 이것만이 아니었다.

성종의 형이자 연산군의 큰아버지인 월산대군이 세상을 떠난 후 미인이었던 그의 아내 박씨는 과부로 쓸쓸히 세월을 보내고 있었다. 그러자 연산군은 박씨가 빼어나게 예쁜 것을 그대로 둘 수 없다 하여 큰어머니가 되는 것도 잊고 욕을 보였는데, 박씨는 한편으로는 분하기도 하고 부끄럽기도 하여 어쩔 줄을 몰랐다. 연산군은 박씨의 그러한 태도가 도리어 예쁘게 보여 더욱더 마음이 달아올라 그녀에게 승평부인이라는 칭호를 내리고 그의 남동생인 박원종의 벼슬을 올려 주었다.

한편, 박씨의 마음은 쓰리고 아팠으나 연산군 앞에서는 그런 태도를 공공연하게 드러낼 수가 없어 그날그날 살아가는 것이 죽기보다도 괴로웠다. 그녀는 고민하다가 마침내 독약을 마시고 자살해 버렸다. 그녀는 죽기 전에 동생인 박원종에게 다음과 같은 유서를 남겼다.

나는 이렇게 인륜에 어긋나는 일을 당하고 세상에 얼굴을 들고 다닐 수가 없어 죽음으로 청산하니 이 억울하고 분통함을 네가 갚아다오.

박씨는 죽기 전에 너무나 마음의 고통이 심하여 신병이라 핑계를 대고 연산군이 마련한 연회에도 잘 나타나지 않았으므로 연산군은 그녀를 위로하기 위해 북도절제사로 가 있던 박원종을 한양으로 불러들였다. 그런데 얼마 후 누님인 박씨가 자살로 세상을 뜨자 그의 분노와 침통한 심정은 말로 다 표현할 수 없을 정도로 컸다.

그리하여 이때부터 그는 누님의 원수를 갚기 위해 연산군을 쫓아내려는 계획을 품게 되었다.

때마침 성희안이 이조 참판으로 있었는데 하루는 연산군이 양화도에 있는 월산대군의 별장에서 연회를 열고 중신들에게 시를 짓게 하였다. 이때 성희안은 연산군의 행동이 눈에 몹시 거슬려, '성심원불애청류 聖心元不愛淸流'라는 글을 지어 올렸다. '임금께서는 본래 맑게 흐르는 물을 사랑하지 않았다'는 뜻이었다.

이 시를 읽은 연산군은 자기를 놀린 것이라 하여 곧 성희안의 벼슬을 빼앗아 버리자, 그는 그 뒤 초야에 묻혀서 친구들과 어울려 시를 짓고 술을 마시면서 세월을 보냈다.

성희안은 연산군이 뉘우칠 날만 기다렸으나 그의 음탕함과 폭정은 날이 갈수록 점점 심해질 뿐이었으므로, 연산군을 내쫓을 방법을 찾기 시작했다. 하지만 그런 큰 일을 꾀하려면 혼자 힘으로는 어려웠기 때문에 그는 뜻을 같이 할 동지를 모을 계획을 세웠다.

이때 마침 박원종에 대한 소문을 듣게 되었는데, 사람됨이 충실하고 사심이 적은 까닭에 무인들에게 존경을 받고, 또 얼마 전에는 그의 누님이 연산군에게 욕을 당하고 자살했다는 말을 들었다.

이때 성희안은 어떻게 하면 그를 만나 볼 수 있을까 하고 여러 가지로 생각하게 되었다. 그러던 중 같은 마을에 사는 군자부정軍資副正인 신윤무와 박원종과는 절친한 사이란 것을 알았다. 신윤무는 성희안과 뜻이 통했으므로 성희안은 신윤무를 통해 박원종의 뜻을 슬며시 떠 보게 하였다.

한편 박원종은 신윤무에게서 성희안의 인물됨과 그가 꾸미고 있는 계획을 듣자,

"그런 생각은 나도 이미 오래전부터 품고 있었소. 그런데 누구와 어떤 방법으로 일을 꾀해야 할지 알 수가 없어서 오늘날까지 참고 기다리던 참이오."

하고 자기의 뜻한 바를 신윤무를 통해 성희안에게 전했다. 박원종의 뜻을 알게 된 성희안은 곧 박원종의 집을 찾아가 서로 손을 꼭 잡고 눈물을 흘리며,

"사내대장부로 태어나서 위기에 처한 나라의 운명을 어찌 가만히 앉아서 보고만 있겠소? 오늘부터 죽음을 각오하고 우리의 계획을 실천해 봅시다."

하고 굳게 맹세했다.

성희안은 박원종과 뜻이 통하게 되자, 한꺼번에 천군만마를 얻은 듯이 기뻤다. 성희안과 박원종은 그때부터 아무도 모르게 동지들을 널리 모으던 중 이조 판서 유순정과 우의정 김수동을 끌어들였다.

1506년 연산군 12년 9월 1일 이 날 연산군은 미인들을 거느리고 장단의 석벽에 새로 지은 정자로 놀러 가기로 되어 있었다. 성희안과 박원종 등은 미리 무사를 숨겨 두었다가 장단에서 돌아오는 연산군을 붙잡아 옥에 가두고 그의 아우인 진성대군을 임금으로 세우기로 하였다.

이를 실행하기 위하여 군자부정 신윤무, 전 수원부사 장정, 군기시 첨정 박영문, 사복시 첨정 홍경주 등에게 무사들을 모아 저녁에 훈련원으로 모이게 했다.

그런데 연산군은 무슨 예감이 들었는지 갑자기 장단에 가는 것을 취소했다. 하지만 성희안과 박원종 등은 애써 모아 놓은 무사들과 그 밖의 많은 사람들을 그대로 돌려보냈다가는 비밀이 드러날 것이라 하여 그대로 계획을 실행하기로 했다.

　박원종은 이때 유자광이 꾀가 많고 이런 일에 경험이 있다 하여 그에게 사람을 보내 거사에 끌어들여 움직이기 시작했다.

　반정의 무리들은 제일 먼저 신윤무를 보내 임사홍과 신수근·신수영의 집으로 쳐들어가서 임금을 잘못 받들었다는 죄로 그들을 죽였고, 개성유수로 가 있는 신수근의 동생인 신수겸은 따로 사람을 보내 죽이게 했다.

　한편, 무사들이 훈련원에 모였다는 소문이 퍼지자 한양에서 기운깨나 쓰는 장정들이 모두 모여들었다. 그리고 장정들을 여러 부서로 나눈 뒤에 그들을 거느릴 사람도 정했으며, 윤형로를 진성대군에게 보내 반정의 성공 소식을 알리고 무사 수십 명으로 하여금 호위하게 했다.

　이날 밤 성희안 등은 반정의 무리를 이끌고 궁궐로 향했으며, 반정의 소식이 궁궐에도 알려지자, 연산군을 따르던 무리들이 목숨을 건지기 위해 모두 달아나는 바람에 궁궐 안은 적막강산이 되고 말았다.

　이때 입직 승지인 윤장·조계형·이우 등이 이 사실을 알고 허겁지겁 연산군에게 달려가 알렸다.

　"전하! 불순한 무리들이 반역을 일으켰다 하옵니다."

　연산군은 반역이란 말을 듣고 전날 밤에 마신 술이 아직 깨지 않은 상태로 승지들의 손을 잡고 사시나무 떨듯 몸을 와들와들 떨었다. 이것을 본 승지들은 궁궐 밖의 움직임을 살펴본다는 핑계를 대고 모두 하수도 구멍을 통해 달아나 버렸다.

박원종은 내시 몇 사람을 앞세워 무사 수십 명을 거느리고 궁궐 안으로 들어가 연산군으로부터 옥새를 거두어들이는 한편, 사람을 보내 연산군에게 아첨을 일삼았던 전동·심금손沈今孫·강응·김효손 등을 죽여 버렸다. 그리고 날이 밝자 경복궁으로 가서 성종의 계비 윤씨에게,

"대비마마, 주상께서 임금이 지켜야 할 도리를 크게 어기셨기 때문에 천하의 민심이 주상을 떠나 진성대군에게로 돌아갔습니다. 이제 소신들이 대비마마의 뜻을 받들어 진성대군을 새 임금으로 모시려고 하오니 분부를 내려주시옵소서."

하고 청했다. 대비는 몹씨 기뻐하며 말했다.

"그대들이 종묘와 사직을 지켜 주세요. 그대들만 믿겠습니다."

곧 유순정이 진성대군의 집으로 찾아가서 그를 경복궁으로 맞아들였고, 이 날로 근정전에서 즉위식을 거행하여 만조백관의 치하를 받은 이가 바로 조선왕조 11대 임금인 중종이며, 이것이 연산군 12년 1506년에 일어난 중종반정中宗反正이다.

한편, 즉위식을 거행하고 만세 소리가 요란스럽게 들려올 때에 연산군은 승지를 불렀으나 아무런 대답이 없었고, 장녹수·전비·김귀비 등 그가 총애했던 여인들만 와들와들 떨면서 울고 있었다.

이때 박원종이 궁궐로 들어와 연산군이 보는 앞에서 세 여인을 다른 곳으로 끌고 가서 목을 베어 버린 후 그들의 가산을 몰수했는데, 그때에 장녹수의 집에서 압수한 재산은 국고의 절반을 넘었다고 한다.

그리고 연산군은 나인 4명과 내시 2명, 별감 1명과 함께 도성을 떠나 강화도 교동으로 귀양갔으며, 그곳에서 30세에 세상을 떠났다.

비운의 영창대군

　　광해군光海君(1575~1641)의 이름은 혼琿이며, 선조와 공빈 김씨의 둘째
아들이다. 1592년(선조 25) 임진왜란이 일어나 서울이 함락될 위기에 놓였던
4월 29일 세자에 책봉되었다. 그의 형인 임해군이 있었지만, 그가 총명하고
효성스럽다는 이유로 세자로 지명되었다.

　　1606년 선조의 계비 인목왕후에게서 영창대군이 태어나자 광해군의 세자
지위는 매우 위태로웠으나 정인홍 등의 지원으로 1608년 선조의 뒤를 이어
왕으로 즉위할 수 있었다. 그가 즉위한 후에도 명나라에서는 한동안 그가
선조의 둘째아들이므로 임명을 거부하였다. 이 때문에 임해군을 교동에
유배시키고 유영경을 죽이는 등 파란이 있었다.

　　1613년에는 인목왕후의 아버지 김제남을 역모로 몰아 죽이고, 영창대군을
서인으로 삼아 강화에 유배했다가 죽였다. 1615년에는 대북파의 무고로
능창군 전을 죽였고, 1618년에는 인목대비를 폐비시켜 서궁에 유폐시켰다.

　　1619년에는 명나라의 원병 요청에 따라 강홍립에게 1만여 명의 군사를
주어 후금을 치게 하였다. 그러나 사르허 전투에서 패한 뒤에는 명나라와
후금 사이에서 실리적인 외교 정책을 실시하였다.

　　광해군은 인조반정이 성공하자 강화도로 유배되었다가 1624년 이괄의
난이 일어나자 태안으로 이배되었으며 그 뒤 강화도로 데려왔고, 또다시
제주도에 유배되었다.

　　광해군은 1641년 귀양생활 18년 수개월 만에 제주도에서 세상을 떠났는데
이때 67세였다. 그는 어머니 공빈 김씨가 묻힌 경기도 남양주시 진건면
송릉리에 부인과 함께 묻혔다.

광해군의 한

영창대군의 죽음

임금으로 왕위에 올랐어도 군君으로 역사에 기록된 광해군은 부왕인 선조가 병으로 위독하게 되자, 1608년 조선왕조 15대 임금으로 왕위에 올랐다.

그리고 얼마 후 선조가 세상을 떠나자, 광해군은 이산해를 원상院相으로 삼고 선조의 장례식 준비를 맡겼다.

이때 유영경은 곧 사직하는 상소를 올렸으나 광해군은 지금이 어느 때인데 그런 말을 하느냐면서 아주 너그러운 도량으로 오히려 유영경을 위로하며 말렸다. 그러자 유영경은 할 수 없이 선조의 장례식이 끝날 때까지 그냥 영의정 자리에 머물러 있으려고 했으나, 광해군의 간곡한 만류가 있은 지 며칠도 안 되어서 대북파들이

유영경은 그 전에 전하께서 세자로 계실 때 전하를 폐하고 영창대군을 세자로 책봉하려고 꾀한 자이옵니다. 그런 자를 영의정 자리에 그냥 두시는 것은 옳지 않으니, 즉시 내쫓으시기 바라옵니다

라는 내용의 글을 올렸다. 그러자 광해군은

"부왕께서 신임하시던 대신을 어떻게 내친단 말이오. 그것은 너무 지나치니 그만들 두시오."

하고 옛날의 모든 잘못을 깨끗이 잊은 듯이 유영경을 두둔했다. 그러나 대북 일파에서는 정권욕에 눈이 뒤집혀서 매일같이 유영경을 파면하라는 상소를 올렸다.

마침내 광해군도 이들의 끈질긴 상소에 지쳐 유영경을 내쫓고 이원익으로 영의정을 삼았고, 사헌부와 사간원에 이이첨·이경전·정인홍 등을 등용했다.

이리하여 선조가 승하한 지 6개월 뒤에는 완전히 대북파의 조정으로 바뀌게 되었다.

이때 광해군의 나이는 34세였다. 세자빈 유씨가 이제 중전으로 승격했으나 광해군의 사랑은 중전보다도 김상궁에게 더 기울어져 있었다.

김상궁은 전에 선조가 병중에 있었을 때 그 곁에서 시중을 들던 궁녀인데, 광해군이 병문안을 가면 으레 김상궁이 상냥하게 나와서 안내했다. 선조는 광해군의 병문안을 달가워하지 않았기에 호통을 쳐서 내쫓으면 광해군은 피를 토하며 통곡했는데, 이럴 때마다 김상궁은 그가 토해 놓은 피를 닦았고 극진히 간호했었다. 광해군은 이때부터 김상궁을 은근히 마음속에 새겨 두었다가 왕위에 오르자, 그녀를 후궁으로 삼았던 것이다.

중전이 자기의 오라버니인 유희분과 권력을 잡으려고 혈안이 되어 있을 때, 김상궁은 오직 광해군의 마음을 잡기에 힘썼으므로 광해군의 정이 자연히 김상궁한테로만 쏠리게 되었음은 두 말할 필요도 없다.

후궁에는 5명의 숙의淑儀와 4명의 소원昭媛이 있었으나 김상궁의 세력을 꺾을 사람은 하나도 없었다. 그리고 김상궁은 또 중전의 비위도 잘 맞추어서 가끔 내전으로 불려가서 중전의 말벗이 되기도 하였다.

광해군이 즉위한 후 한동안 나라 안은 조용했고, 백성들도 앞으로 정치가 잘 될 것으로 기대했다. 한편 광해군은 당파의 폐해가 큰 것을 알고 가끔 신하들에게 주의를 시키며 자기 자신도 당쟁에 휘말려 들지 않으려고 애썼다. 그러나 당론이 평소에는 사라진 듯 보였다가도 무슨 일만 생기면 곧 표면에 나타나는 것이었다.

대간臺諫에서 광해군의 형님인 임해군이 모반을 꾀했다고 탄핵하자, 이 문제를 가지고 조정 안은 또다시 시끄러워졌다. 이원익·이항복·이덕형·이산해·한응인 등 조정의 원로대신들은 임해군의 사형을 반대했고 귀양을 보내자고 하는 데 반해서 이이첨·유희분·정인홍 등은 원로대신들이 남인과 서로 통하여 모반을 두둔한다고 주장했다.

광해군은 임해군에게 죄를 줄 생각이 없었으나 그를 반대하는 신하들의 주장을 물리칠 수가 없자, 결국은 강화도 교동으로 귀양을 보내어 위리안치圍籬安置토록 하였다. 위리안치란 담장을 쌓고 그 담장 안에서만 지내며 밖으로는 나오지 못하게 하는 형벌이다.

이때 강화도 현감 이현영은 임해군의 처지를 불쌍히 여겨 때때로 문밖까지 나오게 하여 적당히 자유를 주었다. 그런데 이런 소식이 이이첨의 귀에 들어가자 곧바로 현감이 바뀌었는데, 새로 부임한 현감은 이이첨의 심복으로서 그는 얼마 후에 사람을 시켜 임해군을 죽였다.

광해군 3년에 접어들면서부터는 중전을 배경으로 한 유희분의 세력이 부쩍 늘어서 궁궐의 중요한 자리는 모두 유씨들이 차지하게 되었고, 유희분은 자기네 집안 자제들을 과거에 급제시키려고 부정한 짓을 제멋대로 저질렀다. 이때 임숙영이란 사람 역시 과거를 보게 되었는데 그는

이항복

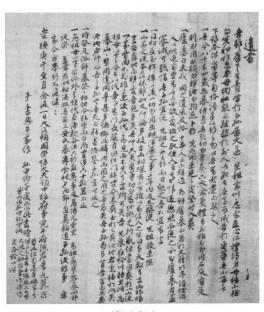

이원익 유서

유씨들의 부정이 하도 눈에 거슬려서 이를 개탄하는 글을 써서 바치자 시관들이 그의 글을 보고 깜짝 놀랐다. 그러나 차마 그 글을 뽑을 수가 없어서 떨어뜨리고 말았다.

권필이 이런 소문을 듣고 풍자하는 시를 지었다.

궁류청청화란비宮柳靑靑花亂飛 만성관개미춘휘滿城冠蓋媚春暉
조가공하승평락朝家共賀昇平樂 수견위언출포의誰遣危言出布衣
궁궐의 버들은 청청하고 꽃은 바람에 어지러이 날리는데
성 안에 가득 찬 사람들은 봄빛에 아첨을 떠는데
모든 백성들이 태평세월이라고 희희낙락하건만
위태로운 말은 누가 해서 베옷 입은 사람을 내쫓았으냐

권필은 뒤에 이 글이 알려져서 곤장을 맞고 귀양을 가게 되었는데, 그는 귀양을 가던 도중에 곤장을 맞은 독으로 세상을 떠나고 말았다.

1613년 광해군 5년의 일이었다. 동래의 어떤 은장수가 많은 은을 말에 싣고 한양으로 가던 중 문경 새재에서 불한당들을 만나 은과 목숨을 한꺼번에 잃은 사건이 일어났다.

그런데 포도청에서 그들을 붙잡아 조사해 보니, 서인의 거두 박순朴淳의 첩에게서 난 아들, 즉 서자인 박응서였다. 또한 그의 무리들이 모두 서자로서 이름 있는 집안의 아들들이었다.

이때 포도대장 한희길은 의심을 품게 되었다. 아무리 불한당이라고 하지만, 이름 있는 집안의 첩에게서 난 자식들인데다가 무리를 이루어 행동했다는 데에 의심이 갈 수밖에 없었다. 더욱이 이때는 어수선한 시절이어서 그들을 뒤에서 조종하는 어떤 큰 세력이 없지 않나 해서 문초

하자,

"세상이 적자와 서자의 차별을 너무 심하게 하여 서자를 천대하므로 나리를 뒤집어엎기 위해 우선 군자금을 모은 것이오."

하고 박응서가 말했다.

이 소문이 퍼져서 이이첨의 귀에까지 들어갔는데, 그는 당시 부제학으로서 유희분과 함께 막강한 세력을 떨치고 있었다. 이이첨은 곧 포도대장 한희길을 찾아가 밤이 깊도록 무엇인가를 의논했으며, 이튿날 한희길이 박응서를 조용한 곳으로 불러낸 후 음식을 대접하며 그를 은근히 달랬다.

"네 죄는 죽어 마땅하나 내 말을 따른다면 용서해 줄 수도 있다."

이 말에 박응서는 정신이 번쩍 들었다. 그는 죽을 것이 뻔했기 때문에 어떻게 하면 살아날까 하고 궁리하던 참이어서,

"목숨만 살려 주신다면 분부대로 하겠습니다."

하고 대답했다. 이때 한희길이 박응서에게 귀엣말을 하자, 그는 계속해서 고개를 끄덕이며 듣고 있었다.

그리고 며칠 후 의금부에 끌려가 문초를 당할 때 박응서는

"역모를 꾀하여 지금의 임금을 폐하고 영창대군을 새 임금으로 세우려고 했습니다. 이는 영창대군의 모친이신 인목대비께서도 아는 사실이며, 대비의 친정아버지도 관련되어 있습니다."

참으로 놀라운 말이 아닐 수 없었다. 인목대비라면 광해군의 생모는 아니나 어머니임에는 틀림없다. 그런데 인목대비는 전부터 후궁 태생의 광해군이 왕위를 이은 것에 대하여 적지 않은 불만을 품고 있었으며, 대비의 친정아버지인 영흥부원군 김제남 또한 딸보다도 더 큰 불만을 품고 있었다.

그것은 다름이 아니라 광해군이 서인인 자기보다도 북인을 더 신임하고 있었기 때문이었다.

이런 때에 박응서의 입에서 놀라운 말이 튀어나왔으니 그 누구도 역적 도모를 믿지 않을 수가 없게 되었다. 더욱이 이이첨과 정인홍 등이 모두 북인이어서 이 문제는 가장 나쁜 쪽으로 기울어지게 되었다.

광해군은 영의정 이덕형, 좌의정 이항복, 판의금부사 박승종 등을 거느리고 친히 국문을 한 끝에 영창대군을 서인으로 강등시키고 김제남에게는 사약을 내렸으며, 그의 가족들을 모조리 목을 벤 다음, 인목대비의 어머니 부부인 노씨를 제주도로 귀양보냈다.

그러나 여기에서 그치지 않고 이이첨 일파들은 영창대군을 이 기회에 아예 없애야 한다고 주장했으므로 광해군은 할 수 없이 다시 명령을 내렸다.

"서인 영창대군은 7세밖에 안 되는 어린아이라 죽일 수는 없고, 강화도로 귀양을 보내도록 하라."

광해군의 명령이 있자, 영창대군의 어머니 인목대비는 아들을 꼭 껴안고 내놓지 않았으나 어명을 받은 군사들은 대비의 품에서 영창대군을 빼앗아 궁궐 밖으로 나갔다. 인목대비는 아들을 빼앗기고 그대로 방바닥에 쓰러져 통곡했으며, 아무것도 모른 채 끌려가는 영창대군은 어머니를 부르며 발버둥쳤다. 아들을 빼앗긴 인목대비는,

"이 놈들아, 차라리 나를 잡아가거라. 어린것이 무슨 역모를 했다고 잡아가는 것이냐."

하고 고함을 질렀으나 이런 말이 무지한 군사들에게 통할 리가 없어서 그들은 영창대군을 기어이 끌어가고 말았다.

영창대군은 강화도로 유배된 후 군사들이 지키는 가운데 울타리가

쳐진 집안에 갇혀서 날마다 어머니를 부르며 울고 지냈다.

"어머니! 어머니!"

그러다가 마침내 울기에도 지쳐 그만 병이 들었는데, 이듬해 강화부사인 정항鄭沆이 영창대군의 방에다 뜨겁게 불을 때서 쪄 죽이고 말았다.

한편, 영창대군이 강화도로 유배된 후 인목대비의 거처는 정동에 있는 경운궁으로 옮겨졌는데, 이는 광해군이 인목대비와 함께 창덕궁에 있기 싫어서 취한 조처였다. 인목대비는 드넓은 경운궁 안에서 밤이면 무서운 줄도 모르고 친히 우물에 나가 정화수를 떠놓고 아들이 이미 죽은 사실도 모른 채 하루속히 돌아오기만을 빌었다.

인목대비 옆에는 영창대군보다 두어 살 위인 정명공주貞明公主가 어머니와 함께 절하는 모습을 볼 수 있었다. 이들의 쓸쓸하고 괴로운 나날도 하루하루 흘러서 어느덧 여름이 가고 가을이 되었다.

그런데 하루는 밖에 나갔던 궁녀가 숨이 턱에 차서 뛰어 들어오더니 슬픈 소식을 전했다.

"마마, 큰일 났사옵니다."

"큰일은 무슨 큰일이라고 그리 호들갑이냐?"

인목대비는 숨이 턱에 차서 뛰어드는 궁녀를 바라보며 물었다.

"권필이란 시인이 신문고를 울려 대군께서 강화도에서 돌아가신 것을 폭로시켰는데 붙잡혀 참형에 처하라는 분부를 받고 지금 형장으로 끌려가고 있다 하옵니다."

"뭐? 내 아들이 죽었다고?"

인목대비는 눈앞이 캄캄해지고 정신이 아찔해졌다.

"그러하옵니다. 강화부사 정항이란 자가 이이첨의 명령을 받아 대군을 방에 가둔 후에 산더미 같은 장작불로 구들을 달궈서 숨어 막혀 돌아가시게 했다 하옵니다."

인목대비는 정신이 아찔하여 몸을 지탱하기 위해 기둥을 붙들었으나 힘을 다 잃어 그대로 쓰러져서 기절하고 말았다. 어린 정명공주는 쓰러진 인목대비의 치맛자락을 붙들고 어머니를 부르며 울고 있었다.

치욕을 당한 인목대비

이때 조정에서는 이이첨이 앞장서서 대비를 폐위시키려는 음모를 진행하고 있었다.

좌의정 정인홍은 본디 이이첨과 한편이면서도 이번 일에는 겁을 먹었는지, 혹은 만대에 누명을 쓸 것이 두려웠음인지 슬며시 발뺌을 하고 시골집에 내려가 누워 버렸다. 또 영의정 기자헌은 폐모론을 반대하면서,

"이런 일은 간사한 무리들이나 하는 짓이다. 나도 이 자리에 있다가는 무슨 변을 당할지 알 수 없다."

하고는 영의정의 벼슬을 내놓고 강릉의 고향으로 돌아가 다시는 한양에 나타나지 않았다.

어느 날 이이첨은 심복 우참찬 유간을 은밀히 자기 집으로 불렀다.

"지금 조정에 영의정과 좌의정이 없으므로 일을 할 사람은 당신과 우의정 한효순밖에 없소. 빨리 대사를 결정해서 조정의 여론을 실천에 옮기도록 하시오."

이이첨의 말은 인목대비를 폐위시키라는 것이었으므로 유간은 곧장 한효순을 찾아가서 이이첨의 말을 전했다.

한효순은 나중에 욕을 먹더라도 이이첨의 명을 반대할 수 없다고 생

각하여 유간의 손을 잡고,

"어떤 방법을 취했으면 좋겠소? 유 참찬이 좀 가르쳐 주시오."

하고 물었다.

"그야 어렵지 않소이다. 대감께서 백관들을 모아 놓고 대비의 죄를 밝힌 후에 폐위하는 게 옳은가 그른가를 쓰라고 하시오. 이렇게 하면 일은 쉽사리 해결될 것이 아니겠소? 대감께서 이번 일에 공을 세운다면 영의정은 떼어 놓은 당상이외다."

영의정이 된다는 말에 눈이 어두워진 한효순은 뻔히 옳지 못한 일인 줄 알면서도 곧바로 궁궐에 들어가 승정원의 승지를 불러,

"조정에 중대한 의논이 있으니 어서 백관들에게 입궐하라 이르시오."

하고 일렀다.

승지들도 역시 이이첨의 심복들이었으므로 한효순이 입궐하기 전에 벌써 이이첨과 연락이 되어 있었기에,

"예, 분부대로 거행하겠습니다."

하고 곧 백관들에게 기별을 하여 모든 벼슬아치들을 궁궐로 불러들였다. 그리하여 이이첨의 직계 부하들이자 대북의 일당들은 그들을 불러들인 까닭을 대강은 짐작들을 하고 있었으나, 조정의 미관말직의 벼슬아치들은 그 까닭을 알지 못하고 모여들 수밖에 없었다.

반나절이 넘어서야 모두 모이자, 한효순은 그들을 향해 입을 열었다.

"오늘 여러분들을 모이게 한 것은 다름이 아니라 인목대비가 자신의 아들인 영창대군에게 선왕의 뒤를 잇게 하려고 10가지나 되는 큰 죄를 지었으므로 이를 의논하기 위해서요. 대비는 주상 전하와 모자의 정을 이미 오래전부터 끊었으므로, 이에 대비를 그 자리에서 물러나게 하려는 것이니 여러분은 그에 대한 가부를 밝혀 주기 바라오."

한효순의 말이 끝나자, 처음부터 이이첨의 앞잡이가 되어 폐모론을 강력하게 주장하던 대사간 윤인尹認이 앞으로 나와 큰 소리로 외쳤다.

"우의정 대감의 말씀이 지당합니다. 이미 오래전에 폐위를 했어야 할 텐데, 오늘날까지 실행하지 못한 것은 전하의 대비에 대한 효심이 너무나 지극하셨기 때문입니다. 그러므로 오늘은 반드시 결정을 내려야 할 것입니다."

"자, 그럼 이제부터 여러분들은 두 줄로 나누어 서되 옳다는 사람은 왼쪽에 서서 이름을 쓰고, 그르다고 하는 사람은 오른쪽에 서서 자기 이름을 쓰도록 하시오."

한효순의 명령이 떨어지자 윤인이 재빨리 옳다는 쪽의 맨 앞줄에 서고 그 뒤로는 대사헌인 정조가 잇대어 섰다. 이 두 사람은 본디부터 폐모론을 강력하게 주장하던 자들로서 이이첨의 눈에 들어서 미관말직인 당하관으로 있다가 단번에 대사간과 대사헌이 되었다.

그 뒤를 이어 이른바 대북의 실력자들이 줄을 섰고, 그 다음에는 권력자들의 눈치를 살피는 벼슬아치들이 뒤를 이었다.

이때 영의정을 지냈던 이항복의 의견을 물으러 갔던 자가 돌아와서,

"이 대감의 의견을 적은 글을 가지고 왔습니다."

하면서 글이 적힌 서찰을 건네자, 한효순은 모든 사람들 앞에서 그 글을 읽었다.

"이 몸은 벌써 반년 동안이나 중풍에 걸려 아직도 낫지 않고 있소. 누가 전하를 위해 이런 일을 꾸몄는지는 모르겠으나 예부터 어미가 악해서 비록 죄를 지었다 하더라도 자식은 어미에게 죄를 물을 수가 없는 법이고, 그리고 자식은 어버이에게 정성을 다해 효도해야 하는 법이므로 이런 것을 논의하는 것부터가 불가하오."

반대하는 대답이 분명했다. 나라의 동량이었던 이항복이 폐모론을 반대하는 것이 분명해지자, 그때까지 힐끔힐끔 대북 일파의 눈치만 살피던 벼슬아치들 중에서 반대하는 사람이 나오기 시작했다.

한효순은 본디 줏대가 없고 주변이 없는 사람이지만 그렇다고 이이첨과 같이 악랄한 위인은 아니었다. 그 뿐만 아니라 그는 대북의 열렬한 당파도 아니었으므로 그는 의외로 반대론이 많이 나오자 은근히 겁이 났다.

결국 이 날의 의논은 찬반이 엇갈려 결정을 짓지 못한 채 끝나고 말았다. 그러나 그 후 폐모론을 주장하는 대북 일파들은 반대하는 사람들에 대해 무서운 공격을 가하여 제일 먼저 이항복에게 극형을 내리라고 주청하였고, 사헌부와 사간원에서도 이항복을 그대로 두어서는 안 된다면서 상소하였다.

이때 광해군은 선왕 때의 대신에게 벌을 내릴 수 없다면서 반대했으나 조정은 벌써 대북 일파가 손에 넣고 있었으므로 결국에는 그를 북청으로 귀양보내고 말았다. 그랬음에도 지금 대비를 폐위시키지 않으면 후일에 반드시 해가 될 것이라는 상소가 빗발치듯 했다. 이러자 광해군은 마침내 다음과 같은 글을 내려 그들의 입을 막으려고 하였다.

과인이 덕이 없어 임금이 된 후 과인의 친형인 임해군을 죽였고
또 배가 다른 아우 영창대군을 죽였다. 이는 생각만 해도 형제의
정으로 차마 못 할 짓이었거늘, 지금에 이르러서는 또다시
종묘사직을 위해 대비를 폐위시켜야 한다고 입들을 모으니 도대체
과인에게 무슨 큰 죄가 있기에 이런 변을 당해야 하는가! 부탁하노니
그대들은 앞으로 더 이상 과인을 괴롭히지 말라.

그러자 이번에는 인성군을 비롯하여 여러 종친들이 입을 모아 나라를 위해 대비를 폐하라고 주장했는데, 모두가 대북파의 부추김을 받아 그리된 것이었다.

1614년 광해군 5년 2월 11일, 마침내 빈청 회의에서는 광해군의 뜻을 무시한 채 좌의정 정인홍 이하 예조 판서 이이첨 등이 모여서 인목대비의 폐위에 대한 결정을 내렸다.

즉, 명나라에서 내린 존호와 선조 때에 받은 옥책玉冊과 옥보玉寶를 빼앗고 대비라는 명칭을 서궁西宮으로 정했으며, 국혼 때 내린 납폐 등속을 비롯하여 왕비의 어보나 표신標信을 거두어들이는 한편, 출입할 때 타는 가마와 호위하는 병사들도 없애 버리는가 하면, 문안과 숙배도 금하여 후궁처럼 대우를 한다는 것이었다.

이 밖에도 또 인목대비의 죄상에는 다음과 같은 글이 들어 있었다.

대비의 아비는 역적의 우두머리가 되었고, 대비 스스로 역적 모의에 참여했을 뿐만 아니라 자식 또한 역적들이 추대한 바 있었으니 이미 인연은 종묘사직에 끊어진 바 되었다. 대비가 죽은 후에 나라에서는 발상하지 않고 복을 입지 않으며 신주는 종묘에 들어갈 수 없다. 또 서궁의 담을 더 높이 쌓고 군사로 하여금 지키게 하되 그 군사들은 병조에서 감독하고 내시 2명과 별감 4명만을 두도록 한다.

승지는 곧 어명을 받들고 대비에게로 갔다. 그때 대비는 아들이 죽었다는 소식을 들은 후로는 음식을 들지 않고 누워 있었으며 몇 번이나 목을 매어 죽으려고 하였으나 궁녀들은 대비에게 자살할 기회를 주지 않았다.

대비 앞에 이른 승지는 먼저 10가지 죄목을 읽고 폐위한다는 사실을 알렸다. 대비는 방안에서 궁녀들의 부축을 받으며 승지의 말을 다 들은 후 방문을 벌컥 열고 승지에게 호령했다.

"네 이놈 들거라. 만고에 자식이 어미를 폐한다는 말을 들은 적이 있느냐? 자식이 어미를 어찌 폐하느냐? 나는 주상보다 나이가 적은 젊은 계모이나 주상의 아비가 친히 친영례로써 맞아들인 중전이었느니라. 무슨 말인지 알아듣겠느냐? 그럼에도 불구하고 제 아비가 맞아들인 어미를 어떻게 자식이 마음대로 쫓아낼 수 있단 말이냐. 그러니 주상에게 가서 폐모를 하는 것보다는 차라리 없애 버리면 모든 문제가 다 해결된다고 아뢰어라. 괜히 세상 시끄럽게 할 것 없다. 나를 빨리 없애 버려라. 왜 못 하느냐? 맘대로 하는 것을! 나를 어서 없애 버리라고 해라!"

어린 아들의 죽음을 슬퍼하여 식음을 전폐하고 누웠던 대비에게 어디서 그런 기운이 솟아나는지 카랑카랑한 목소리로 승지를 꾸짖었다. 그러자 승지는 고개를 숙이고 와들와들 떨고 섰다가 슬며시 피하여 나가 버리고 말았다.

승지가 사라지자 악이 뻗친 대비는 자리에서 벌떡 일어나 늙은 궁녀들에게 분부했다.

"먹을 것을 가져오너라. 이제는 내가 살아 저 놈들이 망하는 꼴을 좀 봐야겠다."

"마마! 잘 생각하셨습니다. 그저 오래오래 사시어서 눈으로 저자들의 망하는 꼴을 꼭 보셔야지요."

늙은 궁녀가 대비를 위로했다.

조정에서는 폐모를 선포한 후에 서궁의 담을 더 높이 쌓고 군사들을 풀어서 철통같이 지키게 하였는데, 그럴수록 대비는 악착같이 살아야 한다고 마음속으로 자기 자신을 채찍질하고 다짐했다.

친정아버지도 역적으로 몰아 죽였으며, 어린 아들도 귀양을 보낸 후 질식시켜 죽게 했다. 또한, 오직 자기만을 사랑해 주던 남편 선조도 이제는 세상을 떠나고 없고 다만, 남아 있는 혈육이라고는 생사를 모르는 친정어머니 노씨와 9세밖에 안 된 정명공주 뿐이었다.

늙은 어머니와 어린 딸, 핏줄이 섞인 두 사람만이 남아 있을 뿐 자신은 이제 혈혈단신이지만, 이제는 살아야겠다고 반발했다. 소금밥에 피죽을 끓여 먹더라도 오래오래 살아서 조정이 되어 가는 꼴을 보리라 굳게 결심했다.

광해군의 외교전략

이때 조정에서는 명나라의 불 같은 독촉을 받아 참판 강홍립을 오도 도원수로 삼고, 평안병사 김경서로 부원수를 삼은 후에 2만 명의 군사를 심하에 출병시켰다.

이 일은 임진왜란 때 조선을 도와준 명나라의 은혜를 갚자는 명분에 서였다.

명나라가 임진왜란 때 원병을 보내 참전하고 있는 틈을 타서 갑자기 세력을 떨친 여진족은 그 후 점점 강성하여 건주호의 추장 누르하치가 광해군 8년에 드디어 후금後金을 건국했다.

그후 더욱 세력이 커져 만주의 요동 벌판은 말할 것도 없고 명나라 서울인 북경까지 위협하게 되었다.

이때 명나라에서는 구원병을 보내 달라고 요청하자 조정에서는 임진왜란 때 명나라가 군사를 보내 조선을 도와주었으니 이번에는 조선이 명나라의 은혜를 갚는 뜻에서 구원병을 보내야 한다는 측과, 의리상으로는 마땅히 구원해 주어야겠지만, 그렇게 되면 막강한 후금을 건드리는 일이라 반대하는 측으로 의견이 갈려 쉽사리 결정이 나지 않았다.

한편, 누르하치는 이 소식을 듣고,

"이번에 조선이 명나라를 도와서 출병한다 하니 매우 섭섭한 일이다. 우리는 조선과 아무런 원한도 없으니 출병시키지 말고 국경을 지키며 구경만 하고 있으라. 만약 조선이 명나라를 돕기 위해 구원병을 보낸다면 나는 곧장 조선을 쑥대밭으로 만들어 버리겠다."

라고 협박했다.

여진이 비록 태조와 세종 때 조선에 굴복해서 조공을 바치고 종 노릇까지 했지만, 이제는 강국이 되었으므로 업신여길 수가 없었다.

광해군은 이 문제를 두고 골치를 앓았다. 그는 마지못해서 심하에 출병을 시키면서 강홍립을 불러 비밀리에 명령했다.

"형편을 보아서 행동을 취하되 오랑캐를 먼저 공격하지 마시오. 만일 누르하치에게 활을 쏠 때는 반드시 화살촉을 뽑아서 허공으로 쏘게 하여 나중에 말썽이 일어나지 않도록 하시오."

강홍립은 군사를 거느리고 심하까지 갔으나 광해군의 명령대로 화살촉을 빼고 활을 쏘았으며, 전세가 명나라에 불리하게 되자 슬며시 누르하치의 포로가 되어 버렸다.

뒤이어 요동과 심양이 함락되자 명나라에서는 조선을 의심했다. 그러나 오랑캐는 오랑캐대로 포로가 된 강홍립을 앞세워 조선을 치러 들어온다는 소문이 파다하게 떠돌았으므로 한양은 발칵 뒤집혔다.

"큰일 났어, 지금 오랑캐가 강홍립을 앞세워서 조선으로 쳐들어온다네."

"그뿐인가, 명나라도 쳐들어온다네. 임진왜란 때 조선을 구원해 주었는데, 조선은 오랑캐와 내통이 되어 항복해 버렸다고 노발대발하면서 쳐들어온다니 큰일이구면."

백성들은 만나는 사람마다 붙잡고 수군거렸다.

얼마 후, 과연 명나라에서는 문죄사를 조선에 내보내기로 결정했다는 소식이 들렸고, 명나라의 장수 모문룡은 요동이 적의 수중에 넘어가자 수천 명의 군사를 거느리고 의주로 넘어와서 철산 앞에 있는 단도에 진을 치고 패잔병들을 불러들이기 시작했다.

한편, 오랑캐는 그들대로 의주까지 쳐들어와서 명나라 사람을 만나는 대로 죽이고 명나라 장수 모문룡을 잡아 바치라고 협박과 엄포가 대단했다.

이때 광해군은 양면 정책을 써서 아무도 모르게 금은보화를 강홍립에게 보내 오랑캐에게 바친 후 조선이 다른 뜻이 없음을 밝히는 한편, 이정구를 변무사로 명나라에 보내 오랑캐와 내통한 일이 없다는 것을 알리게 하였다.

이정구는 글 잘하는 재상이었으나, 전날의 폐모론이 한창일 때 여기에 참여하지 않았다고 하여 귀양을 갔다. 그런데 명나라에 변무사로 갈 사람이 마땅하지 않자, 이이첨은 임금에게 아뢰어 이정구의 귀양을 풀고 명나라에까지 그의 이름이 잘 알려진 것을 이용하여 그를 명나라에 보내 그들의 노여움을 가라앉히려고 하였다.

이같이 온 나라가 소란스럽던 어느 날, 이이첨과 유희분의 집 기둥에 협박장이 매달린 화살이 날아와 꽂혔으며, 새로 영의정에 오른 박승종의 집에도 협박장이 날아들었는데, 내용은 다음과 같았다.

빨리 대비를 복위시키지 않으면 너희들은 명나라의 문죄사가 올 때 나라에 공론이 일어나서 죽음을 면치 못할 것이다. 그러니 늦기 전에 서궁마마를 다시 대비로 받들어 모시게 하라.

일이 심상치 않게 돌아가자 유희분은 이이첨을 만나 협박장의 내용에 관해 이야기하자, 먼저 유희분이 입을 열었다.

"대감께서는 이 협박장의 장본인이 누구라고 생각하시오? 이는 틀림없이 대비 쪽 사람의 짓이라고 생각되는데, 대감의 뜻은 어떠하신지요?"

"……."

"멀지 않아 명나라에서 문죄사가 온다면 어찌할 것이며, 또 누르하치가 쳐들어온다면 어찌할 것이오?"

말을 마친 유희분의 얼굴을 새파랗게 질려 있었다. 그의 말은 계속 이어졌다.

"서궁이 복위하는 날에는 대감과 나는 죽음을 면치 못할 것이오. 더욱이 대감의 죄는 나보다 크니까……."

유희분의 말을 들은 이이첨의 입술이 파르르 떨렸다.

"어찌하여 내 죄가 더 크다는 말씀이오?"

이이첨의 목소리에는 독기가 서려 있었다.

"영창대군을 쳐서 죽이고, 대비를 서궁으로 쫓아낸 것은 모두 대감의 짓이니, 나나 박승종보다 책임이 더 크지 않소이까?"

이이첨의 눈에는 별안간 핏줄이 빨갛게 섰다.

유희분은 이이첨의 살기 띤 눈길을 피하면서 부드러운 목소리로 말을 이었다.

"내 말은 책임을 회피하려는 뜻이 아니니 고깝게 생각하지 마시오. 좌우간 서궁 문제를 어찌하면 좋을지 대감의 의견을 들어봅시다."

이이첨의 살기 어린 표정도 조금 풀렸다.

"유 대감의 생각은 어떠시오?"

"서궁을 속히 복위시키는 방법밖에 없을 듯합니다."

"유 대감은 정신이 어떻게 된 것 아니오? 복위시킨다고 대비의 원망이 풀릴 것 같소?"

"그럼 이 대감의 생각을 말씀해 보시오."

이이첨은 대답없이 붓을 당겨서 왼쪽 손바닥에 '滅口멸구'라고 쓴 뒤에 유희분 앞에 내밀었다.

이를 본 유희분은 이이첨의 표정을 살피며 물었다.

"서궁을 죽이자는 말씀이오이까? 어떻게 죽이자는 말씀이오?"

"밤에 자객을 서궁으로 들여보내서……."

이이첨은 말을 끝낸 후 호탕하게 웃었다.

어느덧 한 해도 저물어 가는 섣달 그믐날 밤, 그 해의 마지막을 알리는 종소리를 신호로 삼아 이이첨의 심복 백대형과 이위경 등은 탈춤패 10여 명을 거느리고 소고와 꽹과리를 치며 서궁에 쳐들어가서 대비를 죽이기로 하였다.

한편, 그 날 초저녁에 대비가 꿈을 꾸어 선조가 생시와 조금도 다름없는 옷차림으로 나타나서 대비에게,

"도적의 무리가 곧 쳐들어올 것이니 피하지 않으면 목숨을 보전하지 못할 것이오."

하고 말한 다음에 사라졌다.

대비가 꿈에서 깨어 흐느껴 울자 옆에서 모시고 있던 젊은 궁녀가 그

까닭을 물었으므로 대비는 그녀에게 꿈 얘기를 들려주었다. 그러자 궁녀가 황급히 말했다.

"선대왕의 혼령이 나타나셔서 이르시는 말씀이니 반드시 까닭이 있겠습니다. 마마께서는 소녀와 옷을 바꾸어 입으시고 얼른 후원으로 몸을 피하소서."

대비는 궁녀의 말에 눈물을 머금고, 그녀의 손을 잡은 채 울먹이는 목소리로 말했다.

"네 뜻이 고맙기만 하구나. 너의 은혜를 어찌 잊는단 말이냐!"

"마마, 시간이 없사옵니다. 어서 피하소서."

궁녀는 재빨리 대비와 옷을 바꾸어 입고 가짜 대비의 차림으로 단정하게 앉아 있었다.

이윽고 밤이 점점 깊어 삼경 때쯤 되자, 서궁으로 건달패들이 소고와 꽹과리를 치면서 들이닥쳤다. 이때 서궁을 지키던 포졸들이 그들의 앞을 막으며 물었다.

"뭣 하는 놈들이냐?"

"섣달 그믐에 잡귀를 쫓는 탈춤패들이오. 서궁에도 액막이를 하라는 분부를 받들고 왔으니 어서 비키기나 하시오."

"출입패를 보여라."

포졸들의 요구에 탈바가지를 쓰고 맨 앞에 선 자가 출입패를 내보였는데, 살펴보니 틀림이 없었으므로 그들을 서궁 안으로 들여보냈다.

꽹과리와 소고 소리를 요란하게 울리며 궁 앞까지 다가가자, 이때 희미한 불빛 속에서 대비의 차림으로 앉아 있던 궁녀가 침착한 목소리로

"밖에 어인 소란들이냐?"

하고 큰 소리로 꾸짖었다.

그러자 앞장선 건달패 두목은 대비의 목소리가 틀림없다고 믿고 한 손을 번쩍 들어서 탈춤패들에게 조용히 신호를 보내자, 그들은 대비의 침실로 들어가,

"오늘은 섣달 그믐이라 잡귀를 쫓아내라는 위의 분부를 받고 들어왔습니다."

하고 말을 마치자마자 소매 속에서 비수를 꺼내 대비로 꾸민 궁녀를 사정없이 찔렀다.

"으악!"

이때 박승종은 대비를 살해하려는 이이첨 등의 음모를 눈치 채고 행동을 개시했다.

'만약 대비를 살해하는 일이 벌어진다면, 비록 내가 손을 쓰지 않았다 해도 영의정인 내가 누명을 뒤집어쓰고 말 것이다. 어떻게 해서든지 이 일은 막아야겠다.'

그는 곧바로 포졸들을 거느리고 빠른 걸음으로 서궁에 이르렀다.

"저 놈들을 잡아라!"

포졸들은 일제히 허리에 찬 육모 방망이를 뽑아들었으나 탈춤패들은 이미 가짜 대비를 살해한 후였으므로 재빨리 어둠을 타고 담을 뛰어넘어 달아나고 말았다.

탈춤패들이 달아난 후에 박승종은 대비의 침실로 가서 방문을 열자 피비린내가 코를 찔렀으며 대비가 피를 흘리며 이미 숨이 끊어진 채로 침실 바닥에 쓰러져 있었다. 이를 목격한 박승종의 가슴은 단숨에 무너지는 것 같았으며 갑자기 불안감이 몰려들었다.

"조금만 더 빨리 왔더라면 대비의 목숨을 구할 수 있었는데…… 이 몸은 만대의 역적이 되겠구나!"

박승종은 시체 앞에 우두커니 선 채 쓴 입맛을 다시며 고개를 숙였다.

대비가 죽었다고 믿은 것은 박승종뿐이 아니라, 이이첨 역시 탈춤패들의 보고를 받고 대비가 죽었다고 굳게 믿고 있었는데, 뒷날 인조반정仁祖反正으로 대비가 나타나자, 그들은 깜짝 놀랐다고 한다.

능창군의 죽음

그 무렵 광해군은 점점 번뇌를 느끼기 시작했다.

형과 아우를 죽이고, 대비를 폐위시켜서 서궁에 가두었으며, 이항복을 비롯하여 늙은 중신들을 다 내쫓고 보내니 비록 이이첨과 유희분 등의 말에 따라 행한 일이지만, 깊은 밤중에 홀로 앉아 조용히 되돌아보면 어쩐지 마음이 괴로웠다. 광해군은 이때부터 술을 입에 대기 시작했으며 술에 취하면 으레 김상궁의 처소를 찾았다.

한편 명나라도 조용했고, 누르하치도 중국을 통일하기에 바빠서 딴생각을 하지 않게 되어 차차 나라 안이 태평해지기 시작했다. 그리고 또해마다 풍년이 들어서 모든 걱정이 사라졌으므로 광해군은 자주 연회를 베풀고 김상궁을 비롯하여 5명의 숙의와 4명의 소원에게 둘러싸여온갖 시름을 잊은 채 주색을 탐하게 되었다.

광해군의 나이는 이제 40을 넘어섰고, 김상궁 또한 30세를 넘어 육체가 한창 무르익어 가고 있었다. 그리하여 광해군은 조회에 자주 나가지 않은 채 김상궁을 옆에 끼고 누워 있는 날이 많아졌다.

김상궁은 이때부터 광해군을 방패로 삼아 본격적으로 권세를 부리기 시작했으며, 김상궁에 대한 광해군의 총애가 각별한 사실이 궁궐 안에 널리 퍼졌다. 따라서 김상궁의 친정을 통해 벼슬자리를 얻으려는 사람들이 날이 갈수록 늘었다.

이때 김상궁의 친정 어미는 과부가 된 후에 유몽옥에게 개가했으며, 유몽옥은 과거를 못 본 건달이었으나 김상궁의 덕택으로 횡성 현감까지 지냈다. 또한 김상궁의 조카사위가 되는 정몽필은 수시로 김상궁을 만나기 위해 궁궐을 자주 드나들었으므로 벼슬을 하려는 백성들은 물론이고, 심지어는 조정의 벼슬아치들까지도 이들에게 잘 보이려고 자주 찾게 되었다.

이리하여 나라에서 내리는 벼슬의 지위가 김상궁에게 바치는 뇌물의 많고 적음에 따라 결정되었는데, 다행히도 김상궁은 이렇게 모아들인 재물을 임진왜란으로 폐허가 된 궁궐들을 새로 짓는 데 사용했다.

이런 사실을 알게 된 광해군은

"그대의 충성스러운 마음을 무엇으로 갚아야 할지 모르겠노라!"

하며 김상궁을 더욱더 신임했다.

김상궁은 이렇게 광해군의 마음만 사로잡은 것이 아니라 중전의 마음을 끌기 위해서 무당을 불러들여 굿을 하고, 또 명당을 보는 자들과 점쟁이들을 불러들여 임금과 중전, 그리고 동궁의 만수무강을 빌기도 하였다.

한번은 성지라는 도승을 초청해서 점을 쳤는데, 이때 성지는 김상궁의 신수를 보면서 이렇게 말했다.

"당신의 운명은 이 나라의 재앙과 같이 할 것입니다. 이 재앙을 막는 길은 새로 일어나는 왕기를 막는 길밖에 없습니다."

왕기 즉, 새로 일어나는 왕의 기운을 막아야 한다는 말에 김상궁의 귀는 번쩍 트였다.

"새로운 왕기가 어디서 일어나지요?"

"어전이 아니면 말씀드릴 수가 없습니다."

김상궁은 곧 성지를 데리고 가서 광해군에게 소개했다.

"들으니 대사께서 나라에 왕기가 일어난다고 했다는데, 그게 사실이오?"

"그러하옵니다."

"왕기가 일어난다면 어느 곳에서 일어난단 말이오?"

"한양의 인왕산 밑에 왕기가 서려 있사옵니다."

이 말을 들은 광해군의 안색이 변했다.

"과인의 자리를 탐내는 자가 나온다는 말이군!"

"……."

"그럼 어찌하면 좋겠소?"

광해군의 목소리는 떨리는 듯했다. 성지는 눈을 감고 합장한 채 대답이 없었다.

"대사, 말씀을 해주십시오."

김상궁이 옆에서 간곡하게 부탁하자, 성지는 한동안 두 눈을 감고 있다가,

"상감마마, 새문안은 왕기가 끊어진 곳이니 거기에 궁궐을 짓고 왕기를 누르셔야 하옵니다."

성지의 말이 끝나자, 김상궁이 입을 열었다.

"마마, 정원군의 집이 그곳에 있습니다."

"뭐라고? 정원군이 그곳에서 산다고?"

광해군은 깜짝 놀랐다.

정원군은 세상을 떠난 인빈 김씨의 소생으로 임진왜란 때 의주 피난

길에서 죽은 신성군信城君의 친아우이며, 광해군에게는 배가 다른 아우가 된다. 정원군에게는 아들 삼형제가 있었는데, 맏아들은 능양이고, 둘째아들은 능원이며, 셋째아들은 능창이었다. 광해군은 성지를 보낸 다음,

"정원군의 집에 왕기가 서려있다니 괴상한 일이구나."

하고 아무래도 의심스럽다는 듯이 중얼거렸다.

"마마, 하늘이 시키시는 일을 인간이 어찌 알겠습니까?"

"정원군은 못나고 무능하기가 한량없는 사람이야. 그런데도 그의 집에 왕기가 서려있다니 괴상한 일이거든……."

"그러하오나 정원군에게는 아들이 삼형제가 있사옵니다. 그 아들 가운데 혹시 인물이 있을는지 모르는 일이니, 마마께서 정원군에게 저택을 빨리 비우라고 분부를 내리십시오."

광해군은 내시를 불러 명령을 내렸다.

"정원군에게 별감을 보내 3일 안으로 집을 비우라고 이르게 하라."

내시는 어명을 받들어 별감을 정원군의 집으로 보냈다.

광해군이 즉위한 지 10년이 넘었건만, 아우 정원군에게 무슨 명을 내린 일은 한 번도 없었다. 정원군은 임해군의 죽음과 영창군의 죽음이 있은 뒤에 대문을 굳게 닫아 걸고 바깥 출입을 삼가했을 뿐만 아니라 찾아오는 사람도 만나지 않은 채 세상을 피해 살고 있었다.

그런데 갑자기 대전 별감이 찾아와서 어명을 전하러 왔으므로 집안의 분위기가 갑자기 뒤숭숭해졌다.

대전 별감은 정원군의 집 대문 안으로 들어서면서 큰 소리로 외쳤다.

"정원군은 어서 나와 어명을 받드시오."

정원군은 침착하게 대답하면서 조복으로 바꾸어 입은 후 밖으로 나

와 땅바닥에 단정히 꿇어앉아 어명을 기다렸다.

이윽고 별감이 어명을 전했다.

"정원군의 저택을 헐고 궁을 지으려 하니 3일 안으로 저택을 비우도록 하라."

그야말로 마른 하늘에 날벼락 같은 어명이어서 정원군은 자기의 귀를 의심할 지경이었다. 그러나 그는 어명을 거역할 수가 없었다.

"분부대로 거행하겠노라고 아뢰시오."

정원군의 어깨가 축 처졌다.

"3일 안으로 집을 내놓고 이사를 하되, 만약 어명을 어기는 날에는 큰 벌을 내리겠다는 분부가 있으시었소."

별감이 돌아가자, 정원군의 부인인 구씨가 입을 열었다.

"어인 일로 갑자기 집을 비우라고 하지요?"

"난들 알 수가 있소? 어명을 따를 수밖에 별도리가 없는 듯하오."

정원군은 길게 한숨을 내쉬었다. 이때 옆에서 아무 말 없이 부모의 대화를 듣고 있던 능양군이 말참견을 하고 나섰다.

"아버님, 상감마마의 명을 거역하지 마십시오. 만일 거역하셨다가는 큰 의심을 받으실 것입니다."

정원군의 귀가 번쩍 트였다.

"의심이라니, 무슨 소리를 들은 게로구나."

"이이첨 대감의 집에 드나드는 문객들의 입에서 나온 말을 이귀 대감의 아들인 이시백이 듣고 소자에게 알려주었습니다."

"그래 뭐라고 했다더냐?"

"새문안에 왕기가 서려 있는데, 그곳이 바로 우리 집이라고 했답니다."

"뭐? 우리 집에 왕기가 서려 있다고? 큰일 났구나."

정원군은 아들의 말을 듣고 깜짝 놀라 이튿날 아침에 서둘러서 집안 식구들을 모두 처가로 옮겼다.

이리하여 정원군의 저택은 헐리고 그 자리에 얼마 후 경덕궁이라는 큰 궁이 들어섰다.

광해군은 정원군을 내쫓고 궁궐을 세웠어도 여전히 불안한 마음을 떨쳐 버릴 수가 없었으므로 하루는 이이첨을 불러 물었다.

"새문안 정원군의 집터에 왕기가 서렸다 하여 그 자리에 경덕궁을 새로 지었으나 과인은 왕기가 땅에만 있는 것이 아니라 사람에게도 있다고 생각하오. 정원군에게 영특한 아이가 있을지도 모르는데 경의 생각은 어떠하오? 만일에 그런 아이가 있다면 미리 손을 쓰는 게 좋을 것 같은데……."

간특한 이이첨은 벌써 광해군의 뜻을 짐작하고 잠깐 생각한 끝에 이 기회에 자기와 세력을 다투는 신경희를 없애려고 결심했다.

신경희는 정원군의 부인 구씨의 외사촌으로 이이첨과 함께 폐모론을 주장했으며, 겉으로는 이이첨과 가까운 체했으나 마음속으로는 항상 이이첨의 세력을 은근히 시기하여 원수처럼 여기고 있었다.

"그래, 경의 생각은 어떤지 말씀을 해보시오."

광해군의 물음에 이이첨은 잔기침을 두어 번 하고 나서,

"소신도 그 점을 염두에 두고 항상 정원군의 집안일에 신경을 쓰고 있었사옵니다."

"그래 무슨 일이 있었소?"

"황공하오나 소신이 들은 바에 따르면 정원군 부인의 외사촌인 신경희가 정원군의 셋째아들인 능창군을 새 군주로 추대하려고 음모를 꾸

미고 있다 하옵니다. 신경희는 소신을 만날 때마다 능창군을 칭찬하며 제왕의 기상을 타고났다고 했사옵니다. 만일에 그리되면 조카인 군주의 세력을 등에 업고 온갖 못된 짓을 저지를 터이니, 이 기회에 그를 잡아다가 문초하심이 마땅한 줄로 아뢰옵니다."

광해군은 이이첨의 말에 화가 머리끝까지 치밀어 승지를 부른 뒤에 신경희와 능창군을 잡아들여 의금부에 하옥시킨 다음 엄하게 문초하라는 명령을 내렸다.

집을 빼앗기고 처가에서 울적한 나날을 보내고 있던 정원군은 어느 날 갑자기 셋째 아들이 잡혀가는 것을 보고 기가 막혔다. 정원군은 맏아들 능양군을 앞에 앉히고 눈물을 흘리며 간곡하게 말했다.

"네 아우가 역적모의를 했다고 갑자기 잡아가니 이런 억울한 일이 또 어디 있겠느냐? 하지만 일이 이렇게 되고 보니 어쩔 수가 없구나. 세도가 앞에 무릎을 꿇고 싶지는 않으나 능창을 살리기 위해서는 그 방법밖에는 없구나. 그러니 네가 유희분을 찾아가 사정해 보아라. 지금 임금을 움직일 사람은 유희분과 이이첨밖에 없다."

능양군은 평소에 아버지가 능창군을 특히 사랑하던 일을 떠올리고 아버지를 위로했다.

"아버님 너무 상심하시지 마십시오. 제가 유희분 대감을 찾아가 보겠습니다."

그로부터 며칠 후 능양군이 유희분을 만나러 가자, 그는 아침부터 가까이 지내는 사람들과 함께 기생들을 불러다 앉혀 놓고 술잔치를 벌이고 있었다.

능양군은 하인의 안내를 받으며 사랑채와 붙어 있는 방에서 유희분을 만나기 위해 기다리고 있는데, 사랑채에서 유희분의 아우인 유희량의 목소리가 들려 왔다.

"형님!"

"왜 그러느냐?"

"지금 능양군이 오셔서 형님 뵙기를 청하는데 이 방으로 모실까요?"

"능양군이 나를 만나러 온 것은 능창군 때문일 것이다."

"글쎄, 하여간 만나 보시는 게 인사가 아니겠소?"

"내가 술이 취했으니 그냥 돌려보내라. 오늘만 날이 아니지. 월향아, 노래를 부르지 않고, 뭐 하느냐?"

유희분의 말이 떨어지자 기생의 간드러진 노랫소리가 흘러나왔다.

한참을 그렇게 기다리던 능양군은 더 이상 참을 수가 없어 벌떡 일어났으며, 대문을 나서는 그의 입에서는 긴 한숨이 새어 나왔다.

"가증스럽고 야비한 놈!"

능양군은 이렇게 중얼거리며 침을 탁 뱉었다.

그 후 능창군은 강화도 교동으로 귀양을 갔다가 끝내 죽음을 당했으며, 정원군 역시 아들의 죽음을 슬퍼하다가 얼마 후에 죽었다.

반정의 음모

해가 바뀌어 광해군 15년 정월 초, 모악재 너머 진관사津寬寺에는 하루의 놀이로 절을 구경하기 위해 모인 듯한 세 사람의 선비들이 있었다.

진관사 안에는 10여 채의 집이 있었는데 명색은 여염집이었지만 사실은 모두 진관사와 깊은 인연을 맺고 절을 중심으로 하여 벌어먹는 사람들이 살고 있었다. 세 사람들은 그 중에서 가장 조용하고 외딴집으로 들어갔다.

이 세 사람은 이괄·장유·최명길이었다.

이괄은 그때 북병사로 임명되었으나 병을 핑계로 부임하지 않았는데, 그 까닭은 왕실의 부패가 극도에 이르렀기 때문이었다.

그는 나라를 위해 큰 뜻을 품었으나, 그것을 실천하지 못한 사람들과 사귀며 앞으로 큰 일을 벌이려고 계획한 끝에 몇 사람을 사귀게 되었는데, 그들은 판서를 지낸 장운익의 아들 장유와 장신, 그리고 원두표·최명길, 이귀의 아들 이시백·조익 등이었다.

이 날 이괄은 최명길·장유와 큰 일을 위해 조용히 의논할 일이 있어서 진관사 안의 외딴집을 찾게 되었으며, 이윽고 술상을 마주한 세 사람은 먼저 한 잔의 술로 목을 축인 다음에 이괄이 먼저 말을 꺼냈다.

"어떤 일을 꾀할 때에는 뜻을 같이 하는 사람을 모으고 때를 잘 맞추어야만 성공할 수 있는 법이오. 내 생각에는 이제 일어설 때도 되었고 동지도 어지간히 모았다고 보나, 문제는 누구를 새 군왕으로 추대하느냐 하는 문제와 또 하나는 성안에서 우리를 도와줄 사람이 얼마나 되느냐 하는 것이오."

"우리의 거사를 도와줄 사람이라면 병권을 쥐고 있는 자라야 되지 않겠소?"

이괄의 말에 이어 최명길이 입을 열었다.

"병권을 쥔 사람의 도움이 있어야 하는 것은 틀림없이 성공하기 위해서이나 병사를 일으켜 도와주기가 어렵다면 그대로 중립을 지키기만 해도 되는 거요."

이괄이 다시 두 사람에게 물었다.

"병권을 가진 사람 중에 누가 제일 좋겠소?"

"그건 뻔한 일이 아니오? 그대들을 청한 것도 그 때문인데 제일 알맞은 인물은 장공의 사돈 영감인 이 대장일 것이오."

이 대장이란 포도대장 이흥립을 가리키는 것이다.

장유는 아무 말없이 생각에 잠겨 있었다.

"우리 군사는?"

"우리에겐 장단 부사 이서의 군사가 있지 않소?"

"그것만으로 될까요?"

"무슨 소리를 하고 있소? 지휘만 잘하면 걱정 없소. 구굉具宏을 장단으로 보낸 것도 이서를 도와서 군사를 모으도록 함이 아니오?"

장단 부사 이서는 구굉과 이괄 등과 뜻이 맞아 벌써부터 1천여 명의 군졸들을 거느리고 있었다.

하지만 이괄은 그보다도 이흥립을 설득시키는 것이 더 중요하다면서 장유에게 그를 설득시켜 이번 거사에 나서게 해달라고 부탁했다. 이괄이 장유에게 당부한 까닭은 그의 아우인 장신이 이흥립의 사위였기 때문이었다. 이때 장유는

"그건 염려하지 마시오. 아우를 시켜서 우리의 뜻을 이흥립에게 알리고, 우리를 돕지 못할 바에는 그가 중립을 지키도록 만들 것이오."

"부디 그가 그렇게만 해준다면, 이번 거사는 틀림없이 성공할 것이오."

이괄의 말이 끝나자, 장유가 그에게 물었다.

"그건 그렇고, 다음 군주로 누구를 추대하는 것이 좋겠소?"

그러자 최명길이 나서서

"다음 군주는 종친 중에서 골라야지요."

하자, 이괄은 술을 한 잔 따라 마시고는,

"이 나라의 종친 중에서 왕위에 앉을 만한 인물이 몇이나 있다고 고르

고 어쩌고 한단 말이오?"

하면서 마음속으로 이미 작정해 둔 인물이 있는 듯한 표정을 지었으므로, 최명길이 몹시 의아해 하며 물었다.

"그럼 영감은 이미 생각해 둔 인물이 있단 말씀이오?"

"아무렴 있고말고."

"그 사람이 누구요?"

"지금은 세상을 떠난 정원군의 아들인 능양군이오."

"능양군이라……."

최명길과 장유는 서로를 바라보며 잠깐 동안 말이 없자, 이괄은 그들에게 설명하였다.

"능양군이 어째서 우리가 추대할 만한 인물인가를 말하겠소. 예부터 반정 거사는 성공하면 나라를 바로잡는 공을 세우는 것이 되나 실패하면 역적으로 삼족이 멸족당하는 화를 입게 되는 것이오. 그러므로 아무나 선뜻 나선다는 것은 꿈도 못 꿀 일이며, 적어도 왕실에 대하여 심각한 불평불만이 있고 이래도 못 살고 저래도 살 수 없다는 어떤 절박한 사정에 처한 사람이 아니면 자진해서 나설 수가 없는 법이오."

두 사람은 이괄의 설명을 듣고 그의 넓은 안목에 놀라움을 감추지 못했다.

"그런데 능양군의 말이 나왔으니 말이지만, 요즘 김유와 이귀가 가끔씩 능양군의 집을 드나든다는 소문이 나도는데, 혹시 이들이 무슨 일을 꾸미지나 않을지 걱정이 됩니다."

장유의 말에 이괄이 웃으며 대꾸했다.

"그들이 무슨 일을 꾸미거나 우리가 상관할 바 아니오. 우리는 그저 우리대로 계획을 밀고 나가기만 하면 되는 것이오."

이괄의 말대로 그들의 계획은 순조롭게 진행되었다. 그들이 이렇게 거사 준비를 하는 동안에 김유를 비롯하여 이귀·심기원·신경진 등은 그들대로 이귀의 집 사랑채나 새문 밖의 주막으로 자리를 옮겨가며 밀회를 계속했다.

이 날 진관사에서 만나 의견을 나눈 후 헤어진 세 사람은 각자가 맡은 임무를 수행하느라고 바쁘게 움직였다.

장유는 2일 후에 아우 장신에게 그의 장인인 이흥립을 찾아가 설득시키라고 했는데 장신이 그 날 저녁에 찾아가자, 이흥립은 사랑채에 앉아 있다가 그를 반겼다.

이흥립은 아들이 없는데다가 딸도 하나뿐이어서 장신을 아들처럼 여기고 사랑했다.

"어서 오게나. 그래 저녁은 먹었나?"

"예, 장인어른께서는 아직 저녁 전이십니까?"

"아직 생각이 없네."

이흥립은 한동안 장신을 바라보더니 물었다.

"자넨 어째서 과거를 보지 않는가?"

"이 조정에는 벼슬할 마음이 없습니다."

이흥립은 이 소리를 듣고 껄껄 웃으면서 말했다.

"자네도 그 흔한 우국지사가 되려는 게로구만."

"그럼 장인어른께서는 이 시국에 대해서 불만이 없으십니까?"

이흥립은 뜻밖의 질문에 약간 놀라는 빛을 보이며,

"왜 불만이야 없겠나. 하지만 불만을 말하기보다는 부귀를 누리며 사는 게 좋지 않겠나?"

하고 대답은 하면서도 장신이 무슨 마음을 품고 있다는 것을 눈치챘다.

"그렇게 지내시다가 뒷날에 세상이 바뀌기라도 하여 화라도 입으시면 어쩌시렵니까?"

장신은 이야기를 점점 이흥립을 설득하는 쪽으로 끌고 갔다.

"왜, 무슨 조짐이라도 보인단 말인가?"

"그렇습니다. 보인다기보다는 어떤 일이 아무도 모르게 조용히 진행되고 있습니다."

참으로 놀라운 말이 아닐 수 없다. 이흥립은 비스듬히 기댔던 자세를 바로 하면서 심각한 표정을 지었다.

"자네는 내 사위이니 괜찮지만, 그런 말을 다른 데서 경솔히 내뱉어서는 큰일나네."

"단단히 조심하고 있습니다."

"그 사실이 틀림없는가?"

"그렇습니다. 전 참판 김유와 전 평산 부사 이귀, 그리고……."

"뭐라고? 김유와 이귀가……."

"틀림없습니다."

"음!"

묵묵히 무엇인가를 생각하던 이흥립이 중얼거렸다.

"이귀가 중심이 되어 일을 꾸미고 있다면 확실하지."

"그 밖에 심기원과 신경진 등도 있습니다."

"이귀는 그런 소문이 돌아서 의금부에서 처벌이 내리기를 기다린 적도 있었지."

"이귀 영감이 그런 혐의를 여러 번 받고도 태연히 처벌을 기다릴 수 있었던 것은 김상궁이 상감의 의심을 막아 버리는 것을 믿고 있기 때문입니다. 김상궁은 궁궐에 드나드는 이시백의 누이인 예순이란 중을 딸처럼 사랑하기 때문에 그녀의 청으로 이귀에 대한 의심을 풀게 해주는 것입니다."

"예순이라는 여승은 지금은 세상을 떠난 김자겸의 아내였다면서?"

"그렇습지요."

"자네는 이 일이 꼭 성공하리라고 믿는가?"

"믿을 수 있습니다. 왜냐하면 지금 북병사 이괄도 이 일을 계획하고 있으며, 그와 손을 잡은 장단 부사 이서는 군사들을 기르고 있습니다."

이야기가 길어질수록 놀라운 사실뿐이었다. 장신의 입에서 이괄의 이름이 나올 때, 이흥립은 지그시 눈을 감고 몸을 좌우로 흔들었다. 이괄의 패기가 넘치는 모습이 떠올랐기 때문이다.

"이귀의 무리 중엔 어떤 인물들이 있는가?"

이흥립은 눈을 감은 채 다시 물었다.

"이서를 비롯하여 김유·구굉·최명길·원두표 등이 있습니다."

여전히 눈을 감은 채 고개를 끄덕인 이흥립은 장신에게 신신부탁을 하였다.

"이런 일이란 쥐도 새도 몰라야 하는 법. 혹시 취중에라도 입을 조심해야 할 것이야. 그런데 자넨 그런 비밀을 왜 나한테 밝히는가? 나를 그 일에 끌어들이기 위해서 그러는 모양인데, 만일에 내가 승낙하지 않으면 어쩔 셈인가?"

"예, 지당한 말씀이십니다."

말을 마친 장신은 품속에서 비수를 꺼내 그의 앞에 놓고, 또 무엇인지 종이에 싼 조그만 봉지를 내놓았다.

"이런 비밀을 털어놓았다가 승낙을 받지 못할 때는 상대방을 살려둘 수 없는 것입니다. 그러나 저를 친자식처럼 대해 주시는 장인어른을 차마 그럴 수는 없는 일이기에 이 봉지에 비상을 준비해 왔습니다. 만약에 장인어른께서 저의 청을 거절하신다면 이 자리에서 비상을 삼키고 자결하겠습니다."

이홍립은 장신이 꺼내 놓은 비수와 비상 봉지에 잠깐 눈길을 주었다가 결심한 듯 말했다.

"그래 사내대장부라면 그만한 각오는 돼 있어야지! 잘 알았으니 그 물건들을 집어넣게."

장신은 비수와 비상봉지를 다시 품속에 넣었다.

"이 자리에서 분명히 말해 두겠는데, 자네들이 일을 벌이더라도 절대로 포도 군사를 움직이지는 않을 것이야."

"장인어른! 이 은혜는 결코 잊지 않겠습니다."

고개를 숙여 고마움을 나타내는 장신의 얼굴에는 곧바로 생기가 돌았다.

이제 남은 일은 동지들의 굳은 단결과 비밀을 지키는 것뿐이었다. 다만 요즘 들어 염려되는 것은 이귀와 김유·김자점 등의 행동이 차차 밖으로 드러나 항간에는 멀지 않아 어떤 큰 일이 일어난다는 소문이 떠돌기 시작한 것이다. 비록 이귀의 딸이자 이시백의 누이인 예순이가 궁궐에 자주 드나들면서 김상궁을 어머니라 부르고, 또 김상궁의 힘으로 이귀에 대한 의혹을 막아 버린다고는 하지만, 그것도 한두 번이지 너무나 자주 사람들의 입에 오르다가는 반드시 어떤 화를 입을지 알 수 없는 것이다. 이를 사전에 막기 위해서는 이괄의 무리와 이귀의 무리들이 한데 뭉쳐 한 사람의 지휘를 받아야 한다고 장신은 생각했다.

또 거사 후에 민심을 안정시키기 위해서는 이귀 무리의 원로들을 앞세운다고 할지라도 행동에 있어서는 젊은 자기네들이 앞장서야 한다고 생각했다. 장신은 형인 장유를 통하여 이괄의 무리들에게 이흥립의 뜻을 전했다.

반정을 계획한 지 벌써 여러 달이 지났으므로 그들의 초조와 불안이 계속되던 중 마침내 거사일이 3월 13일로 정해졌다.

거사일이 정해지자 이괄 이하 젊은 무리들은 뿔뿔이 흩어져 자기가 맡은 임무에 매달렸다.

구굉과 원두표 등은 변장하고 장단 부사 이서를 찾아가서 눈에 띄지 않게 참모 역할을 하였고, 장신은 이흥립의 행동을 살피기 위해 처가로 가서 그가 중립을 지키기로 한 약속을 실천할 수 있게 도와주고 있었다.

또 김유는 몸이 불편하다는 핑계로 집에 찾아오는 손님을 만나지 않았으며, 이귀는 여느때처럼 손님도 만나고 바깥 출입도 하였다.

거사일이 2일 앞으로 다가오자 반정의 무리들은 불안과 초조와 흥분을 억누를 수가 없었으며, 하루가 천 년같이 더디기만 하였다.

1623년 3월 12일.

이 날 백성들의 눈에 띄지 않는 커다란 움직임이 세 가지 있었는데, 그 중의 하나는 장단읍의 움직임이었다.

이 날 장단 부사 이서는 군사를 다섯으로 나누어 한양을 향해 행군하라는 명령을 내렸다.

두 번째 움직임은 창덕궁 비원에서 열린 큰 잔치였다. 개나리꽃을 제외하고는 아직 꽃이 피지 않았지만 날씨가 따뜻한 비원에서 광해군은 6품 이상의 벼슬아치들을 모아 놓고 성대한 잔치를 베풀었다. 이 잔치는 이귀의 딸 예순이가 김상궁을 움직였고, 김상궁은 다시 광해군을 부추겨서 특별히 봄놀이를 겸해서 베푼 것이었다.

잔치가 한창 무르익어 모두들 먹고 마시며 즐겁게 노는데도 이 자리에 참석한 이흥립의 마음은 잔뜩 긴장되어 있었다.

오늘이 지나면 내일에는 새로운 세상이 열리는 것을 알고 있는 그는 한 치 앞을 모르는 것이 인간이라는 생각에서 벼슬아치들이 불쌍하게 여겨질 뿐이었다.

해가 많이 기울어졌을 때 선전관이 황급히 이흥립에게 와서 귀엣말을 하였다.

"돈의문 수문장이 와서 서문 밖 모화관을 지키는 송가란 자가 중대한 고변 사유가 있다고 해서 데려왔다고 합니다."

"고변?"

순간, 이흥립의 얼굴에 불안의 빛이 떠올랐다. 이흥립은 모화관의 김가라는 자를 잔치가 벌어지는 곳에서 조금 떨어진 곳으로 데리고 갔다.

이때 이흥립 옆에 서 있던 선전관이

"어서 고변을 아뢰어라."

하고 재촉하자, 김가는 떨리는 목소리로 말했다.

"역모 고변이올시다. 오늘 김유·이귀·이괄 등 서인西人의 일파가 장단 부사 이서와 짜고 성안으로 쳐들어올 계획입니다."

"너는 그 사실을 어떻게 알고 있느냐?"

"오늘 연서역으로 군사가 모여드는 것을 소인의 눈으로 똑똑히 보았고, 소인의 조카놈이 장단 관가의 이방으로 있기 때문에 그에게 들어서 알고 있습니다."

"틀림없으렷다. 만일 거짓말임이 드러나면 너의 목이 달아날 터인데 그래도 좋으냐?"

"틀림없습니다."

"내가 하는 말을 명심하거라. 만일 이런 말을 입 밖에 냈다가는 네 목을 벨 터이니 그리 알고 잠시 물러가 있거라."

이흥립은 김가에게 으름장을 놓은 후 선전관을 따로 불러 당부했다.

"저 자를 그냥 보냈다가는 또 무슨 헛소리를 지껄일지 모르니 포도청에 연락해서 내 허락이 있을 때까지 옥에 가두어 두라고 하게. 또한 돈의문 수문장에게도 입을 함부로 놀렸다가는 참수형을 면치 못할 것이라고 단단히 일러두게."

이리하여 상금을 바라고 고변하러 온 김가는 이흥립의 명으로 옥에 갇혔고, 이 사실은 아무한테도 알려지지 않았다.

인조반정

이처럼 위험한 순간이 비원의 한 모퉁이에서 벌어지고 있을 때, 동대문 밖 능양군의 외가 사랑에서는 능양군과 이귀가 조그만 약봉지 하나를 앞에 놓고 수군대고 있었다.

"동지의 한 사람이라고 해야 할는지 아무런 격식이 없이 이야기를 나눌 수 있는 것은 지금의 이 시간뿐입니다. 하늘의 도움이 있으리라고 믿으니 불안한 마음을 떨쳐 버리십시오. 그러나 한편으로는 세상의 일이란 알 수가 없으니 만일에 일이 실패하여 내일 새벽까지 아무 기별이 없을 때에는 이 약을 달여 드시고 깨끗한 최후를 맞이하셔야 됩니다."

이귀는 긴장된 표정으로 말을 끝냈는데, 이것은 이귀 개인의 뜻이 아니고 여러 동지들의 뜻이었다.

어느덧 날이 저물어 어둠이 점점 주위를 감싸기 시작했다.

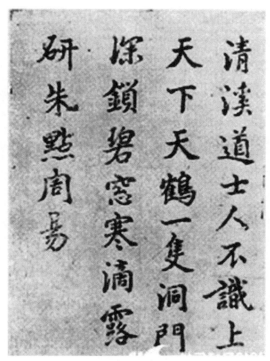

이괄 유묵 시고

淸溪道士人不識上
天下天鶴一隻洞門
深鎖碧窓寒滴露
硏朱點周易

한편 연서역은 밤이 깊어 갈수록 달빛이 밝아서 그곳에 모인 군사들의 행동에 많은 도움이 되었다.

이귀와 구굉·이괄·장신·심기원·원두표 등은 이서가 가져온 장막을 치고 그 속에 모여서 아직 나타나지 않는 김유를 기다리고 있었다.

이번 거사의 지휘는 김유와 이귀가 맡아서 하기로 되어 있었는데, 김유가 나타나지 않고 소식 또한 없었으므로 불안한 마음이 그들을 짓누르고 있었다.

이귀의 불안감은 한층 더했다.

'만일에 이번 거사가 어떤 자의 고발로 사전에 발각되어 김유가 관가

에 붙잡혔다면……'

이런 불안한 생각에 잠겨 있을 때 이괄이 다가와 물었다.

"안색이 좋지 않으신데, 무슨 걱정이라도 있습니까?"

"지휘자가 아직 나타나지 않으니 무슨 사고가 생긴 것 같아서 별의별 생각이 다 드는구려."

"설마 그럴 리가 있겠습니까? 우리가 이제 모든 준비를 끝냈으니 성안의 병사들이 모조리 쳐들어와도 두려울 게 하나도 없습니다. 그들과 한번 싸워 보는 것도 재미가 있겠지요."

이서는 아까부터 수백 명의 군사들을 단속하려고 바쁘게 움직이고 있었는데, 이귀가 그 모습을 유심히 바라보고 있다가 문득 이괄에게 물었다.

"지금 시간이 어찌 되었소?"

"자정이 멀지 않은 것 같습니다."

"큰일났군!"

이귀는 초조한 표정으로 모여든 동지들을 한동안 둘러보더니, 이괄에게 지휘를 맡기자고 하자, 그들은

"군사들을 빨리 움직여야 하니 그렇게 합시다."

하고 모두 찬성했으므로, 이괄은

"그럼 제가 여러분의 뜻에 따라 지휘자의 책임을 맡겠소."

하고 승낙했다. 이렇게 결정이 되자 이귀와 이괄, 그리고 몇 사람은 미리 만들어 놓은 단을 향해 걸어갔다.

잠깐 흐렸던 하늘이 맑아지고 보름이 가까운 밝은 달빛이 명령을 기다리며 질서 있게 늘어서 있는 군사들을 포근하게 감싸주고 있었다.

이괄이 단 위에 올라가 군령을 막 내리려고 할 때였다. 한 무리의 군

사들이 갑자기 소란스러운 가운데 말에서 내려 이괄에게로 달려오는 사람이 있었는데, 바로 김유였다.

지휘를 맡기로 한 김유가 늦게 다다르자, 이귀 이하 여러 동지는 그를 반가워하기는커녕 난처한 표정을 지었다. 김유를 본 이괄은 단 위에서 내려와 칼을 빼들고 그에게로 성큼성큼 다가가면서 큰 소리로 말했다.

"명색이 지휘자라는 사람이 이리 늦게 오니 일이 어찌 되겠소. 이제는 내가 지휘자이니 약속을 어긴 당신을 참수해야겠소."

그러자 이귀가 이괄의 앞을 가로막고 나서며 그를 달랬다.

"조금 참으시오. 약속을 어긴 그의 목을 베는 것이 당연할지 모르지만, 결과는 동지 하나 참수했다는 것밖에 아무것도 아니며, 중대한 거사를 앞에 두고 동지를 참수한다면, 모든 군사들의 사기를 떨어뜨리게 될 것이오."

이괄도 사실은 김유를 참수하려는 것이 아니었으므로 이귀의 말에 순순히 따르며,

"그럼 이제 지휘자가 왔으니 나는 물러나겠소."

하며 지휘를 김유에게 맡겼다.

이윽고 자시가 지나고 축시가 다 된 한밤중이 되자, 반정군은 등에 義의, 자를 크게 써서 붙인 후 성을 향해 재빠르게 움직이기 시작했다.

반정군이 창의문에 다다르자 원두표와 이기축 등이 미리 준비한 도끼로 성문을 세차게 두드리며,

"빨리 문을 열어라."

하고 외치자 문지기가 급히 문루에 올라 내려다보고 기겁을 하였다. 그도 그럴 것이 문 밖에는 검은 옷을 입은 군사들이 가득했고 또한 머지않아 반정이 있을 것이라는 소문이 떠돌았으므로 그는 두려움에 몸을 떨

면서,

"문을 열 테니 잠깐만 기다려 주시오."

하고 외쳤다.

이때 문을 두드리는 요란한 소리에 잠에서 깨어난 수문장과 군사들이 뛰어나왔다. 수문장이 문지기를 향해

"이 놈아, 문을 열지 마라!"

하고 호통을 치는데, 그 호통소리가 끝나기도 전에 수문장은 날아온 화살을 맞고 앞으로 고꾸라졌다.

어느 틈에 성벽을 타고 넘은 군사가 호통치는 수문장에게 화살을 쏘았던 것이다.

이윽고 성문이 열리고 반정군은 물밀 듯이 성 안으로 밀려들었고, 이괄은 군사들을 정돈하여 궁궐을 향해 나아갔다.

이때 승정원에 이러한 사실을 알린 자가 있어 영의정 박승종의 명령으로 포도대장 이흥립은 군사들을 거느리고 창덕궁 앞을 지켰고, 중군인 이괄은 파자교 일대에 진을 치고 있었다.

이흥립은 말을 탄 채 모든 군사에게 영을 내렸다.

"너희들은 내가 움직이는 대로 행동하되 만일에 이를 어기는 자가 있으면 그 자리에서 참수하겠다."

반정군은 원두표·이기축·김자점·최명길 등이 선봉에 서서 행진하고 조금 떨어져서 이괄과 그의 부하 군사, 그리고 맨 뒤에 이귀와 김유가 따랐다.

그러는 사이에 서서히 먼동이 트기 시작했고 반정군들이 금호문을 향해 고함을 치며 돌진하자, 고함소리를 들은 이흥립은 군사들을 이끌고 파자교를 향해 말머리를 돌렸다.

한편, 파자교를 지키고 있던 이곽은 고함소리와 함께 이흥립이 군사를 이끌고 오자, 그에게 영문을 물었다. 이에 이흥립은

　"형세가 우리한테 불리하니 군사를 다른 곳으로 옮기게."

하고 명했다.

　반정군은 아무런 저항도 받지 않고 금호문 앞에 다다르니 수문장 박효립이 문을 열었다. 이흥립이 미리 수문장에게도 손을 써 두었기 때문이어서 반정군들은 어렵지 않게 통과할 수 있었다.

　이때 광해군은 전날에 마신 술이 아직 덜 깨어 침상에 누워 있었는데, 김상궁이 밖에 나갔다가 허겁지겁 들어오면서 외쳤다.

　"마마, 큰일 났사옵니다. 반정군이 금호문을 지나 쳐들어온다고 하옵니다."

　"뭣이? 반정군이라고?"

　광해군은 반정군이란 소리를 듣자 정신이 번쩍 들어 침상에서 후닥닥 일어나며 외쳤다.

　"포도청 군사들은 무얼 하고 있느냐?"

　"포도대장은 이미 달아나 버렸다고 하옵니다."

　"뭐? 포도대장이 달아났어?"

　광해군은 깜짝 놀랐다.

　그러는 사이에 기절할 듯이 놀라 말문이 막혔다. 고함소리가 점점 가까이 들려오고 궁궐 안은 극도의 혼란 속으로 빠져들어 갔다. 사람들은 아우성을 치며 달아나기에 정신이 없었고, 반정군이 지른 불길이 하늘을 찌를 듯했다.

　김상궁은 이런 혼란 중에서도 자기의 친정으로 보낼 금은보화를 챙겨 궁녀에게 전한 다음 북문으로 내보내고 자기는 급히 무수리의 옷차

림으로 변장했다.

그러면서도 이번 반정군의 중심 인물이 이귀이며, 지난날 여러 차례나 그를 구해 주었으므로 설마 자기를 어쩌랴 싶어 마음을 놓고 있었다.

이때 광해군의 외치는 소리가 들렸다.

"종묘에 불이 붙었나 보아라!"

광해군은 생사를 눈앞에 두고 있으면서도 반정군의 지도자가 종친이라면 종묘에 불을 지를 리는 없다고 믿었기 때문에 종묘에 불이 났느냐고 묻는 것이었다.

그러나 대답하는 사람은 아무도 없었고, 그 대신 박승종이 헐레벌떡거리며 편전으로 뛰어 들어오더니 광해군 앞에 엎드려,

"상감마마……."

하고 부르짖었다.

광해군에게는 그 소리만 들어도 반가웠다. 모두들 제 목숨을 살피기 위해 임금의 곁을 떠나버린 마당에 박승종이 나타난 것은 정말로 고맙고 반가운 일이었다. 광해군은 망연히 서서 중얼거렸다.

"이게 도대체 어인 일이오? 어째서 이런 변고가 일어났단 말이오?"

"마마, 서둘러 옥체를 피하시옵소서."

"그대는 어찌하겠소?"

"신은 이미 늙었으니 이제 죽는다 해도 아무 여한이 없사옵니다."

광해군 앞에 엎드린 그의 눈에서는 눈물이 비 오듯 하였다. 이때 변숙의와 내시가 편전에 나타났으므로 박승종은 이들에게,

"그대들은 주상 전하를 모시고 속히 북문으로 가도록 하라."

라고 일렀다.

화광은 궁궐 안의 이곳저곳에서 충천했고 금호문 쪽에서는 군사들의

함성이 계속해서 들려 왔다. 반정군의 지도자들은 군사들에게 궁궐에 불을 지르지 말라고 엄명을 내렸으나 군사들은 반정이 성공했다는 것을 궁궐 밖에 알리기 위해 불을 놓았다.

북문에 이른 광해군은 몸을 와들와들 떨었다. 북문에 이르기는 했으나 성문이 굳게 닫혀 있어서 빠져나갈 수가 없었으므로 할 수 없이 광해 군은 내시의 어깨에 올라 간신히 성벽을 넘었다.

한편, 군사들의 호위를 받으며 궁궐에 들어온 능양군은 우선 인정전에 자리를 잡고 중신들에게 입궐하라고 일렀다.

이때 연락을 받고 맨 먼저 입궐한 사람은 병조 판서 권진權縉이었고, 그 뒤를 이어 여러 대신들이 서둘러 입궐했다.

반정의 열기가 채 가시기 전이어서 궁궐 안은 몹시 혼란했고, 능양군의 옆에는 이귀·김유·이괄 등이 서서 호위하고 있었다.

이윽고 맨 먼저 입궐한 권진이 능양군의 앞에 나아가 엎드려 절을 올리자, 이를 본 광해군 때의 신하들이 일제히 큰절을 올렸다.

절을 받은 능양군은 이귀에게 명령하여 모든 벼슬아치들을 일단 물리고 반정군의 지휘관들과 함께 앞으로 해야 할 일을 의논했다.

그리하여 첫째, 광해군을 잡아들여야 할 것이고, 둘째, 서궁에 갇혀 있는 인목대비께 사람을 보내 궁궐로 모셔올 것, 셋째 광해군 대의 벼슬아치들을 모두 내쫓은 후 새로 문무백관을 임명할 것 등을 결정했다.

이귀 등은 먼저 내시와 궁녀들을 안정시켰고, 이흥립과 상의하여 반정군들을 각 병영에 나누어 보내기로 했으며, 상금을 내걸고 광해군을 찾았다.

그러나 광해군의 행방은 변숙의와 내시와 함께 북문 밖으로 달아났다는 것 말고는 더 이상 그의 행방을 알 수가 없었다.

이 보고를 받은 능양군은 짜증을 냈다.

"그래 광해군의 행방을 아직까지 모르고 있다니……."

이때에 대전 별감이 어떤 노인을 데리고 와서 아뢰었다.

"이 노인은 전의를 지냈던 정남수라고 하는데 광해군의 행방을 알고 있다고 합니다."

이때 능양군은 그 노인에게 물었다.

"그래 노인께서 광해군의 행방을 알고 있소?"

"행방이 아니라 지금 숨어 있는 집을 이 두 눈으로 똑똑히 보고 달려왔습니다."

"어떻게 해서 보았다는 말이오? 자세히 말씀해 보시오."

"다름이 아니라 변숙의라는 후궁이 평소에 소인의 집을 알고 있었습니다. 그런데 변숙의가 갑자기 소인을 찾아와서 이번에 광해군이 몸을 피하느라 몹시 지쳐 있다면서 보약을 부탁하기에 약을 지어 갖다주고 왔습니다."

"노인장, 수고하셨소. 노인에게는 상금을 차차 내리겠거니와, 지금 곧 군사들을 그 집으로 안내하시오."

능양군은 곁에 서 있는 이귀에게 고개를 돌려 눈짓을 했다.

이리하여 정남수란 전의의 안내를 받고 들이닥친 군사들에게 붙잡힌 광해군은 창덕궁으로 끌려 왔다. 능양군은 이귀와 상의한 후 광해군을 우선 궁궐 안에 가두어 놓은 다음에 승지를 지냈던 홍봉서를 불러서 서궁에 있는 인목대비를 만나 보게 하였다.

인목대비는 그때 시녀들로부터 반정에 대한 보고를 받고 몹시 궁금하게 여기고 있다가 문안을 드리기 위해 궁궐에서 사람이 왔다는 연락을 받고 곧바로 그를 불러들이게 하였다.

홍봉서는 대비 앞에 이르러 예를 올린 다음 반정에 대한 소식을 자세히 전했다.

"능양군이 이귀·김유·이괄 등 동지들과 더불어 반정의 거사를 일으켜 오늘 새벽에 창덕궁을 점령하옵고 간신들을 지금 숙청 중에 있사옵니다. 능양군이 마땅히 달려와서 대비마마를 뵙고 문안을 드려야 할 것이오나 반정 후의 혼란을 가라앉히기 위해 잠시도 자리를 떠날 수 없는 형편이므로, 우선 소신을 보내서 거사의 전말을 아뢰옵고 겸하여 창덕궁의 뒷수습이 대충 끝나는 대로 대비마마를 몸소 모시러 오겠다고 하셨사옵니다."

홍봉서의 말이 끝내자, 대비가 그에게 물었다.

"광해군은 어찌 되었소?"

"지금 궁궐에 갇혀 있사옵니다."

홍봉서의 대답에 대비는 비로소 기쁜 표정을 지었다.

"그럼 옥새는?"

"옥새는 신왕께서 지내고 계십니다."

"신왕이라니, 새 임금이 뉘란 말이오?"

대비의 날카로운 물음에 홍봉서는,

"능양군 말씀이옵니다."

하고 대답했다.

"능양군이 누구의 허락으로 보위에 올랐단 말이오?"

갑자기 대비의 앙칼진 목소리가 홍봉서의 가슴에 박혔다.

"이제 보니 능양군은 임금의 자리가 탐나서 반정을 일으킨 게로구먼. 벌써부터 이 늙은 것을 무시하는 꼴을 보니 장래가 무섭다. 냉큼 돌아가서 능양군에게 제멋대로 올라앉은 자리 오래도록 누리라고 전하시게."

대비는 말을 끝내고 벌떡 일어섰다가 다시 앉으며 열어 놓았던 미닫이를 탕! 하고 닫아 버렸다.

　홍봉서는 어안이 벙벙했다. 무심결에 말 한마디를 내뱉었다가 대비의 큰 노염을 사게 된 것이다. 그는 곧 창덕궁으로 돌아와 이 사실을 능양군에게 보고했다.

　"허허, 큰일 났군. 대비의 말씀이 지당하시지!"

　능양군은 이번에는 이귀를 서궁으로 보냈다. 대비는 이귀가 찾아왔다는 시녀의 전갈을 받고 분부했다.

　"이리 뫼시어라."

　이귀가 대청에 올라 문안의 예를 갖추자, 대비는 그를 향해 대뜸 물었다.

　"이번 반정 의거의 자세한 경과는 홍봉서라는 위인에게 들어서 알고 있소. 그런데 능양군이 보위에 올랐다고 하니 도대체 누구의 허락으로 대통을 이었다는 거요?"

　"지당한 말씀이오며, 능양군이 보위에 올랐다는 것은 사실이 아니옵니다. 왜냐하면 반정 후 민심의 동요와 혼란을 가라앉히기 위해 능양군이 내리는 분부를 마치 임금이 내리는 분부로 잘못 알았기 때문이옵니다. 아뢰옵기 황송한 말씀이오나 능양군은 그런 실수를 범하실 분이 아니옵니다."

　대비는 이귀의 말에 안도하고 또한 느낀 바가 있는 듯이 부드러운 목소리로 말했다.

　"그것이 사실일진대, 난들 폭군을 내쫓고 종묘사직을 위하려는 이 마당에 무슨 트집을 잡겠소? 이제는 광해군을 선조 대왕의 영위 앞에 데려가 무릎을 꿇려 죄를 받게 한 뒤에 내치고, 내가 직접 능양군에게 옥새를 전하는 것이 이 나라의 법도가 아니겠소?"

"지당하신 말씀이옵니다. 멀지 않아 능양군께서 문후를 올리기 위해 마마를 찾아 뵈올 것입니다."

이귀는 이렇게 대답하며 대비 앞을 물러났으며, 그로부터 얼마 후 능양군은 서궁으로 가서 대비를 만나 큰절을 올리며 울먹이는 목소리로 말했다.

"그동안 적적한 이곳에서 온갖 고초를 겪으신 할마마마를 이제야 뵙게 되어 소손은 몸둘 바를 모르겠사옵니다."

능양군의 말에 가슴이 뭉클해진 대비는 그를 만나면 따져 보리라고 마음먹었던 감정이 봄 눈 녹듯이 녹아버리고 말았다.

"이 몸이 네 덕으로 자유를 되찾았으니 이 어찌 고마운 일이 아니겠느냐!"

"소손이 아니라 하늘이 보살피신 덕인 줄로 아옵니다."

"나는 네가 스스로 보위에 올랐다는 말을 듣고 잠깐 동안 괘씸하게 생각했는데, 사실은 그게 아니었더구나."

"천부당만부당한 일이옵니다. 대통을 이을 인물이야 할마마마께서 정하시기에 달렸다고 생각하고 있을 뿐, 감히 그런 방자한 생각을 할 수가 있사오리까."

"음!"

능양군의 말에 대비는 고개를 끄덕였다.

"내 말을 잘 듣거라. 나라에는 한시도 주인이 없어서는 안 되는 법이니 조정에 즉위식을 거행할 준비를 갖추되, 너는 옥새를 가져와 나에게 전하여라."

"예, 분부대로 따르겠사옵니다."

궁궐로 돌아온 능양군은 곧장 이귀에게 옥새를 주어 대비에게 바치라고 하였다. 그러나 옥새를 안고 대비 앞에 이른 그는 볼멘소리로,

"마마께서 옥새를 요구하신 까닭을 소신은 전혀 모르겠사옵니다."

라고 아뢰자, 인목대비도 이귀의 말뜻을 알아채고 그 까닭을 설명해 주었다.

"나에게는 자식이 없으니 내가 옥새를 가진들 무엇하겠소. 내가 옥새를 요구하는 것은 오직 이 나라의 체제를 중히 여기기 때문이오."

"그러시다면 정전에 납시어 대신들이 모인 가운데 정식으로 옥새를 새 임금에게 전하심이 옳을 것 같사옵니다."

대비는 이귀의 말을 듣고 그동안 정들었던 서궁을 떠나 정전으로 자리를 옮겼고 대신들을 불러들였다.

능양군은 김자점으로 하여금 모든 문을 지켜 다른 왕자가 들어오지 못하게 하고 모든 준비가 끝나자 대비에게 알렸으며 정전에 모습을 드러낸 대비는 모든 대신을 한번 둘러본 뒤에

"광해군은 이 세상에서 용서하지 못할 죄인이니 속히 처벌할 것이오. 나는 지난 10년을 서궁에 갇혀 지내다 이제 새로운 세상을 만났으니 실로 꿈만 같구려."

하고 내시에게 명하여 엎드려 있는 능양군을 당으로 오르게 한 후 친히 옥새를 그에게 전하며,

"위로 선왕의 뜻을 받들고, 아래로는 백성들을 잘 보살펴 만대에 걸쳐 성군 소리를 듣도록 하라."

고 대비는 이렇게 당부를 했으며, 이때 능양군은 세 번 절하고 옥새를 공손히 받았다.

이것이 1623년에 일어난 인조반정仁祖反正이며, 이 반정으로 조선왕조

16대 임금에 즉위한 사람이 능양군이었으니, 즉 인조이다.

그 뒤 광해군은 강화도에 유배되었고, 이괄의 난이 일어나자 태안으로 옮겨졌다가 다시 제주도로 유배되었으며, 1641년 67세에 그곳에서 세상을 떠났다.

요화 姚花 장희빈

숙종^{1661~1720년}은 현종의 큰아들이며, 이름은 순熔, 자는 명보明普이다.
1674년 8월 14세로 왕으로 즉위하였는데, 6년에 경신환국, 15년에 기사환국,
20년에 갑술환국이 일어나 그때마다 남인·서인 사이에 정권이 바뀌고
많은 사람들이 죽었다.

숙종 6년에 왕비 인경왕후 김씨가 세상을 떠나자, 이듬해 7년에 계비
민씨가 왕비로 들어왔으나 아들을 낳지 못하였고, 후궁인 숙원 장씨가
숙종의 총애를 받아 14년 10월에 왕자^{후일의 경종}를 낳았다.

숙종은 15년 정월에 왕자를 원자로 책봉하고 장씨를 희빈으로 봉하였다.
1689년 인현왕후 민씨는 폐출되었고 장희빈이 중전이 되었다. 이때
송시열이 인현왕후를 폐하는 것은 왕비가 후사를 낳을 가망이 있기 때문에
시기상조라고 주장하자 숙종은 송시열의 관직을 빼앗고 서인 일파를
조정에서 내쫓았다. 그리고 장희빈을 왕비로 승격시키고 원자를 세자로
책봉하였다.

폐비 민씨는 다시 왕비로 복위되고, 왕비 장씨는 다시 희빈으로
강봉되었으며, 1701년 사약을 받고 세상을 떠났다.

숙종은 호서·호남 지방에 시행하던 대동법을 영남에도 시행했으며,
상평통보라는 동전을 주조하여 시행하였다. 그리고 서원의 중첩 설치를
금하고, 서북인의 임용을 장려하였다.

숙종은 1720년, 60세에 세상을 떠났는데 그의 능호는 명릉으로 경기도
고양시 용두동 서오릉에 있다.

여인시대

경신대출척

14세의 어린 나이로 1675년 8월에 조선왕조 19대 임금이 된 숙종의 이름은 순이며, 18대 임금인 현종의 외아들이었다.

그는 어린 나이로 보위에 올랐으나 매우 영특하여 임금으로서 전혀 손색이 없었다.

그러나 항상 근심되는 것은 숙종의 나이가 어리고 가끔 병으로 자리에 눕게 되자 호시탐탐 보위를 노리는 불순한 무리들이 다시 움직이는 기미를 보였다. 더욱이 세상의 일이 변덕을 부리는 바람에 부왕인 현종은 세상을 떠나기 전에 '나 대신 믿고 따르라'면서 신신부탁한 허적을 죽게 만들었으므로 그는 걱정이 안 될 수가 없었다.

허적은 70평생을 살다가 마지막에는 역모 사건에 관련되어 사약을 받고 죽었으며, 삼족이 멸족당하는 화를 입었다.

허적은 현종 말년에 벼슬이 영의정에 오르고 현종이 승하할 때는 그의 유언을 받들어 숙종을 왕위에 오르게 했다.

그리고 숙종이 즉위한 뒤에도 영의정을 지내면서 서인들을 조정에서 쫓아냈고 자신이 속한 남인들의 세력을 키우려고 노력하였다.

그러자 서인들은 이 눈치를 채고 어떻게 해서든지 허적을 없애 버리려고 했으나 좋은 방법이 없어 그의 서자인 허견에게로 시선을 돌렸다.

서인들은 허견이 하는 일을 수상하게 여기고 그의 뒤를 샅샅이 조사하여 이상한 낌새가 보이면 즉시 관가에 고발하기로 의견을 모았다.

이런 사실을 알게 된 허적은 아들에게 서인들의 행동을 귀띔해 주고 심복들에게 아들의 행동을 몰래 살펴서 일러 달라고 부탁하였다.

하지만 허적의 귀에는 늘 허견에 대한 좋지 않은 소문만 들려 왔다.

어느 집 유부녀를 뚜쟁이로 하여금 꾀어내어 욕을 보였다는 둥 별의별 소문이 나도는 중에 제일 놀라운 소문은 허견이 종친인 복창군·복선군·복평군 등 삼형제와 짜고 복선군을 임금으로 세우기 위해 역모를 꾀한다는 소문이었다.

이 소문을 들은 허적이 허견을 불러서 주의시키면 그는 절대로 그런 일이 없다고 잡아뗐으므로 허적은 아들 때문에 한시도 마음 편한 날이 없었다.

그러던 중에 허견이 또 일을 저질렀다. 허견은 전부터 통역관인 이동구에게 아름다운 딸이 있는 것을 알고 언제나 잊지 않고 있었는데, 그녀가 얼마 후에 역시 통역관인 서효남의 며느리로 들어갔다.

이동구의 딸은 이름이 차옥次玉이며, 예쁘다는 소문이 자자했다. 허견은 어떻게 하면 그녀를 손에 넣을까 하고 벼르던 중 어느 날 술에 취해 이차옥을 생각하다가 마침내 일을 저지르고 말았다.

이차옥의 고모부인 이시정도 역시 통역관인데 새로 며느리를 보게 되어 잔치를 베풀었는데, 이 잔치에 이차옥도 참석하였다.

그런데 저녁때가 되고 손님들이 차차 돌아갈 때쯤 낯선 가마꾼 한 사

람이 들어오더니,

"사동아씨, 여기 계시지요? 아씨 시어머니께서 갑자기 위중하셔서 모
시러 왔습니다."

라고 말했으므로 이차옥은 급한 마음에 서둘러 그 사람을 따라가 가마
에 올랐다. 가마가 출발하자 이차옥의 몸종이 뒤따랐으나 중간에서 뒤
처지고 가마꾼들은 이차옥의 집으로 가지 않고 사직골의 어떤 작은 집
으로 들어가더니,

"여기는 아씨의 시어머니 친척 댁인데, 이 댁에 오셨다가 갑자기 아프
셔서 건넌방에 누워 계십니다."

하면서, 이차옥을 내려놓은 후 빈 가마를 멘 채 서둘러 그들은 떠나버렸
다.

이차옥은 시어머니가 누워 있다는 건넌방으로 다가가서 급히 방문을
열었다. 그런데 방 안에는 위독하다는 시어머니 대신 웬 사나이가 앉아
있다가 벌떡 일어나 이차옥의 손을 잡아끌면서 말했다.

"오, 차옥이 오래간만이오."

이차옥은 그때서야 이 사나이의 속임수에 걸려들었다는 걸 깨닫고
달아나려고 했으나 사나이에게 붙들려 그만 욕을 당하고 말았다.

그날 밤을 꼼짝없이 사나이에게 시달린 이차옥은 이튿날 아침 기회
를 보아 달아나려고 했으나 그의 감시가 심해 도저히 달아날 수가 없었
다. 또 이런 사실이 시집에 알려지면 곧장 쫓겨날 것 같아 꾹 참고 2일을
보냈다.

그리고 3일째 되는 날 밤에 비로소 그의 손아귀에서 벗어나 가마를
타고 한참을 가다가 가마가 멈추고 움직이지 않아 가마 밖으로 나와 보
니 바로, 그녀의 친정집 앞이었다.

이차옥이 자기 친정임을 알고 반가움이 앞서 뛰어 들어가자, 그동안 딸 때문에 애를 태우고 있던 그녀의 부모는 깜짝 놀라면서 딸에게 이번 사건의 자초지종을 물었다.

이때 그녀는 하인들이 물러간 뒤에 그동안의 일을 부모에게 자세히 이야기했고, 그녀의 부모는 분하고 괘씸한 마음을 억누를 수가 없어 하인에게 가마의 주인이 누구인지 자세하게 알아보게 하였다.

마침내 하인은 가마는 돈을 내고 빌렸다는 것을 알았고, 가마를 빌려준 곳을 찾아가서 물어보니 빌려 간 사람이 허견임을 알게 되었다.

이동구는 허견을 알고 있으나 그들의 권세가 자기보다 더 컸기 때문에 이 문제를 섣불리 꺼냈다가는 도리어 허물을 뒤집어 쓸 것 같았고, 또 딸이 집에 무사히 돌아왔으니 꾹 눌러 참는 수밖에 없다고 생각하여 이 문제를 덮어두고 말았다.

허견이 이차옥을 3일 동안이나 가두고 욕을 보인 곳은 청풍 부원군 김우명의 첩인 예정의 집이었다.

김우명은 조선왕조 18대 임금인 현종의 후비인 명성왕후 김씨의 아버지로서 숙종에게는 외할아버지가 되는 사람이다.

본디 예정은 허견의 처인 예형과 의자매 사이로 허견과도 친하게 지내는 처지였다.

그때는 서인과 남인이 서로의 행동을 감시하며 어떤 단서를 얻기 위해 자기의 심복을 아무도 모르게 들여보내는 것이 예사처럼 되어 있는 때였다. 따라서 허견도 서인이던 김우명의 집안일을 몰래 살피기 위해 처음에는 그의 집에 침모가 나가고 없는 틈을 타서 예정을 들여보냈는데, 그녀가 김우명의 마음을 사로잡게 해서 첩으로 들어앉게 하였다.

예정을 첩으로 만든 김우명은 얼마 후 그녀에게 집을 마련해주고 따로 살게 해주었다. 그 후 김우명이 세상을 떠나고 첩의 신세를 면한 예정은 다시 허견의 집을 드나들게 되었다.

허견의 처는 전에 병마절도사를 지낸 홍순민의 첩에게서 태어난 딸로 성질이 몹시 괴팍하고 마음씨가 곱지 않아 예정이 그의 집에 자주 드나들자, 혹시나 하는 생각에 허견을 의심하게 되었다.

그래서 예형은 예정의 집에 심부름하는 소녀를 들여보내 예정의 행동을 살피게 했는데, 하루는 허견이 그녀를 찾아와 건넌방에서 이틀 밤을 묵은 후 3일째 되는 날 밤에 떠나자 이 사실은 곧 소녀를 통해 예형에게 알려졌다. 이때 예형은 분을 삭이지 못한 채 이를 갈며 예정이 찾아오기만을 기다리고 있었다.

이런 사정을 전혀 모르고 있던 예정은 어느 날 보통 때처럼 예형을 만나러 갔는데, 이때 허견은 집에 없었다.

예정은 하루종일 예형과 함께 세상 돌아가는 이야기를 밤이 늦도록 나누다가 자고 가려고 마음먹고 있는데, 그때 갑자기 예형의 입에서 뜻밖의 말이 튀어 나왔다.

"호호호, 아우는 멀지 않아 옥동자를 낳을 모양이구먼. 이렇게 따뜻한 방에서 춥다고 떨고 있으니 말이야."

"형님도 별말씀을 다 하시오. 하늘을 봐야 별을 따는 것 아니오?"

"왜? 내가 들으니 옥동자를 낳을 수 있겠던데……."

"누가 무슨 말을 합디까?"

"흥, 시치미를 떼기는. 어째서 우리 서방님을 자네 집 건넌방에다 2일 동안이나 묵게 했나?"

예형의 얼굴에 갑자기 독기가 서리는 것을 본 예정은 기가 막혀 대꾸를 못 했으나, 예형은 아랑곳하지 않고 계속해서 비아냥거렸다.

"입이 열둘이라도 할 말이 없겠지?"

"형님, 지금 나를 어떻게 보고 하는 말이오?"

"이 여우 같은 년, 끝까지 시치미를 뗄 작정이야?"

예형이 옆에 놓인 목침을 들고 치려고 하자, 예정도 마침내 참았던 분노가 폭발하고 말았다.

"도대체 아무 죄도 없는 사람을 때리려고 하는 거예요? 자, 때릴 테면 때려 봐요."

예정은 예형에게로 머리를 들이대면서 발악하였다.

"네가 뭘 잘했다고 주둥아리를 함부로 놀리는 게야?"

예형은 더욱 큰소리를 치면서 예정의 머리채를 잡았다.

"아니, 형님의 그 잘난 서방님께서 어떤 계집 하나를 잡아 놓고 3일 동안이나 못된 짓을 했는데, 왜 아무 죄도 없는 나에게 그러는 거예요? 내 말이 거짓 같거든 훌륭한 서방님한테 물어보시구려."

"흥, 부원군 나리의 첩이라서 눈에 보이는 게 없는 모양인데, 죽은 영감쟁이의 첩을 누가 알아준다고 잘난 체해, 너를 그 영감쟁이와 맺어준 게 누군데, 배은망덕하게 굴어? 그건 그렇다 치고 어째서 우리 서방님이 네 집 건넌방에서 그런 짓을 했느냐 말이다. 네가 그 따위 짓에 싫증이 나니까 남의 계집을 데려다 붙여준 게 틀림없다."

예형은 화가 머리끝까지 치밀어 예정을 힘껏 밀어 버리자, 그녀는 문에 부딪혀 쓰러지면서 방바닥에 뒹굴고 말았다.

이런 일이 있던 이듬해 봄이었다. 김우명의 조카인 김석주가 세상을 떠난 김우명과의 옛 정의를 생각해서 예정을 가끔 찾아가 위로해 주곤 하였다.

그러던 중 김석주는 예정과 예형과의 사이에 허견의 못된 짓으로 인해 큰 싸움이 일어난 것을 알게 되었다.

어느 날 김석주가 예정을 찾아가,

"지금 형편으로는 좀 거북하시겠지만 꼭 참으시고 그 전처럼 허견의 집에 드나들면서 그곳의 움직임을 자세히 살펴주십시오."

하고 부탁했다. 예정은 김석주가 자기에게 마음을 써 주는 것을 언제나 고맙게 생각하고 있었으므로 그의 부탁을 흔쾌히 받아들여 다시 예형을 만나게 되었다.

"형님, 더러운 것이 사람의 정인 것 같네요. 형님과 싸운 후 다시는 찾지 않으려고 했으나 그동안에 든 정을 잊을 수가 없어서 이렇게 다시 형님을 만나러 왔어요. 그러니 싸웠던 일은 없었던 걸로 하고 그 전처럼 다정하게 지내도록 해요."

"아닌게 아니라 나도 그때 무슨 억하심정으로 그랬는지 아우가 떠난 뒤에 몹시 후회했다네. 그러니 싸웠던 일은 깨끗이 잊어버리고 예전처럼 지내도록 하세."

이리하여 예정은 그 전처럼 예형의 집을 드나들며 허견의 행동을 살피게 되었고, 김석주는 예정을 통해서 허견의 움직임을 자세히 들을 수가 있었다.

"허견이 날마다 만나는 사람은 벼슬을 하지 않은 사람들이며, 그들은 대개 차림새가 초라하고 부리는 하인도 없는 것 같았소. 허견은 그들 중에서도 복선군이란 종친과 가장 친한 것 같았으며, 밤중에 남의 눈을 피해서 몰래 찾아왔다가 한참 후에 슬그머니 사라지는 사람도 몇 명 있었소."

예정이 다녀간 며칠 후 김석주는 상동에 살고 있는 한성 좌윤인 남구만南九萬을 찾아갔다. 김석주는 예정에게서 들은 허견에 대한 이야기를 남구만에게 대강 들려주고, 이 기회에 허견을 처치하고 서인들이 다시 세력을 잡아야 할 것이라고 말했다.

그러잖아도 남인의 세력을 몰아내기 위해 애를 태우며 기회를 노리던 남구만은 김석주의 말을 듣고 숙종에게 상소했다.

신이 요즈음 장안에 떠도는 소문을 듣건대 청풍부원군 김우명은 이미 세상을 떠났으나 그의 첩인 오씨^{예정}가 허견의 처인 홍씨^{예형}과 의자매를 맺고 허견의 집을 마치 제집처럼 드나들었다고 하옵니다. 그런데 허견의 처는 제 남편과의 오씨 사이에 어떤 좋지 못한 관계가 이루어지고 있는 것으로 생각한 나머지 오씨에게 폭력을 행사하였사옵니다. 김우명의 첩인 오씨는 비록 천인이지만 중전의 서모가 되는 분이니 어찌 이 일을 그대로 덮어두겠사옵니까.

이 상소가 올라가자 이튿날에는 허적이 사연을 밝혀 상소했다.

신의 서자 허견의 처는 죽은 홍순민의 첩이 낳은 딸로서 성품이 괴팍하여 그 마음을 헤아리기가 어렵고 혼인도 속아서 한 것이옵니다. 또 김우명의 첩과 의자매를 맺은 후 절친하게 지낸다는 소문은 들었어도 서로 싸웠다는 소문은 처음 듣사옵니다. 아마 그의 성품이 고약하고 포악해서 그런 나쁜 소문이 떠도는 모양이오니 헤아려 주시옵소서.

그러자 이튿날에는 또다시 우윤인 신정이 상소를 하여 허견과 이차옥의 사건을 들추어 허적을 공격했다. 이때 숙종은 신정의 상소문을 포도대장 구일에게 건네어 이 사실을 조사해 올리라고 명령했다.

　구일은 어명을 받들어 그 날로 허견과 이차옥을 잡아 가두고 심문했는데, 이차옥이 그런 사실이 없다고 잡아떼는 바람에 뜬소문으로 돌리고 말았다. 그러자 남구만이 다시 상소를 올렸다.

　장안의 백성들이 다 알고 있는 바 허견은 집에서 하는 일없이
　패거리를 모아 시국을 비판하고 남의 집 유부녀 겁탈을 낙으로
　삼고 있사옵니다. 이번 사건을 살펴보면 허견의 처와 김우명의
　첩도 알고 있는데, 그들을 빼놓고 허견과 이차옥만을 불러서 물어
　보았으니 사건의 자세한 내용이 드러날 리가 있겠사옵니까. 게다가
　이번 사건은 허적과 절친한 대사헌 윤휴가 싸고 돌았기 때문에 결국
　뜬소문으로 처리되었사옵니다. 윤휴로 말할 것 같으면 그는 나라에서
　국법으로 소나무를 베지 못하게 했는데도 이를 어기며 소나무
　수천 그루를 베어 자기 집을 지었다고 하옵니다. 국법에는 소나무
　10그루만 베어도 사형에 처한다고 했는데, 법을 맡은 사헌부의
　우두머리가 그러니 법이 어찌 바르게 서겠사옵니까.

　이 상소문을 읽은 숙종은 눈살을 찌푸리며 즉시 형조 판서 이관징을 불러

　"과인이 듣자니 요즘 권문세가에서 자기들의 권세를 이용하여 부정을 저지르는 모양이니 이 사실들을 전부 조사해서 밝히도록 하시오."

하고 명령했다. 며칠 후 이관징이 임금께 보고했다.

　"전하 분부대로 조사해 본 결과 허견의 일은 지각없는 종들이 터무니없이 떠들어서 소문이 났던 것이며, 윤휴의 집을 살펴보니 집은 새로 지

었으나 모두가 헌 재목으로 지었사옵니다.”

이때 숙종은 남구만이 두 번이나 올린 상소는 전혀 근거가 없는 것인데도 남을 헐뜯으며 임금을 속인 것이라 하여 남구만의 벼슬을 빼앗은 다음 귀양을 보내고 말았다.

바로 이 무렵 강화도의 계선돈대繫船墩台를 쌓는 공사가 시작되어 팔도의 승병들을 불러 일을 시키고 수군 절도사 이우가 감독하게 되었다.

어느 날, 이우에게 무명인의 투서가 전달되었는데 현 시국을 비난하고 조정을 반대하는 글이었으므로 이우는 이 투서를 병조 판서인 김석주에게 보냈고, 김석주는 다음과 같은 투서를 조정에 전했다.

슬프다, 이때는 바로 나라가 위태롭기 그지없는 시기로구나, 임금은
나이가 어린데다가 병이 많고 약하며 정치는 몇몇 재상의 손에서
마음대로 행하여지니 백성은 모두 고통을 겪고 민심은 점점 불안하여
멀지 않아 내란이 일어날 것인즉, 남의 나라의 침략을 막으려고
돈대를 쌓는 것은 도리어 우스운 일이로구나, 여러분들은 이런 일을
그만두고 승병을 모집해 도성으로 들어가 삼개麻浦에서 기다려라.
그러면 의병은 승병과 힘을 합쳐서 소현 세자의 손자 임창군을
추대해 거사를 하겠노라.

투서를 읽은 모든 벼슬아치들은 당황해서 곧바로 어전 회의를 열어 대비책 마련에 급급했고 사태는 바로 눈앞에 닥친 것처럼 여겨졌다. 그리하여 투서한 사람을 붙잡기 위해 이우를 불러들여 조사하고 있을 때 이번에는 궁궐 근처에 투서를 던지고 갔으며, 그 투서에 따라 신성로의 종 거창을 범인으로 잡았다. 그런데 거창의 진술에 따르면 신성로와 이

환이란 자가 사사로운 일로 싸우다가 이환이 앙심을 품고 거짓말로 투서를 한 것이었다.

이로써 투서 사건은 싱겁게 끝났고 신성로와 거창은 억울하게 매를 맞고 무죄로 풀려났다.

그러나 이 일이 있은 후로 서인과 남인의 감정은 극도로 악화되어 당장에라도 폭발할 것 같았다. 이런 가운데 전부터 허적과 사이가 좋지 않던 허목이 다음과 같은 상소를 올렸다.

영의정 허적은 선왕의 유언을 받든 신하로 전하를 도와야 할
처지임에도 불구하고 당을 가려서 사람을 쓰고 교만함과 사치가 날로
심한 가운데 요즘에는 내시와 궁녀들과도 연결하여 전하의 동정을
몰래 살피고 있사옵니다. 그리고 그의 서자 허견은 아비의 세력을
믿고 양가의 부녀자를 강제로 욕보이고 백성들의 재물을 빼앗는
등 못된 짓을 일삼으나 조정에서는 아무도 그를 탄핵하지 않고,
그에 대한 여론을 일으키는 사람이 있어도 번번이 그 사람만 벌을
받으니 이같이 하다가는 종묘사직이 위태로워질 것이옵니다. 하오니
전하께서는 이에 알맞은 대책을 취해 주시기 바라옵니다.

숙종은 이 상소문을 읽고 화가 났다.

"한동안 조용하더니 또 남구만 같은 자가 생겼구면, 이 무슨 주제넘고 쓸데없는 짓인가? 영의정 허적은 나라의 기둥인데, 그를 어째서 해치려고 하는가?"

하고는 허목을 귀양보냈다. 숙종이 허적에 대하여 믿고 의지하는 마음은 이처럼 깊고 두터웠던 것이다.

허적의 처지가 이와 같이 반석처럼 튼튼해지자, 허견의 못된 짓은 날로 심해서 이제는 부녀자를 욕보이는 것에 그치지 않고 궁궐을 제집처럼 드나들었고 무기를 대량으로 만든다는 소문까지 나돌고 있었다. 그러나 이 때는 감히 입을 열어 탄핵하는 사람이 없었으므로 이것을 안타깝게 여긴 김석주가 직접 어전에 나아가 아뢰었다.

"전하! 허적은 간흉이요, 허견은 역적이오니 그들을 그냥 내버려 두시오면 뒷날 반드시 후회하실 날이 올 것이옵니다. 여러 사람들의 여론을 참고하시어 곧 그들의 사생활을 살펴보시기 바라옵니다."

숙종은 김석주의 말을 듣고 비로소 허적 부자를 의심하면서 곧 별군직인 이입신과 어영 대장인 박빈을 불러 명을 내렸다.,

"복선군과 허적 부자의 사생활을 밤낮으로 살펴서 보고하라."

숙종의 명에 따라 박빈은 허적 부자의 집을 살피고, 이입신은 가마꾼으로 변장하고 복선군의 집을 여러 번 드나들었으므로 시녀들과도 점점 친하게 되었다.

어느 날 새벽 이입신은 찬 서리를 맞고 덜덜 떨면서 복선군의 집 행랑채 아궁이에 불을 때는 시녀 옆으로 다가가서 불을 쬐며 이야기를 나누던 그는 뜻밖의 사실을 알게 되었다.

"아니, 손끝은 왜 그렇게 다쳤소. 몹시 아프겠구려."

"바느질을 하다가 바늘에 찔린 게 덧나서 그래요."

"바느질은 침모가 하는 게 아닌가?"

"한두 벌이라야지요."

"무슨 혼수 바느질인가?"

"혼수 바느질이 아니에요."

"그럼?"

文正公許穆八十二歲眞

허목

　"글쎄, 어디에 쓰려는지는 몰라도 한가위에 군복 1백 벌을 만들기 위해 밤에만 바느질을 했어요. 그래서 거의 마쳤는데, 또다시 몇 백 벌을 지을지 모른다고 하니, 그때는 어떻게 해낼지 모르겠어요."

　"그래 군복을 지을 옷감은 어떻게 마련하는가?"

　"어느 정승의 아드님이라는 분이 옷감을 가져온다는데, 그 분은 꼭 밤에만 왔다가 돌아가시지요."

　이입신은 큰 수확을 얻은 것을 기뻐하며 곧 김석주를 찾아가 이 사실을 알렸다.

한편, 이 날은 허적의 할아버지인 허잠이 충정공이라는 시호를 받는 날이었다. 허잠의 손자 허적이 나라의 중신이 되었으므로 그 공으로 시호를 받게 된 것이다. 허적의 집에서는 이날 아침부터 사당에 차례를 지내고 친척과 허적 부자의 벗들을 초청하여 큰 잔치를 벌이게 되었다.

그런데 아침부터 갑자기 비가 내렸으므로 허적은 걱정에 싸였으나 그렇다고 잔치를 다음 날로 미룰 수도 없는 일이었다. 그래서 곰곰이 궁리한 끝에 잔치를 치르기로 결정하고 비를 막기 위해 궁궐에서 장막을 빌려 왔다.

한편, 숙종은 비 오는 날에 잔치를 벌이는 허적을 도와주기 위해 신하를 불러

"오늘 영의정이 잔치를 벌인다는데 비가 와서 안 되었으니 궁궐에 있는 장막을 보내주시오."

하고 명령했다. 그러자 이때 숙종의 옆에서 고개를 숙이고 있던 내시가 아무 생각없이,

"장막은 벌써 영의정 댁에서 가져갔사옵니다."

하고 아뢰자, 이 말을 들은 숙종의 얼굴에 불쾌한 빛이 나타났다.

"궁궐의 물건을 과인의 허락도 받지 않고 마음대로 가져가다니 이런 괘씸한 일이 있나."

숙종이 허적에 대한 불쾌한 감정을 억누르고 있을 때 김석주가 급히 입궐하여 이입신이 알아낸 정보를 아뢰었으므로 숙종은 곧 무예별감을 허적의 집에 보내 잔치에 참석한 사람들을 살펴보게 했는데, 이때 두드러지게 눈에 띈 사람은 종친인 복선군 형제였다. 그리고 서인으로는 오두인 · 이단상 · 김만기 등 몇 사람뿐이었고, 그 밖에는 전부가 남인의

제상들 뿐이었다. 그 중에도 훈련대장 유혁연이 허적과 가장 가까운 자리에 앉아 있어서 다른 손님들의 시선을 집중케 했다.

무예별감은 모든 것을 살핀 후 곧바로 입궐하여 숙종에게 보고했으며, 내시가 즉시 허적의 집으로 가서 왕명을 전하고 유혁연과 김만기를 곧 입궐하라고 일렀다.

임금이 병조를 통하지 않고 직접 훈련대장을 부르는 것은 나라에 변이 일어나기 전에는 없는 일이다. 훈련대장이 입궐하는 것을 보고 다른 손님들도 그대로 태연히 앉아 있을 수 없었다. 부제학 유명천이 벌떡 일어서면서 허적을 향해

"대감, 아무래도 궁궐의 낌새가 이상하니 두 정승과 함께 입궐하셔서 무슨 일인지 알아보십시오."

하고 권하자, 허적은 잠시 무엇을 생각하는 듯이 앉아 있다가,

"작년 가을부터 상감이 우리들을 경계하시는 눈치더니 그동안 또 무슨 말이 들어간 모양일세."

하고는 유명천의 권고로 우의정 민희와 함께 입궐했다.

이윽고 그들이 궁궐에 들어가 승지에게 입궐한 까닭을 알리니 승지가 들어갔다가 나와서,

"전하께서 지금 두 정승을 만나고 싶지 않으니 그만 물러가라고 하십니다."

하였다. 허적과 민희는 승지의 말에 얼굴이 흙빛으로 변한 채 궁궐을 나왔다.

집으로 돌아온 허적은 아들 허견을 불러 요즘에 무슨 일을 했는지 물어보았으나 허견은 입을 딱 봉한 채 아무 대답도 하지 않았다.

허적은 하룻밤을 뜬눈으로 새우고 날이 밝자 곧 민희를 불러들였다.

"대감, 상감께 무슨 일이 있었을까요?"

민희가 먼저 입을 열었다.

"낸들 알 수 있소. 이제 운이 다 되어 남인이 몰살을 당하는 것이 아닌지 모르겠소."

"아무리 생각해도 주상께 처벌 당할 짓은 하지 않은 것 같습니다."

"그렇다면 괜찮겠지."

"그런데 기막히는 일이 있소이다."

"무슨 일인데 그러시오?"

"지난밤 포도대장 집에 하인을 두세 차례나 보냈는데, 그때까지 퇴궐하지 않았다기에 날이 밝은 후 무예별감을 통해 알아보니 어제 저녁에 의금부로 넘어갔다고 하더이다."

허적은 유혁연이 잡혀 들어갔다는 말을 듣고 깜짝 놀랐다.

"아니, 포도대장이 의금부에?"

"이게 도대체 어찌 된 일인지 궁금해서 미칠 것만 같소이다."

이런 걱정을 하는 가운데 또 하루가 지났다. 하지만 그때까지도 궁궐에서는 아무런 소식이 없었다.

한편 김석주는 그동안 자기의 심복 정원로를 시켜서 또 상소를 올리게 했다.

허견은 유혁연을 비롯하여 여러 사람을 모아 복선군을 왕으로 추대하려고 역모를 꾀하고 있음이 최근에 알려졌고 멀지 않아 행동으로 옮길 모양이니 속히 조처하시옵소서.

숙종은 이제 더 이상 참지 않았다. 허적이 경기도 가평으로 가서 숨어

버리려고 다급히 모든 것을 정리하고 있을 때 갑자기 포도청의 포졸들이 들이닥쳐 그를 붙잡아 갔으며, 허견도 달아났다가 붙들렸다. 그리고 복선군과 함께 그와 뜻을 같이하던 무리들이 모두 붙잡혔는데 그 숫자가 수백 명에 이르렀다.

숙종은 일곱 군데에 국문을 열고 그들을 엄중히 국문한 결과 역모 사건의 장본인 허견을 비롯하여 이와 관련된 허적·유혁연·복선군 삼형제·윤휴·민회·오시수·이태서 등은 모두 사약을 받거나 참수되었고, 그 밖의 사람들은 귀양을 갔다.

이 사건은 숙종 6년 경신년에 일어났으므로 이를 가리켜 '경신대출척庚申大黜陟' 또는 '삼복의 옥三福之獄'이라고 하며 이 사건으로 말미암아 남인은 세력을 잃었다.

경신대출척이 있은 후 김석주와 정원로 등은 역모를 고발한 공으로 보사공신이 되었으며, 김수항을 영의정으로 삼았는데 좌정승과 우정승, 육조 판서가 모두 서인으로 바뀌어 서인의 세력이 조정을 움직이게 되었다.

왕의 마음을 훔친 궁녀

숙종이 동궁으로 지내던 13세 때였다. 그때 인선왕후仁宣王后 장씨의 병세가 위독하게 되었는데, 보통 때와 다름없이 동궁이 문안을 드리려고 대왕대비의 처소로 가자, 때마침 대왕대비는 인선왕후의 처소로 가서 없고 궁녀들만 몇 명 있었다.

그래서 동궁은 대비의 방으로 들어가서 앉아 있는데 다른 궁녀들은 어느 틈에 사라지고 어린 궁녀만이 남아서 동궁의 시중을 들기 위해 서 있었다. 그런데 이 궁녀가 동궁의 눈에 매우 아름답게 보였으므로 그는 궁녀에게 어떻게 말을 붙일까를 궁리하다가 마침내 궁녀를 향해,

"여봐라, 내 등을 좀 긁어다오."

하고 명령했다. 그러자 궁녀는 잠깐 머뭇거리다가 동궁의 뒤로 가서 옷을 들치고 손을 넣어 조심스럽게 긁거 준 다음 물러나려 하는데 동궁이 갑자기 궁녀의 손목을 꽉 잡고,

"어디 그 손톱 좀 보자, 어째서 긁는 것이 어찌 그리 시원찮으냐?"

하고 손을 들여다보았으므로, 궁녀는 그만 수줍어서 고개를 돌려 버렸다.

"뭐가 그리 부끄러우냐?"

"……."

"네 성이 뭐냐?"

"장가라 하옵니다."

"내 얼굴이 붉어졌나 좀 보아라. 아까 어떤 궁녀가 장난으로 술을 권해서 한 모금 마셨는데, 혹시 얼굴이 붉어져서 꾸지람을 들을까 염려되는구나."

동궁의 말에 그때까지 수줍어하고 있던 궁녀가 고개를 들더니 생긋 웃으며 동궁의 얼굴을 바라보았다. 그러다가 무슨 생각이 들었는지 재빨리 고개를 숙인 채 얼굴을 조금 돌리며 대답했다.

"소녀의 눈에는 아무렇지 않게 보이옵니다."

사실은 술을 마신 것이 아니고 궁녀의 얼굴을 가까이서 보자는 뜻에서 나온 말이었으므로 동궁은 마침내 궁녀의 얼굴을 자세히 볼 수 있었는데 몹시 예뻤다.

바로 이때 뜰에서 인기척이 들렸다. 대왕대비가 돌아오는 것을 알아챈 궁녀는 급히 문을 열고 나가서 맞이했고, 동궁도 방에서 나와 대왕대비를 맞이했다.

이때부터 동궁은 대왕대비의 처소에 왔다가 그 궁녀를 보면 몰래 미소를 보내고 그럴 때마다 궁녀는 수줍어하며 고개를 돌리곤 했는데 이러는 사이에 어느덧 두 사람의 사랑이 싹을 틔우기 시작했다.

세월은 흘러 그동안에 왕대비와 헌종이 세상을 떠나고 동궁이던 세자가 14세의 나이로 왕위에 올랐는데 이 분이 숙종이었다.

세자가 왕위에 오르자 뛸 듯이 기뻐한 사람은 바로 그 궁녀였다.

어느덧 2년의 세월이 흐른 겨울의 어느 날 눈이 내리는 밤에 숙종은 궁녀의 처소를 찾아가 문을 두드리자, 문을 열고 숙종을 반갑게 맞이한 궁녀는

"상감마마, 소녀 문안 여쭈옵니다."

하고 숙종에게 큰절을 올렸다.

궁녀는 이런 일이 있을 줄 미리 짐작했고 또 며칠 전에는 황룡이 자기 몸을 친친 감았던 꿈을 꾼 적도 있었으므로 이상스럽게 생각하고 그때부터 화장을 하며 기다리고 있던 터였다.

그녀는 곧 방장을 두르고 홍초에 불을 켠 다음 공손히 서서 분부만 기다렸다. 이때 그녀의 얼굴은 2년 전보다 더 고왔고 태도도 그전보다 점잖아졌다. 얼마 후 숙종은 깔아 놓은 비단 이불 한쪽을 젖히고 장씨의 손목을 잡아끌었다.

그 날 이후 숙종은 그 궁녀를 자주 찾게 되었고, 그에 따라 애정도 차차 깊어만 갔다.

이듬해 봄, 숙종은 호조 판서인 김만기의 딸을 중전으로 맞이했는데,

숙종과 동갑인 중전은 모든 면에서 어른을 앞지를 정도로 영리했고 성격도 활달했다. 중전은 새 주인이 된 지 얼마 후에 숙종의 마음이 어디에 기울어져 있는가를 단번에 알아챘다. 그래서 하루는 대왕대비에게 문안을 드리러 갔을 때 자신의 의견을 말했다.

"소녀가 무엇을 아오리까마는 들으니 주상이 궁궐 안에다 총애하는 궁녀를 두고 있다고 하는데, 그 궁녀를 그대로 두었다가는 왕실에 누가 될 것 같사옵니다. 그러하오니 그 궁녀에게 직첩을 내리시어 처소를 따로 정해 주심이 옳은 줄로 아뢰옵니다."

대왕대비는 그 말을 듣자 중전이 너무도 기특하고 고마웠다. 진작부터 그 궁녀의 직첩을 주려고 했으나 그렇게 하면 중전이 서운해 하지나 않을까 염려되어 꾹 참고 있던 터였다.

"중전의 마음씀이 너무도 기특하구려, 그러나 궁녀로서 어떤 공이 없으면 후궁으로 책봉하지 못하는 법인즉, 아직 직첩은 정해 줄 수 없고 처소나 따로 정해 주려고 하오."

이때부터 그 궁녀는 응향각으로 거처를 옮겨 지내게 되었으며, 그녀가 왕자라도 낳게 되면 직첩이 내릴 것이었다. 그런데 얼마 후 궁궐 안에서 수군거리는 말들이 들리기 시작했는데 그것은 숙종이 응향각을 드나들 때마다 궁녀가 중전을 비난한다는 내용이었다.

중전은 처음에는 남의 말을 하기 좋아하는 궁녀들이 철없이 지껄이는 것이라고 생각했다. 그러나 이런 말들이 여러 궁녀들의 입을 통해 귀에 들어오자, 중전도 그냥 넘길 일이 아니라고 생각하고 있는 터에 어떤 궁녀가 권했다.

"황공한 말씀이오나 궁녀처럼 꾸미시고 응향각 장씨의 거동을 한번 살펴보시옵소서."

중전도 그 말을 옳게 여겨 응향각의 거동을 살피기로 마음먹고 어느 날 밤 궁녀로 변장하여 응향각의 창밑으로 다가가 방 안의 대화에 귀를 기울였다. 무슨 말을 얼마나 주고받았는지는 몰라도 숙종과 장씨 사이에는 한창 분위기가 무르익어 가고 있었다.

숙종의 호탕한 웃음소리와 장씨의 간드러진 웃음소리가 한참이나 계속되다가 갑자기 장씨의 앙칼진 목소리가 들려 왔다.

"전하 얼마 전에는 중전이 전하에 대해서 이런 말을 했다고 하옵니다. '그게 무슨 임금이야. 그래 요사스러운 계집에게 홀려서 중전이 무엇인지 임금 노릇을 어떻게 하는지도 모른 채 그년의 치마폭에 휩싸여 헤어나지 못하는 것이……. 그년부터 능지처참해 버려야 나라가 잘 되지'라고 말입니다. 소녀는 그 말을 들은 뒤로 너무나 치가 떨리고 분해서 못 견디겠사옵니다."

"중전이 그런 말을 했을 리가 있나."

"중전은 무슨 중전이옵니까?"

"임금의 마누라니 중전이지."

"왕비는 누가 왕비이며, 전하를 누가 먼저 모셨어요? 전하를 먼저 모신 사람이 정비가 아니에요? 호호호호."

이런 소리를 몰래 숨어서 듣고 있던 중진은 너무나 해괴하고 몸이 떨려서 그 자리를 떠났다.

자기 처소로 돌아온 중전은 곧 궁녀를 불러서 응향각에서 있었던 일을 자세히 들려준 후 그대로 적어서 이튿날 아침 궁녀를 통해 그 편지를 대왕대비에게 전했다.

이 글을 본 대왕대비는 깜짝 놀라며 편지를 자리 밑에 넣어 둔 후 따로 지밀나인을 보내 며칠 동안 응향각의 동정을 살피게 하였다. 그랬더니 과연 편지의 내용과 같았으므로 장씨를 불러서 꾸짖고 궁궐 밖의 자기 집으로 내쫓아 버렸다.

장씨가 궁궐에서 쫓겨나 자기 집으로 돌아온 때는 숙종 5년의 늦가을 이었는데, 집으로 쫓겨난 그녀는 머리를 싸매고 드러누워서 한숨으로 날을 보냈고, 그녀의 어머니 윤씨 또한 딸이 안타까워했으나 어쩔 수가 없는 일이었다.

그러던 어느 날, 이들 모녀의 집 대문을 두드리는 소리가 들려 부랴부랴 문을 열어 준 윤씨가 밖에 서 있는 남자를 보고 깜짝 놀랐다.

"아니, 나리께서 어인 일이십니까?"

"쉿! 조용히 하게. 남의 눈을 피해서 오느라고 혼이 났네. 따님은 방에 계신가?"

"원 이런 미안할 데가 있습니까? 어서 들어오십시오."

이 날 찾아온 남자는 숭선군崇善君의 아들 동평군東平君으로, 윤씨가 그전에 그 집의 침모로 가 있던 곳이어서 그와는 낯이 익은 사이였다.

동평군이 방에 자리를 잡자, 이윽고 윤씨가 딸을 데리고 나타났다.

"나리 오래간만에 뵙습니다."

장씨는 허리를 반쯤 숙여서 인사했다.

"그래 이번에 뜻밖의 일을 당해 얼마나 안타까우신가?"

"모두가 소녀의 팔자이니 어쩌겠습니까."

"지금 밖에서 애쓰는 사람들이 있으니까 얼마 동안만 꾹 참고 기다리게. 상감께서 다시 부르실 게야."

"그 말씀이 정말이십니까?"

장씨는 반신반의하면서도 기쁜 마음이 들어 물었다.

"내가 왜 헛소리를 지껄이겠는가."

동평군은 장씨 귀에 입을 갖다 대고 그동안의 사정을 자세히 들려주었다.

"중전이 자네를 질투하고 미워해서 내쫓았으나 상감은 중전보다 자네를 사랑했으므로 결코 잊지 못할 것이네. 또한 대왕대비가 순간적으로 그런 처분을 내렸으나, 조사석이 궁궐에 들어가서 그분의 마음을 돌리려고 애쓰고 있으니 다시 입궐할 날이 멀지 않았어. 그러니 마음을 굳게 먹고 차분히 기다리게."

조사석은 대왕대비의 아버지인 조창원의 사촌 아우로서 대왕대비가 가장 믿는 사람이었다. 그녀는 동평군의 말이 끝나자.

"소녀를 그처럼 아껴 주시니 고마운 마음을 어찌 갚아야 할지 모르겠습니다."

하고 사례하였다.

그러나 이듬해 경신대출척으로 말미암아 허적 등 남인 일파가 쫓겨나는 바람에 남인이었던 동평군과 조사석은 행동을 조심하며 숨을 죽이고 있는 바람에 장씨의 재입궐 문제는 한때 주춤하게 되었다.

그러던 중 궁궐에 슬픈 일이 일어났다. 중전이 하룻밤 사이에 병을 얻어 갑자기 세상을 떠난 것이다. 이때 온 백성이 슬픔 속에 잠겨 있을 때 오직 한 사람만이 기뻐하고 있었으니, 그는 바로 장씨였다. 그녀는 하루 빨리 숙종이 자기를 불러들여 주기만을 기다리며 대문 쪽으로 신경을 모으고 있었으나 그녀의 바램은 쉽게 이루어지지 않았다.

이럴 즈음에 장씨의 가슴을 서늘하게 만든 소식이 들렸는데 그것은 숙종이 다시 왕비를 간택한다는 것이었다. 장씨는 이 소식을 듣고 하늘이 무너지는 것 같았으나 어쩔 수가 없었으며, 한편으로는 새로 맞이하게 될 왕비에 관심이 쏠렸다.

그로부터 얼마 후 마침내 새 왕비가 결정되었는데 궁궐의 안주인은 서인의 거물인 민유중의 둘째 딸이자, 송준길의 외손녀였다.

한동안 쓸쓸하던 중궁전에는 또다시 봄바람이 일기 시작했다. 새 왕비 민씨에 대한 숙종의 정은 날이 갈수록 깊어져서 장씨를 완전히 잊은 듯하였고, 숙종도 나라를 다스리는 데에 신경을 썼으므로 모든 것이 제자리를 잡은 듯이 보였다.

인현왕후의 복위

새 왕비 민씨閔氏가 입궐한 지 어느덧 6년이란 세월이 흘렀다. 그동안에 궁궐 안은 아무 일없이 평온한 것 같았으나 자세히 살펴보면 걱정되는 일이 한두 가지가 아니었다.

그중에서 가장 큰 걱정은 6년이나 지나도록 중전이 아이를 낳지 못하는 것이었다. 숙종은 어쩌다가 중궁전에 들르기라도 하면 중전에게.

"대왕대비와 왕대비께서 모두 왕자를 기다리고 계시니 그분들을 뵈올 면목이 없구려. 요즘에는 가끔 장녀의 생각이 나는데, 지금 어찌 지내고 있는지 모르겠소."

중전은 그런 말을 들을 때마다 몸둘 곳을 몰랐으며, 장녀의 말만 나오면 마음이 불안해졌다.

"소첩의 죄가 너무 큰 것 같아 죄송할 따름이옵니다. 그러하오나 장녀가 대체 누구이온지요?"

"중전은 알 것 없소."

"그래도 말씀해 주십시오."

"까닭없이 질투나 하려고 그러시오?"

"설마 그럴 리가 있겠어요? 그런 염려는 하지 마시고, 도대체 누군지 말씀해 주시어요."

"그러지요. 과인이 동궁 시절이었을 때 어린 궁녀가 있었는데 아주 예뻤어요. 그런데 과인이 즉위한 후 그 궁녀를 가까이 하자 대왕대비께서 그걸 아시고 궁궐 밖으로 내쳐 버렸는데 그 궁녀가 바로 장녀요."

숙종의 말을 들은 중전은 신경이 몹시 날카로워지면서 숙종을 쏘아보며 그 말의 뜻이 어디에 있는가를 곰곰이 생각하다가,

"그럼 전하께서는 그 장녀를 만나고 싶으십니까?"

하고 물었다.

"만나고 싶은들 옛날에 쫓아낸 궁녀를 다시 불러들일 수가 있겠소?"

"왜요?"

"궁궐 일이란 마음대로 되지 않으니 말이오."

"전하!"

중전은 자세를 바로 하면서 말을 이었다.

"전하께서는 이 나라의 임금이십니다. 장녀가 비록 죄를 짓고 쫓겨났더라도 임금은 그 죄를 용서하고 다시 불러들일 수 있는 것 아니옵니까? 그러하오니 소첩은 생각하시지 마시고 그 장녀라는 궁녀를 빨리 불러들이오소서. 그래야만 어진 임금으로 존경을 받으실 것이옵니다."

"그렇지만 대왕대비나 왕대비께서 허락해 주실 것 같소?"

"그건 걱정하지 마세요. 소첩이 두 분 어른께 여쭈어 허락을 받도록 힘쓰겠사옵니다."

중전의 말을 들은 숙종은 얼굴이 밝아졌다.

"중전이 나서 준다면 무척 고마운 일이지요. 그러나 미안해서……."

"별말씀을 다 하시네요. 소첩에게 미안한 생각을 가지실 필요는 없사옵니다."

이런 대화가 있은 후 어느 날 중전은 대왕대비에게 가서 문안을 드린 후에 장녀에 대한 말을 꺼냈다.

"아뢰옵기 황송하오나 소첩은 나이 20이 되었으나 몸에 병이 있사와 아이를 낳지 못하는 것 같사오니, 나라의 후사가 끊기기 전에 미리 이에 대한 계책을 베푸셔야 할 줄로 아뢰옵니다."

대왕대비는 놀라는 표정으로 중전을 바라보며 대답했다.

"그러기에 말이오. 중전이 입궐한 지가 벌써 6년이 지났는데 아무런 기미가 보이지 않으니 참으로 걱정이 아닐 수 없소."

"듣자온즉 예전에 주상의 총애를 받았던 장녀라는 궁녀가 있었다 하옵는데, 그 궁녀가 어떤 죄를 지어 내쫓기게 되었는지는 모르오나 그렇더라도 벌써 8년이 흘렀으면 충분히 자기 죄를 뉘우치고 반성했을 것 같사옵니다. 하오니 대왕대비께오서 너그러우신 처분을 내리시어 그녀를 다시 입궐토록 하시오면 후사가 있을 것도 같사오니 바라옵건대 하해 같으신 자비를 베푸시어 입궐토록 허락하시옵소서."

"중전의 심덕이 매우 갸륵하오. 그 궁녀가 들어오는 것을 누구보다도 반대해야 할 중전이 도리어 그의 입궐을 바라니 이런 고마울 일이 어디 있겠소. 그러면 내 중전의 청대로 해볼 터이니, 오늘은 이만 물러가도록 하시오."

"그럼 소첩은 이만 물러가겠사옵니다."

그 후 숙종 12년 4월 어느 날, 숙종은 온갖 꽃이 향기를 뿜으며 피어 있는 후원에서 잔치를 베풀어 두 대비를 모신 채 따뜻한 봄날을 즐기고 있었다. 이때 숙종이 손수 술을 따라 대왕대비에게 잔을 올리자 대왕대비는 술잔을 받으며 한마디 했다.

"아무 걱정없이 이런 놀이를 즐긴다면 얼마나 좋을꼬?"

"아니, 할마마마께 무슨 걱정이라도 있으시옵니까?"

"내 생전에 주상의 후사를 보지 못하고 죽을까 봐 그것이 큰 걱정이오. 그 전 중전도 후사가 없이 갑자기 세상을 떠났고, 이번 중전도 입궐한 지 벌써 6년이 지났으나 지금까지 아무런 소식이 없는 걸 보니 아마 이대로 가다가는 후사를 보기 어려울 것 같으니 후궁이라도 두어서 대가 끊기지 않도록 하는 것이 옳을 듯하오."

그러자 왕대비가 입을 열었다.

"그러하오나 주상의 나이 아직 30이 못 되었으니 그리 크게 걱정할 일은 아닌 것 같사옵니다. 더 기다려 보아야 되지 않겠사옵니까?"

"그 말도 옳기는 하나 그렇다고 계속 기다리고 있을 수만은 없는 노릇이 아니오?"

"하오시면 대왕대비마마께 어떤 좋은 방법이 있으신지요?"

"있다마다. 지금으로부터 8년 전에 죄를 짓고 쫓겨난 장녀라는 궁녀가 있지 않았소? 그동안 많은 세월이 지났으므로 지금쯤은 잘못을 뉘우치고 좋은 사람이 되었을 듯하니 이제 그녀를 다시 입궐케 하면 첫째, 젊은 궁녀의 원망을 풀어주는 것이 되어 주상의 높은 덕을 우러러 받들 것이고, 둘째 이미 가까이 지냈던 궁녀이니 다른 궁녀보다 주상을 더 잘 알고 도울 게 아니겠소? 그런즉 이 늙은이 생각으로는 그를 다시 입궐케 하는 것이 좋을 듯한데 어떠시오?"

대왕대비의 말이 끝나자, 왕대비는 숙종과 중전의 얼굴을 번갈아 바라보다가,

"대왕대비께서 그렇게 생각하신다면 제가 어찌 감히 반대하겠습니

까. 곧 날을 택하여 그녀를 불러들이도록 하심이 옳은 줄로 아뢰옵니다."

하고 대답했다.

며칠 후 왕대비가 그녀의 사촌 오라버니인 김석주가 왕대비를 만나러 왔을 때의 일이다. 왕대비는 김석주에게 이번에 장녀를 다시 불러들이게 된 까닭을 말하고 이에 대한 의견을 물어보았다. 그러자 김석주는 불안한 기색을 감추지 못한 채 대답했다.

"마마. 무슨 말씀이오니까? 새삼스럽게 장녀를 다시 입궐시킨다니 이게 어찌 된 일이오니까?"

"왜 그러시오? 그렇게까지 놀라실 게 무엇이오?"

김석주는 두 눈을 더욱 크게 뜨면서,

"마마, 아직까지 자세한 말씀을 올리지 못했으니 모르고 계시겠지만, 장녀는 성품이 교만 방자하고 무례하여 궁궐에서 내쫓긴 것이 아닙니까?"

"그랬지요."

"그러나 8년이란 세월이 흐른 지금에도 뉘우치기는커녕 도리어 상감께 원망을 품고 있으면서 다시 입궐하면 그동안 쌓인 원망을 풀려고 기회를 노리고 있었습니다. 그러나 일이 뜻대로 안 되자, 이번에는 엉뚱한 마음을 품게 되었습니다."

"무슨 엉뚱한 마음을 가졌다는 겁니까?"

"참으로 기막힌 일입니다. 지금 세상이 모두 서인 천지가 되어서 남인이 서인을 조정에서 몰아내려고 벼르는 이때에, 이런 낌새를 알고 남인 거물들과 몰래 연락해서 무슨 수를 쓰더라도 남인을 다시 일으켜 그 세력을 이용해 보려는 엄청난 계획을 꾸미고 있다는 것입니다. 그러니 장

인현왕후릉

녀가 다시 입궐하여 상감의 총애를 받아 남인이 세력을 잡는 날에는 다시 한번 많은 사람들이 화를 당하게 될 것입니다."

왕대비는 이 말을 듣고 아무 말없이 앉아 있다가 난처한 빛으로 입을 열었다.

"그러나 대왕대비께서 주장하시는 일을 어떻게 막을 수 있소? 혹시 상감이 이 일을 조정 대신들과 의논하되 대신들이 반대하면 그때에 가서 대왕대비께 대신들의 뜻을 전하는 수밖에 별도리가 없을 듯하오."

"하지만 상감께서 이번 일을 조정의 대신들과 의논하시지 않을 것 같으니 몹시 딱한 일이 아닙니까. 어쨌든 조정에서도 의논하여 막을 수 있는 방법을 취할 것이니 궁궐에서도 장녀를 입궐하지 못하게 막으셔야 할 것입니다."

김석주가 물러간 뒤에 왕대비가 이 일의 처리에 대해서 생각을 거듭하고 있을 때 대왕대비가 글을 써서 장씨를 다시 불러들이겠다는 뜻을 예조에 알렸다. 그러자 예조에서는 당황하여 곧바로 숙종에게 알렸는데, 숙종도 이미 마음먹고 있었으므로 두 말없이 허락하였다.

이 소식을 들은 김석주는 서둘러 입궐하여 숙종을 만났다.

"전하 대왕대비께서 분부를 내리신 것이니 신이 이 일에 나서는 것은 옳지 않은 줄로 아옵니다. 그러하오나 신의 짧은 생각에는 장녀가 죄를 짓고 궁궐에서 쫓겨난 지 이미 8년이 지났사옵니다. 그러므로 장녀를 다시 불러들이신다는 것은 도리어 전하의 밝은 덕에 누가 될 것이오니 널리 통촉하시와 이 분부를 곧 거두어 주시기를 바라옵니다."

김석주의 말에 숙종은 물끄러미 그를 내려다보다가 굳은 표정으로 말했다.

"과인 역시 이런 일을 하기가 쑥스러우나 대왕대비께서 주장하시는 일이니 그대로 따를 수밖에 없는 처지요. 그대로 거행할 뿐 다른 도리가 없겠소."

"그러하오면 장녀가 다시 입궐하더라도 궁궐과 조정에 아무런 영향이 없을 것으로 보시옵니까?"

"그건 미리 알 수 있는 일이 아니지 않소?"

"전하, 정히 그러시다면 어쩔 수 없이 그대로 실행할 수밖에 없사오나, 장녀를 다루는 일은 전하께 달렸으니 이후로는 오직 전하만 믿겠사옵니다."

"경의 말이 모두 충성심에서 나온 것임을 과인도 모르는 바가 아니니 그만 물러가시오."

숙종은 이렇게 말하고 곧장 편전으로 사라졌다.

1686년 숙종 12년 5월 16일, 장씨는 궁궐에서 내쫓긴 지 8년만에 다시 입궐하여 대왕대비를 만났다.

장씨는 대왕대비를 뵙자, 이내 두 눈에 눈물을 글썽거렸다. 대왕대비 또한 장씨의 큰 절을 받자.

"오래간만이로구나. 그동안 얼마나 마음을 상했느냐. 이제부터는 아무쪼록 잘해라. 너만 잘하면 다시는 그런 일이 없을 것이다."

대왕대비는 마치 시집살이를 하다가 오래간만에 친정에 돌아온 손녀를 대하듯 다정했다. 대왕대비의 처소를 나온 장씨는 이어서 왕대비의 처소를 찾아 문안을 드렸으나, 그녀를 대하는 왕대비의 시선은 싸늘했다. 그녀의 위아래를 훑어보고 경멸과 증오의 표정을 지었다.

그 다음은 중전의 처소였다. 장씨는 앞으로 숙종을 가운데 놓고 서로 더 총애를 받기 위해 중전과 대립할 처지였으므로 자기를 대하는 중전의 표정이 궁금하였다.

중전은 학식이 높고 견문이 넓은 것 같았으나 미모는 장씨보다 뒤떨어졌다.

중전은 장녀를 맞이하여 얼굴에 온화한 미소를 띠며 조용히 말했다.

"듣자니 일찍이 상감의 총애를 받던 중 죄를 입어 궐 밖으로 내쳐졌다기에 가엾이 여겨서 대왕대비께 사정하여 다시 입궐하게 하였으니 몸가짐을 단정히 하고 행동에 조심하여 모든 사람들의 입에 오르내리지 않도록 하라."

장씨는 뜻밖에도 중전이 자기를 너그럽게 대하자 감격하여

"중전마마, 분부 명심하여 받들겠사옵니다."

하고 절을 올린 뒤에 물러나와 예전에 거처하던 응향각으로 돌아갔다.

응향각은 8년 만에 다시 옛 주인을 맞아들였다. 5월의 하루 해를 지

루하게 보내고 밤이 되자, 숙종이 그녀를 찾아왔다.

숙종을 맞이한 장씨는 그에게 절을 올렸다.

"마마 성은이 하해와 같사옵니다."

장씨는 말을 마치자마자 숙종 앞에 엎드린 채 눈물을 쏟았다. 얼마나 보고 싶고 그리웠던 상감인가. 숙종은 흐느끼는 장씨를 일으켜 눈물을 닦아 주면서 위로했다.

"울지 마라. 모두가 운수소관이니라."

숙종의 말은 부드러웠으나 8년 동안 쌓였던 그녀의 서운함과 원망은 쉽게 가시지 않았다.

"어서 그만 그치라니까."

"전하, 어쩌면 그렇게도 야속하시단 말씀이옵니까. 아무리 미천한 몸이기로서니 사람의 마음이야 다를 데가 있겠사옵니까? 한번 내쫓고 그처럼 모른 체하실 줄이야 소녀는 미처 알지 못했사옵니다."

장씨는 그때서야 비로소 자기 마음속에 있는 말을 숙종에게 털어놓았다.

"그야 낸들 생각이 없었겠느냐마는 궁궐 일이 어디 마음대로 되는 것이더냐? 그러니 어서 울음을 그치고 웃는 낯으로 대해 다오."

장씨는 드디어 울음을 그치고 얼굴을 들어 숙종을 바라보았다.

"어디 너의 옛 모습을 좀 찾아보자."

숙종이 장씨의 포동포동한 손을 잡아당기자, 그녀는 수줍은 웃음을 지으면서 고개를 숙여 외면했다.

"너는 8년이나 지났어도 예쁜 모습은 여전하구나."

"소녀도 이제 나이를 먹어서 많이 변했사옵니다."

"아니다. 조금도 변한 데가 없다."

이 말을 듣는 장씨는 새 정신이 나는 듯 얼굴이 갑자기 밝아지면서 생 끗 웃었다.

그러자 숙종은 장씨의 허리를 껴안았다. 이리하여 응향각은 이제 다 시 봄바람이 일기 시작했고, 숙종의 장씨에 대한 애정은 날이 갈수록 깊 어 갔다.

그렇게 두 해가 지나고 또다시 봄이 되고 여름이 되자, 장씨의 몸에서 이상한 반응이 나타나기 시작했다. 항상 건강하던 장씨가 쇠약해졌고 입맛을 잃어 음식을 외면한 채 자리에 누워 지내는 일이 많았다.

이때 숙종이 의원을 불러들여서 진맥을 한 결과 장씨의 몸에 태기가 있음이 밝혀졌으므로 숙종은 의원에게 단단히 일렀다.

"이 일을 누구에게도 말하지 마라. 만일 약속을 어기는 날엔 네 죄를 묻겠노라."

"전하, 분부대로 하겠사옵니다."

원자의 탄생

장씨의 몸에 태기가 있음을 알게 된 숙종은 다른 사람이 알지 못하도 록 철저히 숨겼으나 숨기는 일일수록 쉽게 드러나는 법이어서 장씨의 잉태 소식은 궁궐 안에 모르는 사람이 없게 되었다.

장씨가 잉태하자 숙종의 마음은 날아갈 것 같았으며, 중전 민씨도 이 소식을 듣고 숙종에게 축하의 말을 전했다. 그리고 응향각에 상궁을 보 내 장씨에게 고마움을 표했으며, 왕대비와 대왕대비도 이 소식을 듣고 매우 기뻐했다.

그리고 얼마 후에는 대왕대비의 권유로 소의라는 직첩이 장씨에게 내려졌다. 이렇게 되자 장소의는 먹지 않아도 배가 부른 듯하고, 모든 것이 자기를 위해 있는 것 같아 세상에 부러운 것이 없었다.

　어느 날, 숙종은 장소의에게 궁궐 밖으로 나가서 살 때 어떻게 지냈는가를 물어본 적이 있었다. 이때 그녀는 조사석과 동평군이 돌보아 준 덕택으로 무사히 지낼 수 있었다고 대답했다.

　이때 숙종은 그들을 고맙게 여기고 동평군은 혜민제조에 임명하고 조사석은 예조 참판에 임명했다가 얼마 후에 우의정 자리가 비게 되자 대신들의 반대를 물리치고 우의정에 임명했다.

　이윽고 해산달이 되어 장소의가 왕자를 낳자 숙종은 뛸 듯이 기뻐했고, 그때부터 숙종은 아들 옆을 떠나는 일이 별로 없었다.

　이듬해 정월 초하루, 숙종은 삼정승을 비롯한 조정의 백관들의 조하를 받은 뒤에 그들에게 어사주를 내렸다.

　그리고 어사주가 한 순배 끝났을 때 숙종이 신하들을 둘러보며 다짐하듯 말했다.

　"이제까지 왕자가 없어 나라의 기초가 흔들렸소. 이에 장소의가 낳은 아들을 원자로 삼으려는데 과인의 뜻에 반대할 사람이 없겠지만, 만일 그렇지 않다면 물러가도록 하시오."

　너무나 뜻밖의 말에 여러 대신들이 머뭇거리고 있을 때에 바른말 잘하기로 유명한 이조 판서 남용익이 나서며 아뢰었다.

　"전하 장소의의 아들로 원자를 삼으시는 것은 아직 빠르다고 생각되옵니다. 왜냐하면 이제 전하의 보령이 삼십 미만이옵고 후일 중전마마께 왕자의 생산이 없으란 법도 없고, 또 생산할 가망이 없다 하더라도 이제 채 백일이 안 된 어린 왕자를 원자로 삼으시는 것은 전례가 없사오니 이 분부는 거두시옵소서."

남용익이 말을 끝내고 물러가자, 여러 대신들도 모두 아직은 시기상조라고 입을 모았다.

그러나 숙종으로서는 장소의의 아들을 원자로 삼는 것이 그녀를 기쁘게 해주는 일이었으므로 신하들이 반대한다고 해서 쉽게 그만둘 수는 없는 노릇이었다.

또한, 그것은 장소의가 간절히 바라는 일이었으니 그대로 밀고 나갈 수밖에 없었다.

이리하여 마침내 숙종은 명령을 내렸다.

"국가 대사는 하루가 바쁘니 모든 절차를 거쳐 장소의의 아들로 원자를 삼으라."

이로써 장소의의 아들은 원자가 되었고, 장소의는 내명부의 정1품인 희빈이 되었으며, 그녀의 처소도 중전의 처소에서 그리 멀지 않은 영휘당으로 옮기게 되었다.

영휘당으로 처소를 옮긴 장희빈은 낮에는 원자를 보살피는 재미로 하루 해를 보냈고, 밤에는 숙종의 품에 안겨 세월 가는 줄을 몰랐다.

그러나 장희빈에게는 아직 부족한 것이 있었는데, 그것은 중전 자리에 대한 욕심이었다.

숙종의 총애가 지극할수록 장희빈은 숙종 앞에서 공연히 짜증을 내고 중전의 흉을 보는 날이 점점 많아졌다. 때로는 그 정도가 지나쳐 중전이 자기를 미워한 나머지 상궁을 시켜서 원자의 음식에 몰래 독약을 넣으려고 한 일까지 있었다고 모함하기도 했다.

숙종은 장희빈의 그런 마음을 모를 리가 없었으나 자기도 모르는 사이에 그녀의 말에 점점 귀를 기울이기 시작했다.

송시열

　서인의 거두 송시열은 조정의 원로이자 유림의 중요한 인물이었다. 그런 그가 숙종 초에 복제 문제로 상소했다가 극형에 처해지게 된 것을 김석주의 힘으로 극형만은 면했다가 경신대출척 때에 사면되어 고향으로 내려가 살고 있었으므로 장희빈의 아들이 원자로 책봉된 것을 모르고 있었다.

　그러던 중에 한낱 희빈의 아들을 원자로 책봉하려고 한다는 소식을 듣고 이를 반대하는 상소를 올렸다. 그러자 숙종은

　"과인의 뜻을 꺾으려고 하다니, 이런 괘씸한 일이 있나? 원자 책봉에 대하여 옳지 않다고 상소했으니 이는 반드시 원자에게 불만을 가진 것이며, 또한 과인이 하는 일을 반대한 것이니 용서할 수 없다."

하고 중신들을 불러들여 송시열의 상소에 대하여 물었다.

　이때에 남인들과 우부승지 이현기, 교리 남치훈 등은 상소의 잘못을 아뢰고 또한 전날에 송시열이 윤승과 다투어 조정 안팎을 시끄럽게 한 일을 들었다.

　결국 숙종은 송시열을 제주도로 귀양보내는 한편, 그와 뜻을 같이 하는 영의정 김수홍을 파면하고 이사명·이익·김익훈·이순명·김만중 등을 유배보냈다.

　이로써 서인은 권력에서 완전히 밀려났고 남인이 점점 세력을 뻗어 목래선과 김덕원을 좌의정과 우의정으로 삼고 목창명과 권유 등을 승지로 삼았다.

　서인이 밀려나자 중전은 큰 타격을 받았다. 중전은 본디 서인의 거두인 김석주가 천거하여 왕비에 책봉된 관계로 서인과는 운명을 같이해야 할 입장에 놓여 있었다. 처음에는 중전이 장씨를 불러들여 후궁으로 삼았으나 지금에 이르러서는 숙종의 총애가 모조리 장희빈에게 쏠려 있었다. 아무리 점잖고 덕이 있는 중전이라 할지라도 자연히 질투심이 생기지 않을 수가 없으며 숙종 또한 중전의 불편한 마음을 잘 알고 있었다.

　어느 날, 장희빈은 숙종의 무릎에 얼굴을 파묻은 채 흐느끼며 비통하게 말했다.

　"전하, 신첩을 궁궐에서 내보내시옵소서. 이곳에 있다가는 제명에 죽지 못하겠사옵니다."

　"왜 또 그러시오?"

　"중전께서 신첩에게 음식을 보내셨는데, 아무래도 꺼림칙하여 개에게 주었더니 개가 그것을 받아먹고 피를 토하며 죽었사옵니다."

　그녀는 뜰에 축 늘어져서 죽어 있는 개를 가리켰다.

숙종은 이를 보고 깜짝 놀라며 중전의 폐위를 결심하게 되었다. 이때 숙종은 중전이 대왕대비에게 청을 넣어 장씨를 다시 불러들였으면서도 요즘에 와서 그녀를 질투하고 시기하는 모습이 갈수록 심해졌다고 생각하였다.

그런 중에 중전의 생일을 맞아 예년과 같이 축하 행사를 벌이게 되었다. 이때는 대왕대비가 세상을 떠난 지 3년이 지나지 않은 때라 그동안 궁궐의 잔치를 금했다가 오래간만에 중전의 생일 축하연을 벌이게 된 것이다.

그러나 중전은 한 달여 전에 아버지인 민유중이 세상을 떠나 상중에 있어 굳이 사양했으나 친정집 일로 생일 잔치를 빠뜨릴 수가 없다고 하여 잔치에 참석은 했으나 마음은 착잡했다.

그런데 예년 같으면 여러 종친과 조정의 대신들의 축하 인사와 함께 많은 선물이 들어와야 하는데, 어쩐 일인지 전혀 그런 기색이 보이지 않았다.

이때 오라버니인 민진후가 중궁전에 들자, 중전이 물었다.

"오늘은 축하 인사도 없고 선물이 하나도 들어오지 않았으니 도대체 이게 어찌 된 일이랍니까?"

민진후는 조용히 속삭이는 듯한 목소리로 말했다.

"오늘 여러 곳에서 축하 편지와 선물이 들어왔는데 상감께서 승정원에 분부하시어 선물은 땅에 묻고 편지는 모두 태워 버리라고 하셨으니 마마께서는 그저 아무것도 모르는 척하십시오."

밤이 되자, 숙종은 중전의 생일이라 그대로 넘길 수가 없어 그녀의 처소를 찾자 중전은 숙종을 맞은 후에 시치미를 떼고 오늘 있었던 일을 말했다.

"전하, 오늘은 신첩의 생일이라 일가 친척과 종친들에게서 축하 인사와 함께 선물이 들어올 줄 알았사옵니다. 그런데 어쩐 일인지 기척이 없는 걸 보니, 이제는 모두가 신첩을 괄시하는 모양이옵니다?"

숙종은 중전의 말이 끝나자, 노기를 띤 목소리로 말했다.

"중전이 서인을 중히 여긴 때문인지 서인 재상의 집에서 선물과 축하 편지가 들어왔기에 모두 없애 버렸소. 과인은 이제 서인이라는 서자만 들어도 치가 떨리오."

"전하, 아무리 서인이 밉더라도 그렇게까지 하실 필요는 없었을 것이옵니다. 너무 야속하지 않사옵니까?"

중전의 말에 숙종은 더욱 노기를 띠며 말했다.

"중전, 그렇게 부모와 일가 친척이 그리우면 내일이라도 당장 친정에 가서 지내시구려. 그러면 일가 친척도 마음대로 만날 수 있고 서인놈들과도 사귈 수 있으니 얼마나 좋겠소?"

숙종의 빈정거림에 중전도 그만 참고 있던 울분을 터뜨리고 말았다.

"전하, 당치않은 말씀이옵니다. 신첩과 서인 사이에 무슨 관련이 있다고 신첩에게 분풀이를 하십니까? 신첩을 내치시려면 그냥 내치실 것이지, 왜 그런 억울한 누명을 씌우려고 하시옵니까? 장희빈은 남인이 뒤를 보살펴 준다고 들었습니다만, 신첩은 서인과 아무런 관계가 없습니다. 신첩의 자리를 장희빈에게 내주시려고 한다는 소문을 들어서 알고 있으니 내일이라도 나가라 하오시면 분부대로 나가겠사옵니다."

중전은 눈물을 흘리며 이런 말까지 하였다.

"그러지요. 과인은 보기 드문 폭군이고 중전은 세상에 보기 드문 현비이니 어떻게 과인 같은 폭군과 함께 지낼 수 있겠소? 그러니 내일은 친정으로 떠나도록 하시오."

숙종은 이 말을 남긴 채 벌떡 일어나서 나가 버렸다.

중전은 그날 밤을 흐느낌과 눈물로 지새웠는데, 날이 밝자 숙종은 입직 승지에게 분부하여 조정의 백관들에게 자신의 뜻을 전하게 하였다.

"중전 민씨는 그동안에 덕을 많이 잃은 탓으로 궁궐의 질서가 무너지고 종묘사직에 욕이 될 것 같아 그를 폐위하여 사가로 내보내는 것이니 조정의 백관들은 모두 과인의 뜻을 따르라."

이러자, 먼저 예조판서가 폐위의 부당함을 간하였다. 이에 숙종은 승정원에 모인 중신들을 둘러보면서 단호한 어조로 말했다.

"중전이 겉으로는 어진 체하나 속으로는 질투와 시기심이 많았으며 요즘에는 그러한 나쁜 버릇이 더욱 심해지고 있소. 게다가 악독한 마음까지 있어서 심지어는 원자의 어미까지 해치려고 하였으니 이를 어찌 그대로 넘길 수가 있겠소. 형편이 이와 같아 마침내 중전을 폐위하여 서인으로 만들기에 이르렀으니 그대들은 과인의 뜻에 대하여 반대하는 일이 없기를 바라오."

그러나 중신들 중에 지각이 있는 대신들은 모두 머리를 조아려 간하고 그중에서도 좌승지 이기만, 수찬 이만원·이후정·강선·이상진 등은 눈물을 흘리며 직간했으나 숙종은 조금도 반응을 보이지 않은 채,

"망녕한 늙은이들은 나가서 누워있게 하라."

라고 말한 뒤에 찬 바람을 일으키며 편전으로 들어가고 말았다.

이 날 낮에는 삼정승과 2품 이상의 신하들이 빈청에 모여 의논하고 삼사에서는 합문 밖에 엎드려 중전 폐위의 전교를 거두어 달라고 간언했으나, 숙종은 이들을 모두 물리쳐 버렸다.

그런 다음 이 날 저녁에 마침내 중전을 폐위시켜 하얀 가마에 태워 두세 명의 시녀만 따르게 하여 안국동의 친정으로 내보냈다. 이때 길가에

서 중전이 탄 가마가 지나가는 것을 본 백성들과 성균관의 유생 수십 명이 길가에 엎드려 통곡했다.

　백성들의 반응이 이와 같은 것을 보게 되자, 남인 측에서도 지각 있는 이들은 슬그머니 벼슬을 버리고 곧장 고향으로 돌아가 버렸다.

　한편, 서인으로서 벼슬에서 떠나 있는 사람들이 차차 여론을 일으키기 시작했다. 전 형조판서 오두인은 숙종의 매부 해창위 오태주의 아버지이며, 인조를 비롯하여 임금을 3명이나 섬긴 원로 재상이었는데, 중전 폐위 소식을 듣고는 탄식하여 마지 않았다.

　"이대로 가다가는 나라가 망하리라."

　그리고는 동지들을 모아 이 일을 바로잡겠다고 나서서 전 참판 이세화·유헌, 전 응교 박태보 등 80여 명을 모아 밤낮으로 의논했다. 그리하여 오두인은 박태보에게 상소문을 쓰게 하여 두 사람의 이름으로 상소문을 올렸다.

　중전은 한 나라의 어머니로서 입궐하신 지 9년에 갸륵한 성덕이 궁궐
　안팎으로 널리 알려졌을 뿐 큰 허물이 없으신 터에 갑자기 그 죄를
　밝히지도 않고 폐출하시니 신 등은 이 일로 전하께서 성덕을 잃으실까
　두려워하나이다. 바라옵건데, 오늘이라도 뜻을 바꾸시어 중전마마에
　대한 가혹한 처분을 거두시옵소서. 듣건대 이번에 희빈 장씨는
　왕자의 출생을 내세우며, 전날에 중전께 입은 큰 은혜를 잊어버리고
　틈만 있으면 중전마마를 헐뜯고 한편으로는 서인으로 지목받는
　재상들을 모함하여 그들을 차례대로 조정에서 내쫓았사옵니다.
　예부터 후궁이 임금과 잠자리를 같이 하면서 무고를 일삼은 끝에
　나라를 그르친 예가 있었으므로 신들은 이번 일을 매우 가슴 아프게

여기고 있사옵니다. 그러하오니 전하께서는 속히 깨달으시어 그릇된
처분을 거두어 주시기 바라옵니다.

상소문을 받은 숙종은 상소 첫머리에 적힌 두 사람의 이름과 상소문
문에 적힌 80여 명의 이름만 살피고 내용은 읽지도 않았다.

그날 밤에 숙종이 장희빈의 처소로 가서 상소문 이야기를 꺼내자, 장
희빈은 간드러지게 웃으며 말했다.

"마마도 참으로 딱하시옵니다. 오두인으로 말할 것 같으면 이 나라의
원로대신인데, 이런 일로 80여 명을 모아 상소를 했으니 그것이 궁금하
지 않사옵니까? 마마께서 상소문의 내용을 읽으신 후 그에 대한 조처를
하셔야지 그렇게 내버려 두시면 나중에는 연산군이나 광해군처럼 강화
도 교동밖에는 가실 곳이 없을 터이니 참 기막힌 처신이옵니다."

장희빈은 숙종에게 상소문을 읽게 하는 동시에 분기를 돋우자 숙종
은 장희빈의 말을 듣고 비로소 내시를 시켜서 상소문을 가져오라 하여
장희빈과 같이 그 상소문을 읽고 그야말로 분노가 하늘을 찌를 듯했다.
숙종은 곧바로 승정원으로 가서 승지에게 명령을 내렸다.

"이번의 상소문과 관련된 놈들을 모조리 국문할 터이니 속히 형구를
차려 놓고 그들을 모두 잡아들이도록 하라."

이리하여 박태보 · 오두인 · 이세화 등 80여 명은 모두 죄를 입고 사형
당하거나 귀양을 갔다.

또한, 지난날에 원자 책봉에 반대하다 제주도로 유배당한 후 풀려났
다가 또다시 세자 책봉에 반대했던 송시열을 비롯하여 이사명 · 김수흥
등에게는 사약이 내려지고, 이 사건은 숙종 15년[1689]에 일어났는데, 이
해가 기사년이었으므로 이를 가리켜 기사환국己巳換局이라 한다.

이처럼 서인 세력이 무너지는 반면에 장희빈은 중전으로 책봉되고 그녀의 아버지인 장현은 옥산부원군玉山府院君에 봉해졌으며, 어머니 윤씨는 파평부부인坡平府夫人에 봉해졌다. 또한 주색잡기를 좋아하는 불량배 출신인 그녀의 오라비 장희재는 어영 대장이 되었다.

중전이 된 장희빈에게는 이제 무서울 것이 없고 거리낄 것이 없었다. 숙종도 그녀의 앞에서는 마치 길들인 망아지처럼 굴었다. 숙종의 태도가 그렇게 되자, 조정의 백관들 중에 장희빈의 심복이 아닌 사람이 없게 되고 말았다.

날뛰는 장희빈

장희빈이 중전의 자리에 앉자 궁궐과 중전의 처소를 마치 제집처럼 마음대로 드나드는 사람이 있었는데, 그는 다름아닌 동평군이었다.

동평군은 종친으로서 예전부터 장희빈을 알고 있었고, 장희빈이 궁녀로 있다가 궁궐 밖으로 쫓겨나 불우했을 때 크게 보살펴 주었다. 또한 장희빈이 중전의 자리를 차지하는 데에 많은 도움을 주었으므로 특별히 궁궐을 마음대로 드나들게 하여 모든 벼슬아치들의 말과 행동을 자세히 살펴 알리게 하였다.

그리고 궁궐 밖의 형편에 대해서는 장희재가 자기와 같은 무리인 불량배들을 동원하여 중요한 인물들과 백성들의 말과 행동을 살폈다.

어느 날, 큰길을 지나가는 장희재의 귓가에 "미나리는 사철이요, 장다리는 한 철일세"라는 아이들이 부르는 노랫말이 들렸다.

무엇인가 이상한 뜻이 있는 것 같았으므로 한 아이를 불러서 그 노래를 누가 가르쳐 주었는가 묻자, 아버지가 가르쳐 주었다고 대답했다. 그래서 그 아이의 집을 알아둔 후에 어영청으로 돌아온 장회재는 곧 사령들을 불러 그 아이의 집을 일러주고 아이의 아버지를 붙잡아 오게 하였다.

그리고 얼마 후 사령들에게 잡혀 온 그 아이의 아버지에게 다그쳤다.

"네가 아이에게 그런 노래를 가르쳐 준 뜻이 어디에 있는지 바른대로 말하라."

"철 모르는 아이들이 부른 노래를 가지고 무얼 그러십니까?"

"뭐라? 너는 민씨 편인 서인이기 때문에 이런 동요를 만들어서 민심을 흔들려는 것이 아니냐?"

하고는 지독한 형벌을 가했다. 아이의 아버지는 결국 형벌을 이기지 못해 죽고 말았다.

이 소문이 장안에 퍼지자, 중전의 힘을 등에 업고 권력을 함부로 행사하는 장희재를 미워하고 폐위된 중전 민씨를 불쌍히 여긴 백성들은 일부러 아이들에게 돈까지 주면서 이 노래를 가르쳐서 온 장안에 퍼지게 되었다.

마침내 이 동요는 중전의 귀에까지 들어가게 되었고, 그녀는 이 동요를 듣고 마음이 점점 불안해져서 폐비를 아주 없애 버릴 생각까지 갖기에 이르렀다. 그리하여 폐비에 대해 온갖 모함을 시작하여 세자가 혹 감기 몸살로 열이 나도,

"마마 세자의 몸에 열이 나고 심하게 앓는 것은 반드시 폐비의 저주 때문이옵니다."

하고 폐비를 모함하면서 그녀에게 속히 사약을 내리라고 숙종을 졸라댔다.

그러나 숙종은 이 말을 듣지 않았다. 비록 한순간의 분을 참지 못하고 중전인 민씨를 폐위시키기는 했으나 가슴 속에는 그때까지도 정이 남아 있는 데다가 날이 갈수록 중전의 악랄함을 깨닫게 되었기 때문이었다. 숙종이 자기의 말에 전혀 반응이 없자 중전은 눈을 흘기며,

"흥! 글쎄요. 저는 모르겠사옵니다. 세자가 폐비의 저주로 죽든 살든 알 게 무엇입니까? 그리고 폐비가 그렇게도 그립거든 오늘이라도 다시 불러들이시지요."

하고 앙탈을 부렸다. 그러자 이번에는 숙종이 화를 터뜨렸다.

"중전도 인간의 양심을 가졌으면 생각을 해보시오. 민씨를 폐위시키고 그대를 중전에 앉힌 것은 오직 세자 때문에 그런 것인데, 폐비와 무슨 큰 원수가 졌다고 그의 목숨까지 빼앗지 못해서 안달하는 거요? 에잇, 천하에 악독한 여인 같으니라고."

이렇게 호령하자, 그제야 중전도 조금은 겁이 나는지 애써 목소리를 바꾸어,

"마마 신첩이 잘못했으니 용서해 주시옵소서. 다시는 그러지 않겠사옵니다."

하며 애교 띤 웃음으로 숙종의 노여움을 풀었다.

이런 일이 있은 후부터 숙종은 지난날 중전에게 매혹된 자신을 차츰 되돌아보게 되었으며 밤에 잠에서 깨어날 때면 앞으로 중전과 세자에 대한 일로 걱정되어 잠을 제대로 이루지 못했다.

이런 날이면 숙종은 평민으로 변장한 후 무예별감을 뒤따르게 하고 주막과 백성들의 집을 돌아다니며 그들의 주고받는 말을 몰래 엿듣곤 하는 것이 버릇처럼 되어 버렸다.

숙종이 어느 날 밤에 북촌에 있는 어느 백성의 집에 이르렀을 때 방

안에서 이런 말이 들려 왔다.

"중전이었던 민씨는 세상에서 보기 드문 어진 어른이신데 악독한 요물한테 홀려 폐비가 되셨으니 너무나 가엾고 불쌍하다. 상감께서는 어느 때에나 정신을 차리시게 될는지……."

또 어느 주막에서는 늙은이 몇 명이 둘러앉아 술을 마시며 이야기를 나누고 있었다.

"암, 그렇고말고 여부가 있나. 박응교는 참으로 충신일세. 그분 같은 이가 몇 사람만 있다면 세상이 이 지경은 안 될 걸세. 장희재 그놈이 세도를 부린 후부터 백성들의 생활이 어렵게 됐지 뭔가."

"어디 그뿐인가? 장희재란 놈은 재물과 예쁜 계집이라면 정신을 못 차리고 덤비는 아주 더러운 인간일세."

"그놈이 세도를 부리게 되니까 양반이란 놈들이 쫓아다니며 아첨하는 꼴이란 참으로 구역질이 나서 볼 수가 없어, 예전에 장희재가 불량배로 돌아다닐 때의 패거리들이라면 몰라도 버젓한 양반놈들이 장희재의 밑구멍을 씻으려고 따라다니면서 똑같이 못된 짓을 하니 그놈들이야말로 장희재 이상으로 아니꼽고 더러운 인간이란 말일세."

노인들이 주고받는 이야기를 조금 떨어진 곳에 앉아 엿듣고 있던 숙종은 그제서야 깨달았다.

'백성들의 소리는 곧 하늘의 소리가 아닌가. 이래서는 안 되겠다.'

어느 날 밤, 숙종이 궁궐 안을 살피기 위해 돌아다니다 한 곳에 이르자 밤이 꽤 깊었는데도 방안에 촛불이 켜져 있고 말소리가 들려왔으므로 의심스럽게 생각한 숙종은 발소리를 죽여 다가가자, 방안에서는 뜻밖에도 폐비를 저주하는 주문을 무당이 외우고 있었다.

"폐비 민씨는 이 화살을 맞은 자리마다 악창이 나게 해주시옵소서."

그래서 괴이쩍게 생각한 숙종이 창틈으로 방안을 들여다보고는 깜짝 놀랐다. 방안의 벽에는 폐비의 그림이 붙여져 있었고 무당들이 그림을 향해 차례대로 화살을 쏘고 있었으며, 그 옆에는 장님이 앉아 주문을 외우고 있었다.

숙종은 곧 뒤따르던 무예별감에게 무당과 장님을 모두 잡아오게 한 뒤에 엄하게 문초했다. 그러자 무당과 장님들은 몸을 와들와들 떨면서,

"그저 죽을 죄를 지었사옵니다. 소인들은 오직 중전마마의 분부만 따랐사옵니다."

하고 사실대로 고했다. 이런 일이 있은 후에도 숙종은 밤이 되면 궁궐 안을 계속해서 돌아다니며 살피던 중 역시 외딴 곳에서 불빛이 문틈으로 새어 나오는 것을 보고 가까이 다가가 보았다. 방안은 인기척이 전혀 없는 가운데 이상한 광경이 벌어지고 있었다.

벽에는 옷 한 벌이 걸려 있고 그 아래에는 여러가지 음식을 푸짐하게 차린 상이 있었는데, 그 상 앞에서 젊은 무수리 하나가 엎드려 흐느끼고 있었다. 숙종은 아무리 생각해도 이해가 되지 않아 마침내 인기척을 낸 뒤에 방문을 두드렸다.

그러자 소스라치게 놀란 무수리가 울음을 뚝 그치고 일어나서 방문을 열자 숙종이 방안으로 들어가 자리에 앉으면서 무수리에게 물었다.

"밤이 꽤 깊었는데 촛불을 켜고 음식을 차린 상 앞에서 울고 있으니 어찌 된 일인지 자세히 아뢰도록 하라."

숙종의 물음에 무수리는 몸을 와들와들 떨기만 할 뿐 쉽게 입을 열지 않았다.

"어서 대답해 보아라."

"죽여 주시옵소서."

"그저 죽여 달라고만 하면 알 수 없으니 어서 바른대로 아뢰어라."

그제야 무수리는 울면서 벽에 걸린 그림을 가리키며,

"상감마마! 오늘이 바로 폐위되신 중전마마의 생신이옵니다. 그래서 마마를 잊지 못하는 쉰네가 오늘 밤 이렇게……."

하고 말을 끝낸 뒤에 얼굴을 감싼 채 서럽게 흐느꼈다.

숙종은 한참 동안 그림을 바라보더니 중얼거렸다.

"그렇구나. 오늘이 바로 폐비의 생일임을 과인이 잊고 있었구나! 중전으로 있었더라면 더없이 즐거운 날일 터인데……."

숙종의 마음은 몹시 슬펐다. 얼마 전까지만 해도 이런 일을 한 사람은 중죄에 처했을 것이다. 그러나 지금은 무수리를 벌하기는커녕 오히려 숙종을 뉘우치게 하였다.

숙종은 얼마 동안을 무수리의 처소에 머무르면서 그녀에게 술을 따르게 하여 울적한 마음을 풀려고 했던 것이 그만 너무 취하는 바람에 벽에 비스듬히 기대 버렸다.

무수리는 숙종이 몸을 가누어 일어나지 못하는 것을 보자 자리를 보아 놓고 조심스럽게 물러나려고 하는데,

"그래, 과인더러 이곳에 혼자 있으란 말이냐?"

하며 무수리의 손을 끌어당겼다.

무수리는 너무나 황송하고 무서웠다. 무엇보다도 임금의 몸으로 궁녀의 세숫물 시중을 맡고 있는 여종인 자신의 손을 끌어당기는 것이 황공했고, 지금의 중전이 이런 사실을 알게 되는 날에는 악독한 성품에 의해 자신의 목숨이 온전할 리가 없기 때문에 무서울 수밖에 없었다.

그러나 아무리 거절을 해도 상대는 이 나라의 임금이요, 자기는 한낱 무수리에 지나지 않았으므로 그날 밤을 숙종과 함께 지내고 말았다.

그 무수리는 성이 최씨인데, 뛰어난 외모는 아니었지만, 그런대로 아름다움을 지내고 있었다.

이리하여 무수리와 인연을 맺은 숙종은 그 후 때때로 무수리인 최씨를 찾아가 회포를 풀곤 하였다.

한편, 중전을 등에 업고 날뛰는 장희재 무리들의 횡포는 날이 갈수록 점점 더 심해져서 그들을 비난하는 소리가 숙종의 귀를 따갑게 하였으므로 밤이면 모든 시름을 잊기 위해 상궁에게 고대 소설을 구하여 읽게 하였다.

이리하여 궁궐에서 고대 소설을 구한다는 소문이 나돌자, 이 기회에 숙종의 마음을 한번 돌려보겠다고 마음먹은 김춘택이 김만중이 지은 『사씨남정기謝氏南征記』라는 소설을 한문으로 번역해서 궁궐에 바쳤다.

김춘택은 인경왕후의 아버지인 김만기의 아들로 문신이었는데, 숙종의 마음을 돌려 보겠다고 이런 계획을 꾸몄던 것이다.

그 후의 어느 날 밤, 중전의 심복인 궁녀가 귀엣말로 무언가를 속삭이자, 중전의 얼굴이 순식간에 흙빛으로 변했다.

"그래 네 말이 틀림없느냐?"

"틀림없사옵니다. 어느 앞이라고 거짓말을 하겠사옵니까?"

"그래? 그렇다면 어서 자세히 말해 보거라."

"그런데 그 계집이 궁녀도 아니고 무수리라 하오니 너무나 망측하옵니다."

"그 계집이 무수리라고?"

"예, 예전에 폐비 처소에서 일하던 무수리라 하옵니다."

"참으로 기막힌 일이구나. 상감이 한낱 무수리를 가까이해서 아이를 갖게 하다니, 감히 생각이나 할 수 있는 일이더냐? 그년을 잡아들여 따끔한 맛을 보여 주어야겠다."

중전은 화가 머리끝까지 올라 이를 부드득 갈았다.

이날 밤, 중전은 무수리를 잡아들여 감쪽같이 죽여 없애 버릴까? 그런데 만일, 그년이 아이를 가진 사실을 상감이 알고 있으면 그년과 함께 상감의 씨도 죽인 것이 되니 그럴 수도 없고, 차라리 독살을 할까? 하는 갖가지 생각으로 날을 지새우고 말았다.

이튿날 낮이 가까웠을 때 중전은 마침내 궁녀를 보내 그 무수리를 불러들여 뒤뜰에 세워 놓은 후 중전이 독기를 품고 날카로운 목소리로 문초했다.

"네가 지난날 폐비가 중전으로 있을 때 그의 처소에서 일했다는 무수리가 틀림없느냐?"

"예, 황공하옵니다."

"그런데 한낱 무수리의 몸으로 상감을 모셨다 하니 그러고도 아무 일이 없을 줄 알았더냐?"

"……."

"어찌 대답이 없느냐?"

중전의 독살스런 목소리는 주위 사람들의 간담을 서늘하게 했다.

"마마, 죽을 죄를 지었사옵니다. 그러나……."

"그러나 어떻다는 말이냐? 어디 네 배를 좀 보자. 억울하면 억울하다는 말을 할 수 있게 해주겠다."

"……."

"여봐라! 저 계집의 옷을 벗겨 보아라. 벌써 만삭이 돼 있을 게다."

중전의 호령에 궁녀들은 당황해 하면서도 무수리의 몸에 차마 손을 대지 못했다.

"냉큼 벗기지 못할까?"

그제야 여러 궁녀들이 무수리의 웃옷을 벗기자, 그녀는 속옷만을 입은 채 어찌할 바를 몰라 울고 있었다.

"저 계집의 속옷까지 벗겨라."

호령이 다시 떨어졌으나 궁녀들은 차마 손을 대지 못했으나 중전의 표독스런 호령에 무수리는 마침내 알몸이 되어 쩔쩔매며 돌아서서 울고 있었다.

"한낱 무수리에 지나지 않는 년이 상감의 은총으로 아이까지 가지다니…… 그러고도 살기를 바랐느냐?"

"마마, 살려 주시옵소서. 쇤네가 상감마마를 끌어들인 것이 아니오라 상감마마께서 쇤네의 처소로 오신 것을 피하지 못해 그리된 것이옵니다."

무수리는 울먹이며 중전에게 용서를 빌었다.

"이 천하에 앙큼한 년! 네년이 가만히 있는데 상감이 건드리더냐? 무슨 뜻으로 궁궐에서 폐위된 계집의 생일을 지낸다고 요망스러운 짓을 하였느냐? 네가 음흉한 마음을 먹고 평소에 낯이 익은 무예별감을 꾀어 상감을 네 처소로 모시게 했던 게 아니냐? 그래 놓고도 모든 것을 상감에게 덮어씌울 작정이냐?"

"그 말씀은 너무 억울하옵니다."

"뭐, 억울하다고? 저년을 기둥에 단단히 묶어라!"

중전이 분을 억누르지 못해 발을 구르며 날뛰는 바람에 궁녀들은 숨도 제대로 쉬지 못한 채 서 있었다. 이렇게 한참 동안 소란을 떨던 중전은 갑자기 버선발로 뛰어 내려가 미리 준비해 둔 회초리를 들고,

"흥! 네년의 얼굴이 반반하니 무수리가 아니라 잡것이었더라도 상감이 마음을 빼앗길 수밖에……."

하면서 회초리로 무수리의 온몸을 사정없이 내리치며 호통을 쳤다.

"네 이년, 바로 대지 못하겠느냐? 어떤 무예별감 놈과 정을 통해서 새끼를 배고는 상감과 잠자리를 같이하여 아이를 가졌다고 거짓말을 해? 그러고도 살기를 바라느냐? 그러나 네년이 정을 통한 별감놈의 이름을 대면 용서해 줄 터이니 어서 바른대로 말하라."

너무나도 억울한 일이었다. 무수리는 회초리로 하복부를 무수히 맞고 신음소리를 내며 겨우 말했다.

"마마, 억울한 말씀이옵니다."

"이런 지독한 년을 봤나? 억울하지 않다면 어서 그놈의 이름을 대란 말이다."

중전이 이번에는 회초리 두세 개를 합쳐 무수리의 몸을 후려치자 비명소리가 내전 안뜰을 가득 메웠으며, 무수리가 고통을 못 이겨 악을 쓰자 수건으로 입을 틀어막고 매질을 계속했다.

"그래도 바른대로 불지 못할까?"

중전이 계속해서 매질을 하자, 매질로 인해 부르텄던 자국이 터져서 피가 흘렀으며 무수리의 몸은 성한 데가 없었다.

"참, 그년 독물 중에도 무서운 독물이다. 매는 견딜 만한 모양이니 어디 단근질 맛을 한 번 보아라."

중전이 불에 새빨갛게 달구어진 인두로 무수리의 아랫도리를 사정없이 지지기 시작했다.

"이년, 네가 상감을 모시던 때에도 이만큼은 좋았으리라. 이 맛이 얼마나 좋은지 어디 한 번 맛 좀 보거라."

중전은 요사스러운 미소까지 지으면서 인두로 무수리의 몸을 지졌고, 이를 견디지 못한 무수리는 까무러치기 직전에 이르렀다. 인두로 지지는 바람에 살이 타는 역겨운 냄새는 사방으로 퍼졌고 궁녀들은 모두 눈살을 찌푸리며 고개를 돌리고는 코를 막았다.

"이년, 그래도 네 뱃속의 아이가 상감의 아이라고 엉뚱한 소리를 지껄일 터이냐?"

중전이 다시 빨갛게 달구어진 인두를 들고 무수리의 몸에 갖다 대려고 할 때였다.

그때 갑자기 내전 밖이 소란스러웠으므로 중전은 손에 들고 있던 인두를 도로 화로에 꽂고 궁녀에게 일렀다.

"빨리 나가서 밖에 무슨 일이 있는지 살피고 오너라."

이때 궁녀가 급히 뛰어가더니 곧 되돌아와서 다급히 아뢰었다.

"마마, 전하께서 이곳에 납신다 하옵니다."

이 말을 들은 중전은 몹시 당황해 하면서 사방을 두리번거리며 살피더니 처마 끝에서 떨어지는 낙숫물을 받기 위해 갖다 놓은 큰 독을 발견하고 궁녀에게 명령했다.

"여봐라, 이년을 들어다 저쪽 담 밑에 앉혀 놓고 독을 씌워 놓거라."

중전의 명령에 궁녀들이 달려들어 묶여 있는 무수리의 몸을 풀고 피가 묻지 않게 조심해서 그녀를 옮기려고 하는데 뜻대로 되지 않자, 조급해진 중전이 궁녀들을 거들다가 잘못하여 옷고름에 피를 묻히고 말았다. 하지만 중전은 미처 그것을 알지 못했다.

이때 한 궁녀가 중전에게

"마마, 어서 화관을 쓰시옵소서."

하고 일러주는 바람에 중전은 부랴부랴 방으로 들어가 화관을 쓰고 나가자, 숙종은 이미 마루 끝에 선 채 사방을 살피며 무엇을 찾는 듯한 표정이었다.

중전은 너무나 놀라 어쩔 줄을 몰랐으나 그래도 태연스럽게 미소를 지으며 숙종을 맞아들였다.

"전하, 오늘은 어인 일로 신첩을 찾으셨사옵니까?"

그러나 숙종은 중전의 말에 대답하지 않고 담장 밑과 뜰안을 두루 살펴보고 있었다.

중전은 간이 콩알만 해졌다. 틀림없이 어떤 궁녀가 숙종에게 밀고했기 때문에 내전에 찾아온 모양인데, 만일에 무수리를 문초했던 사실이 드러나는 날에는 큰일이 벌어질 것 같았으므로 애가 바짝 탔다.

이때 숙종의 눈에 중전의 옷고름에 피가 묻어 얼룩져 있는 것이 보였으므로 숙종은 옆에 서 있는 무예별감에게

"여봐라! 저기 저 담 밑에 놓인 독을 치우도록 하라."

라고 명한 후에 중전의 표정을 유심히 살피자, 아니나 다를까 중전의 얼굴이 새파랗게 질려 있었다. 그러나 중전은 곧 본디의 태도로 돌아가 미소를 띠며,

"마마께서는 별 심부름을 다 시키십니다. 그 독을 왜 갑자기 치우라 하십니까?"

하고 말리려고 했으나, 숙종은 중전의 말을 무시하고 무예별감에게 다시 한번 명령했다.

"무얼 그리 꾸물대느냐? 빨리 치우지 못할까?"

이때 머뭇거리던 무예별감이 그곳으로 가려고 할 때였다.

"글쎄, 무엇 때문에 독을 치우라고 하시옵니까? 그냥 그곳에 놓아두십시오."

중전이 몹시 당황해 하는 태도를 보이며 톡 쏘아붙였다.

"중전은 어째서 저 독을 치우지 못하게 하오? 참으로 알 수 없는 일이구려."

숙종은 중전을 나무란 뒤에 무예별감에게

"독을 치우라는 과인의 말이 들리지 않느냐? 냉큼 가서 치워라."

마침내 무예별감이 담 밑으로 가서 독을 치우자.

"아니, 저 저건 그 무수리가 아닌가?"

하고 숙종은 깜짝 놀라며 외쳤다.

독 안에는 숙종이 가까이 했던 젊은 무수리가 발가벗긴 채 피투성이가 되어서 정신을 잃고 쓰러져 있었다.

"이게 도대체 어떻게 된 일이냐?"

숙종은 궁녀들에게 따지듯이 물었으나 모두 벙어리가 된 듯이 대답을 못하고 있었다.

그러자 숙종은 무예별감에게

"너는 그만 가도 좋다. 가다가 대조전의 지밀상궁에게 곧 들라 이르라."

무예별감을 보낸 후, 숙종이 그때까지 꼼짝 않고 쓰러져 있는 무수리에게 다가가 살펴본 즉, 틀림없는 그녀였다.

숙종은 분노를 애써 가라앉히며 조용한 목소리로 중전에게 물었다.

"중전, 이게 도대체 어찌 된 일이오?"

"저 계집은 무수리온데, 어느 무예별감과 사통한 끝에 아이를 배게 되었습니다. 그런데 앙큼하게도 상감마마를 모신 후 아이를 가졌다면서 마마를 욕되게 했으므로 신첩이 그 죄를 다스렸사옵니다."

숙종은 할 말을 잃은 채 분노의 눈초리로 중전을 쏘아보았다.

"왜 그렇게 쏘아보시옵니까? 만일 이 소문이 퍼진다면 마마의 체면이 깎이니 그저 모른 체하시옵소서."

중전의 말뜻은 한 나라의 임금이 한낱 무수리를 가까이했다는 사실을 비웃는 것임이 틀림없었다. 참으로 방자한 행동이었다.

"그런 죄인에는 저런 형벌을 내려야 하는 법이오?"

"왜 잘못된 것이라도 있사옵니까?"

여전히 그녀의 말은 비웃는 투였으므로 숙종은 그만 분통을 터뜨리고 말았다.

"에잇! 악독한 계집, 썩 물러가지 못할까?"

숙종이 마침내 두 눈을 부릅뜨고 발을 동동 구르자, 중전은 그제야 한 발 물러서면서 할 말은 다 했다.

"아니 왜 화를 내시옵니까? 저 계집이 사내와 간통했던 사실이 있고 증거가 있어도 그렇게 싸고 도시겠사옵니까?"

"뭐라고?"

"참으로 딱한 노릇이옵니다. 저 계집을 가까이하셨기에 저 계집을 두둔하시지만, 너무나 딱하니 체면을 생각하시옵소서. 임금의 몸으로 그래 고작 무수리인 계집을……."

"무슨 말인가? 냉큼 물러가지 못할까?"

숙종은 또 발을 동동 구르며 호령했으나. 중전은 조금도 움직이지 않았고 그 자리에 선 채 오히려 숙종을 쏘아보고 있었다. 이때 지밀상궁이 들어왔다.

"전하, 무슨 분부가 있사옵니까?"

"저 담 밑을 봐라."

"아니, 저게 누구이옵니까?"

지밀상궁은 임금과 중전을 번갈아 바라보면서 눈치를 살폈다.

"그 말은 나중에 하고 급히 옷을 가져다 입히고 저 여인을 살리도록 하라. 우선 상궁이 처소로 데려가서 치료토록 하라."

지밀상궁은 우선 급한 대로 자기가 입고 있던 겉치마를 벗어 무수리의 알몸을 덮은 후에 내전 밖으로 나가서 궁녀 몇 사람을 데려왔다. 숙종은 지밀상궁에게 우선 무수리가 살았는지 죽었는지 살펴보게 하자 지밀상궁은 무수리의 맥을 짚어 본 후에,

"아직 몸에 따뜻한 기운이 있는 걸 보니 죽지는 않은 것 같사옵니다."

하고 아뢴 다음에 궁녀에게 무수리를 업혀서 자기 처소로 돌아가자, 숙종은 싸늘한 눈초리로 중전을 한번 쏘아보고는 돌아가 버렸다.

궁녀에게 업혀 지밀상궁의 처소로 간 무수리 최씨는 극진한 간호로 다행히 회복되어 건강을 되찾았다.

숙종은 그녀에게 소원이라는 직첩을 내리고 궁녀들에게 명령하여 최소원에게 무슨 일이 일어나지 않도록 정성을 다해 보호토록 하였다.

이런 일이 있은 지 한 달이 지난 숙종 20년 9월 13일 새벽, 최소원은 마침내 무사히 아들을 낳았다.

숙종은 왕자가 태어나자 원자가 태어났을 때보다 한층 더 기뻐했다. 그러던 어느 날, 왕자를 보기 위해 최소원의 처소를 찾은 숙종에게 그녀가 절을 올리며 조용한 목소리로,

"이 왕자는 전날 폐위되신 중전마마의 생신을 지내던 중 상감마마를 뵈온 까닭으로 탄생하신 왕자이니, 신첩을 어여삐 여기시어 하루빨리 중전마마를 복위시켜 주시옵소서."

하고 간곡히 아뢰었다.

"네 뜻이 기특하구나. 과인 역시 중전의 복위를 생각하는 중이므로

멀지 않아 그리 될 것이니라."

바로 이러한 때에 중전은 숙종에게 그런 모진 꼴을 당하고도 정신을 차리지 못하고 최소원을 살해하려고 장희재에게 독약을 주어서 그녀의 처소에 들여보내려다가 들키고 말았다.

이 사실을 안 숙종은 대노하여 중전을 다시 희빈으로 낮추어 버리고 장희재도 의금부에 가둔 후 그의 재산을 몰수했다.

한때 죄를 입어 궁궐에서 쫓겨났다가 당시의 중전이던 민씨의 도움으로 재입궐한 지 9년의 세월이 흘렀고, 그 후 배은망덕하여 중전을 폐위시키게 만들고 중전의 자리를 빼앗은 지 6년 만에 중전은 다시 장희빈이 된 것이다.

중전이 희빈으로 떨어지던 날 최소원은 숙빈의 직첩을 받게 되었고 폐비 민씨의 복위 소식이 전해지자 장안의 백성들은 모두 기뻐하였다.

"그러면 그렇지, 우리 상감께서 착한 민비를 그대로 둘 리가 있나. 이제야 나라가 바로잡히게 될 것이다."

장희빈의 최후

민씨가 다시 복위되어 궁궐로 돌아오니, 이때 숙종의 나이는 33세였고 중전의 나이는 27세였다.

이때부터 임금과 중전의 부부애는 극진했고 최숙빈도 두 사람의 사랑을 받으며 평화스러운 나날을 보냈으므로 궁궐은 어느 때보다 안정되었다.

한편 중전이었던 장씨는 희빈이라는 직첩을 그대로 유지한 채 궁궐에서 또다시 쫓겨나 어느 조그마한 초가에서 처량하게 나날을 보내게 되었다.

하지만 장희빈은 그 지경이 되었어도 중전에 대한 미안한 마음과 자신의 죄에 대한 부끄러움을 깨닫지 못했다. 그는 또 중전과 최숙빈을 욕하고 저주하면서 자나깨나 그들에게 복수할 기회를 노리고 있었다.

중전이 환궁한 지 어느덧 8년이란 세월이 흘렀다. 그동안 중전은 무엇 때문인지 자주 병을 앓아 자리에 눕는 날이 많았다. 한번은 병이 조금 나아져서 움직이게 되자, 최숙빈이 중전의 입맛을 돋우게 한다고 게장을 바친 적이 있었다.

그러자 중전은 게장을 먹고 입맛이 돌아왔는지,

"최숙빈, 이 게장이 유난히 다니 웬일인가? 이렇게 맛이 좋은 게장은 처음 먹어보네."

하고 몹시 좋아했다.

"마마, 맛있게 드시고 건강하셔야 되옵니다."

최숙빈은 중전이 건강을 되찾는 것 같아 다행이라고 여기면서 며칠 후에는 다시 게장을 만들어 중전에게 바쳤다. 그런데 중전은 이 게장을 먹은 후 갑자기 정신을 잃고 누워 버렸다.

그 뒤에 정신을 되찾은 중전은 자신의 마지막을 깨달았는지 숙종과 세자를 돌아본 후 임금에게 부탁했다.

"전하, 가엾은 세자를 생각하시어 그의 생모를 너무 심하게 대하지 마시옵소서."

하고는 세자에게도 당부했다.

"이 어미가 덕이 모자라 네 생모에게 미안한 일이 많았구나. 뒷날에 생모를 만나거든 부디 어미의 말을 전해 다오."

이렇게 마지막 유언을 마친 중전은 곧 숨을 헐떡이다가 조용히 세상을 떠나고 말았다.

"중전, 어서 눈을 뜨시오."

"어마마마, 어마마마."

"중전마마, 어서 일어나시옵소서."

숙종을 비롯하여 모든 사람들이 중전의 갑작스런 죽음을 슬퍼하던 중에 최숙빈은 문득 중전이 죽기 전에 들었던 게장에 대해 의심을 품게 되었다.

그리하여 게장을 조금 맛보니 단맛이 났으므로 누구의 소행인지는 몰라도 분명히 게장에 꿀을 넣었음이 확실했다. 이때 최숙빈은 곰곰이 생각한 끝에 김나인이 가져온 미음상을 자기가 중전에게 바쳤음을 떠올리고 곧 김나인을 붙잡아 방에 가두어 놓고 이 사실을 숙종에게 아뢰었다.

최숙빈의 말을 들은 숙종은 대신과 의금부 당상관 및 사간원의 관리, 좌우 포도청의 대장 등이 모인 가운데 김나인을 끌어내어 친히 신문을 했는데, 의금부 나장이 곤장을 몇 대 때리자, 그녀는 중전을 저주하고 있던 장희빈이 시킨 것이라고 순순히 자백했다.

숙종은 더 신문할 필요도 없다는 듯 김나인을 의금부로 보내고 곧바로 장희빈에게 사약을 내렸다.

숙종의 명이 떨어지자, 이 소식을 들은 세자는 편전 앞에 거적을 깔고 엎드려 부왕에게 간청했다.

"아바마마, 소자의 어미를 살려주시옵소서."

그러나 숙종은 굳게 결심한 듯이 세자의 애원에 조금도 흔들리는 기색이 없었다.

한편 장희빈은 민비 사건으로 사약을 받자, 무슨 마음을 먹었는지 시녀를 궁궐로 들여보내 숙종한테 아뢰게 하였다.

"전하, 사약을 내리시니 분부대로 따르겠사오나, 신첩의 소생인 세자를 마지막으로 한번 만나고 싶사오니 윤허해 주시옵기를 바라나이다."

"그리하거라."

숙종은 내시에게 분부하여 세자를 따르게 한 후에 궐 밖으로 내보냈다.

이윽고 장희빈의 처소에 다다른 세자는 생모인 그녀를 붙들고 흐느꼈는데, 세자를 대한 장희빈은 갑자기 악독한 여인으로 변하여 세자의 아랫도리에 있는 음경을 붙잡고 있는 힘을 다하여 낚아챘다.

눈 깜짝할 사이에 변을 당한 세자가 비명을 지르자 옆에 있던 사람들이 달려들어 세자를 떼어 놓았다. 장희빈은 여전히 독기가 서린 표정으로 말했다.

"내가 이 지경이 되어 죽게 되는 처지에 너를 남겨두어서 이가의 혈통을 잇게 하고, 민가 년의 제사를 지내게 할 내가 아니다. 너 죽이고 나 죽으면 그만이다."

하고 발악을 하면서 약사발을 엎으려고 하는 바람에 할 수 없이 여러 사람들이 달려들어 그녀의 입을 강제로 벌리고 사약을 쏟아 넣었다.

장희빈은 이처럼 악독하게 최후를 마쳤으며 내시의 등에 업혀 궁궐로 돌아온 세자는 의원의 치료를 받아 얼마 후에는 몸을 움직일 수가 있게 되었다.

서오릉에 있는 명릉. 위는 숙종과 첫 번째 계비 인현왕후의 능이고,
아래는 숙종의 두 번째 계비 인원왕후의 릉이다.

민비가 세상을 떠난 지 1년 후인 1702년 9월이 되자, 숙종에게 다시 중전을 맞이들이라고 간하는 대신들이 있었으므로 숙종은 마침내 왕비 간택의 영을 내리고 새 왕비를 간택하게 되었다. 이때는 조정의 재상들이 대개 서인들이었는데, 서인이 세력을 잡은 지 여러 해가 되자 자기네들끼리 노론, 소론으로 갈려서 서로 세력 다툼을 벌이고 있었다.

숙종은 이러한 그들의 모습을 보고 아무리 훌륭한 규수라도 당파 싸움을 일삼는 집안이라면 왕비로 선택하지 않겠다고 굳게 결심했다. 숙종은 당파싸움으로 인한 폐해를 절실히 느꼈기 때문이었다.

그리하여 김주신의 15세 된 딸을 왕비로 맞이들이게 되었는데, 이가 곧 인원왕후 김씨이다.

김주신은 그의 친척들이 소론이므로 대개 소론으로 지목을 받기는 하나, 그 자신은 어떠한 당파에도 관계가 없었으므로 숙종이 그의 딸을 선택했던 것이다.

세자 또한 15세 때에 청송부원군 심호의 딸을 맞이하여 세자빈을 삼았는데, 이때 세자빈의 나이는 세자보다 두 살이 많았고, 중전보다 한 살이 많았다.

세자빈이 된 심씨는 어질고 얌전했으나 세자가 성불구자였기 때문에 아이를 낳지 못해 우울한 나날을 보냈다. 그러나 숙종 41년 가을부터 세자의 병이 회복되는 것 같았으므로 숙종은 세자에게 나랏일의 처리를 맡기고 뒷전으로 물러났다.

이로써 세자의 존재는 두드러졌으며 아직 왕위에 오르기 전이었는데도 그를 싸고돌던 남인들은 다시 꿈틀거리기 시작했다.

그들은 세자의 마음을 움직여서 서인들의 세력을 조정 안에서 몰아내려고 했는데, 이 눈치를 챈 서인들도 남인의 움직임을 꺾어 버리기 위한 방법을 찾기 위해 밤낮을 가리지 않고 정신을 쏟았다.

　그러나 세자인 연영군延英君과 최숙빈의 아들이자 세자의 배다른 아우인 연잉군 형제 사이는 우애가 지극하여 세자는 다섯 살 아래인 아우를 극진히 사랑했고 아우는 형을 극진히 공경하고 따랐다. 그런 처지였지만 세자를 두둔하는 남인은 연잉군을 해치려 하는 반면에 연잉군을 두둔하는 서인들은 세자를 해치려고 하여 남인과 서인은 임금의 자리를 둘러싸고 마침내 큰 충돌이 일어나고 말았다.

　세자가 대리 청정을 사직한 후에도 종종 자리에 눕게 되자 서인들은 세자의 건강이 좋지 않으니 아우를 세자로 삼자고 여러 번 여론을 일으켰던 것이다.

　이런 가운데 세자가 대리 청정을 한 지 4년째 되던 해인 1720년에 숙종의 병세가 위독하더니 이 해 6월 8일에 세상을 떠났는데, 이때 숙종의 나이 60세였다.

사도세자 思悼世子

영조英祖의 휘는 금昑, 자는 광숙光叔으로, 숙종의 둘째 아들로 1694년에 태어났으며, 어머니는 숙빈 최씨이다. 6세에 연잉군으로 책봉되고, 경종 1년1721년에 왕세자로 책봉되었다가, 경종 4년1724년 8월 25일 경종이 세상을 떠나자, 조선왕조 제21대 왕으로 즉위하였다.

영조는 왕위에 오른 직후 소론의 이광좌·조태억을 영의정·좌의정으로 삼고, 세제 책봉을 반대했던 유봉휘를 우의정으로 발탁하였고, 김일경과 노론 역모설의 고변자인 목호룡을 처형하였다.

1727년 영조는 갑자기 기존의 노론을 축출하고 이광좌를 중심으로 하는 노론 정권을 구성하였다. 이를 정미환국이라 한다.

영조의 탕평책은 1728년 무신란1차 이인좌의 난을 겪고 나서였다. 1757년영조33년 2월 정성왕후가 세상을 떠나자, 1759년영조 35년 정순왕후가 계비로 들어왔고 그녀의 아버지 김한구를 중심으로 외척 세력이 등장하여 분열이 가속화되었으며, 소론과 남인은 이런 틈새를 이용하여 자신들의 세력화를 시도하였다.

영조는 1729년 사형수에 대해 삼복법을 엄격히 시행하였고, 신문고 제도를 부활시켜 백성들이 억울한 일을 왕에게 직접 알리도록 하였다. 1729년에는 오가작통 및 이정법을 엄수하게 하여 탈세방지에 힘썼다.

하지만 1762년영조 38년 영조는 대리청정하던 사도세자를 뒤주에 가두어 잔혹하게 죽게 하므로서 씻을 수 없는 오욕의 역사를 남겼다.

영조는 조선왕조 임금 가운데 가장 오랫동안 왕위에 있었으며 최고로 장수한 왕이기도 했다. 1776년 3월 83세로 세상을 떠났는데 묘원릉는 경기도 구리시 인창동 동구능역에 있다.

왕이 아들을 죽이다

정순왕후와 문숙의

조선왕조 21대 임금인 영조에게는 중전인 정성왕후 서씨가 있었으나 소생이 없었고, 여러 후궁들로부터 2왕자 12옹주를 얻었다.

그런데 중전이 후손을 남기지 못하고 1757년 2월 세상을 떠나자, 영조는 여러 명의 빈과 후궁들이 있었지만 중전을 다시 맞아들이려고 했다. 이때 영조는 나이가 65세였으나 아직도 정력이 왕성했고, 모든 일에 고집을 부려서 조정의 대신들은 불만을 품고 있었다.

특히 40년 가까운 고집스러운 정치를 싫어한 대신들은 세자를 왕으로 즉위시키려는 음모까지 꾸미고 있었기 때문에 조정 안에서는 임금을 지지하는 당과 세자를 지지하는 당이 보이지 않는 파벌 싸움을 벌이고 있었다.

"65세의 늙은이가 14세의 소녀를 왕비로 책봉하려고 하다니, 이런 해괴한 일이 어디 있는가?"

"증손녀 같은 어린아이를 계비로 들이려는 늙은이의 노망이겠지만, 임금의 장인이 되어 세도를 부리려고 어린 딸을 늙은이에게 팔아먹은 김한구가 더 미친놈이야."

세상 사람들은 이런 욕들을 했고 궁궐의 후궁들 사이에는 질투 섞인 화젯거리가 되었다. 더욱이 아직 30세가 안 된 젊은 몸으로 영조의 총애를 받으면서 옹주까지 낳은 문숙의의 질투는 폭발할 지경이었다.

문숙의는 자기가 왕자를 낳아서 임금의 어머니가 되려는 야심까지 품고 있었으므로 왕비 책봉 문제가 나왔을 때부터 갖은 아양으로 영조의 마음을 끌려고 하였다. 그녀는 영조와 세자 사이를 멀어지게 하려는 당파싸움에도 궁궐에서 주동자 구실을 한 간사한 여인이었으므로 자기의 천한 집안보다 문벌이 높은 재상의 집에서 자기보다도 어린 소녀가 궁궐에 들어오려는 것을 막으려고 무척 애를 썼다.

"마마, 신첩의 몸에 태기가 또 있는 모양입니다. 이번엔 꼭 왕자를 낳아서 전하의 은총에 보답하겠사옵니다."

"뭐, 네 몸에 태기가 있어? 그래 이번엔 꼭 아들을 낳아라."

영조는 문숙의 말에 기뻐하면서 그녀의 배를 어루만지자, 그녀는 아랫배에 힘을 주어 불룩하게 만들어 영조를 속였다.

"마마, 세자가 글공부는 하지 않고 부랑자들과 어울려 주색에 빠져 있으니 큰 걱정이옵니다."

"과인도 그것 때문에 걱정이니라. 그건 그렇고 과인이 이렇게 늙었는데 아이를 낳을 수 있겠느냐? 너 설마 어떤 젊은 놈의 씨를 밴 것은 아니겠지?"

영조는 질투나 의심보다도 문숙의가 귀여워서 농담을 했다.

아직도 자기의 정력으로는 여자를 얼마든지 즐길 자신이 있었으므로, 문숙의가 아이를 가질 만도 해서 기뻤던 것이다.

"마마, 그게 무슨 농담이시옵니까? 그보다도 마마의 정력이시면 70

세가 아니라 백 세가 되셔도 끄떡없을 터이오니 신첩이 반드시 왕자를 낳아드리겠사옵니다?"

"아아, 그렇다면야 얼마나 경사스럽겠느냐. 그러면 내가 너를 더 귀여워하마."

"마마, 그러하오면 신첩이 왕자를 낳지 못해서 싫어하셨사옵니까?"

"허허, 그럴 리가 있겠느냐. 과인은 지금껏 중전이나 후궁들보다 너를 제일 귀여워하지 않았느냐?"

"그럼 왜 정성왕후께서 세상을 떠나시자 중전 자리가 비었다는 핑계로 계비를 맞으시려고 하시옵니까?"

"허허, 그걸 시샘하느냐? 신하들이 권하니까 생각 중이지, 아직 정한 것은 아니다."

"만일 전하께서 신첩보다 젊은 여자를 중전으로 맞이하오시면 저는……"

"중전이 새로 들어오더라도 과인이 너를 계속해서 예뻐하면 되지 않겠느냐?"

"마마, 그건 싫사옵니다. 만일 그러신다면 신첩은 뱃속의 아이와 함께 자진해 버리겠사와요."

문숙의는 자신의 몸을 미끼로 하여 영조를 구슬렸다.

"그런 걱정은 말고 왕자나 하나 쑥 낳아라."

문숙의는 이때부터 영조가 자기의 배를 만질 때는 배에 힘을 주어 불룩하게 하여 속였고, 낮에는 치마 속에 솜뭉치를 넣어 영조의 눈을 속이며 계비 문제를 중단시키려고 하였다.

그러나 영조에게 아첨하는 신하들은 중전 자리를 비워 두는 것은 왕실의 속이 빈 것이라고 주장했고, 영조도 또한 재상의 집 어린 처녀에 대한 호기심을 떨칠 수가 없어서 마침내 14세인 김한구의 딸을 맞이하여 정순왕후貞純王后로 책봉했다.

이때 아이를 뱄다고 거짓말로 영조를 속이던 문숙의도 단념하고 뱃속의 솜뭉치를 뺀 후 평소의 모습으로 꾸민 다음, 어느 날 밤에 그녀의 침실을 찾은 영조에게 거짓말을 하였다.

"마마께서 신첩을 소박하고 어린 중전을 맞이하셨기 때문에 삼신할머니께서 노여워하신 것이옵니다."

"그게 무슨 소리냐?"

"마마, 신첩의 복이 아닌지 그만 낙태하고 말았사옵니다."

"어디 보자."

영조가 문숙의의 배를 만져 보니 과연 그녀의 부르던 배가 꺼져 있는 것으로 보아 분명히 낙태한 것 같았다.

"네 복보다도 과인의 복이 없나 보다. 낙태했으면 하는 수 있느냐. 몸이나 잘 조리하고 슬퍼하지 마라."

"마마, 신첩의 몸이 몹시 괴로우니, 오늘 밤엔 신첩이 모시지 못 하겠사옵니다."

"아, 알았다. 몸조리나 잘 하거라."

영조가 몸을 일으켜 방을 나가려고 하자, 문숙의가 그를 말리며 붙들었다. 왜냐하면 영조가 다른 후궁의 처소로 갈 것이 뻔했기 때문이었다.

"전하, 늦은 밤에 침소를 옮기실 것까진 없사옵니다. 신첩도 외로우니 이 방에서 그냥 주무시옵소서."

"오, 그래도 되겠느냐? 과인은 이 방에서 쫓겨나는 줄 알았구나."

영조가 다시 자리를 잡고 앉자, 문숙의는 무언가 망설이는 듯 하더니 화제를 정치 쪽으로 돌렸다.

영조

　"마마, 신첩이 아무리 마마를 지성으로 섬기고 마마 또한 신첩을 사랑해 주시어도 조정의 벼슬아치들은 신첩이 상민 출신이라고 해서 멸시하옵니다. 그들이라고 별다른가요? 당파싸움이나 일삼으며 백성의 재물을 강제로 빼앗고 나라의 재물을 도둑질하는 자들이 아니옵니까?"

　"그래 당파싸움 때문에 나라가 망할 것 같다."

　"마마, 당파싸움을 못 하게 하는 묘안이 있사옵니다."

　"허허, 너한테 그런 묘안이 있느냐?"

　문숙의는 눈웃음을 치면서 제법 심각한 듯이 입을 열었다.

　"당파싸움은 옛날부터 앓아온 고질병이어서 마마께서도 고치지 못하오니, 차라리 그들 대신에 당파싸움에 물들지 않은 인재를 등용하는 것이 마땅할 것 같사옵니다."

"네 말이 옳기는 하다마는 그런 인재가 얼마나 되겠느냐?"

"마마, 양반들은 모두 당파에 속해 있사옵니다. 그러니 당파와 관계가 없는 중인이나 상민을 등용하시면 그런 폐단이 없을 것이옵니다."

"하긴 네 말도 맞다."

그러나 중인과 상민에게 벼슬을 시킨다는 것은 뿌리 깊은 신분제도의 봉건성을 깨뜨리는 일종의 계급혁명이었으므로 섣불리 실행할 수가 없는 일이었다.

만일 그렇게 한다면 각 당파의 무리들과 전국의 유림들이 서로 손을 잡고 반대할 것이 뻔했다.

"마마, 아뢰옵기 황공하오나 숙빈 마마께서도 신첩과 같은 후궁의 신분이어서 일생을 양반들의 천대를 받으셨으며, 심지어 마마까지도 후궁의 소생이라고 하여 여러 번 역모 사건까지 일어나지 않았사옵니까?"

"음, 그것은 과인도 원통하게 생각한다."

"하오니, 마마 생전에 그러한 폐단을 없애시고, 중인과 상민도 벼슬을 시키시옵소서."

영조에게도 상민의 피가 흐르고 있었다. 문숙의의 이런 신분 한탄은 바로 임금 자신의 울분이기도 했다. 신하들도 영조의 생모에게 인간 대접을 하지 않았던 것이 분했다.

따라서 영조가 배척한 당파싸움에는 양반 근성과 적서의 차별에 대한 반항도 겸해 있던 것이 사실이었다. 그래서 영조는 전날에 냉랭하게 대했던 평안도와 황해도·함경도 출신도 등용하려고 했고, 중인에게도 벼슬을 시켜 말썽을 일으켰다.

그러나 문숙의는 그러한 것보다는 우선 자기 친정 남동생에게 벼슬을 시켜서 중인의 신분을 벗어나게 하고 친정 사람들에게 양반 대우를 받게 하려는 야심에서 이런 문제를 꺼냈던 것이다.

"마마, 황송하오나 신첩의 신분을 좀 올려주시옵소서."

"네 신분이라니?"

"신첩은 중전의 신분까지는 바라지 않사옵니다."

"그래? 과인도 너를 중전으로 삼고 싶지만 궁궐 법도가 까다로워 어쩔 수가 없구나. 또 때도 이미 늦었고……."

"마마, 신첩에 대한 이야기가 아니옵니다. 신첩의 남동생이 학문도 깊고 인품도 뛰어났으나 조상이 중인이고 신첩이 궁녀 출신이라, 모든 양반에게 굽실거리며 천대받고 있사옵니다. 그러므로 남동생이 벼슬하여 양반이 되면 신첩의 신분도 높아지고 자손들도 천대를 면할 것 같사옵니다."

"그래, 네 친정에 그런 남동생이 있었더냐? 그럼 왜 진작 말하지 않았느냐?"

"대신들은 자기 사돈의 팔촌까지 벼슬도 시키고, 양반들도 그들의 족보에 중인들을 넣어 감투를 팔지만, 신첩은 그런 짓을 할 수 없기 때문에 지금까지 마마의 처분만 기다리고 있었사옵니다."

"과연 기특하구나! 그리고 보니, 과인이 처남을 모르는 실수를 저질렀구나."

영조는 문숙의의 남동생을 처남이라고 부르며 웃었으므로 그녀는 매우 기뻐했다.

"마마, 그러하오시면 신첩의 남동생을 불러보신 후 알맞은 벼슬을 내려주시옵소서."

"아, 보다마다, 네 남동생을 그냥 둘 수야 있나. 너는 무슨 벼슬이 소원이냐?"

"그야 단번에 대감까지 바랄 수 있사옵니까? 그러나 나리 지위는 너무 낮으니 과거를 보지 않고 할 수 있는 영감자리나 하나 주시옵소서."

"그렇다면 마침 육상궁 소감자리가 비었는데 거기라도 괜찮겠느냐?"

"마마, 그 자리라면 더욱 알맞사옵니다. 숙빈 마마의 제사를 정성스럽게 받들 수 있을 것이옵니다."

문숙의는 자기의 남동생이 궁궐을 자유롭게 드나들 수 있는 벼슬을 하게 된 것이 무엇보다도 기뻤다.

육상궁은 영조의 생모 최씨의 신주를 모시기 위해 따로 지은 사당으로서 소감은 이곳의 최고 벼슬이었으며, 하는 일은 일정한 절차에 따른 제사를 지낼 뿐 한가롭고 수입이 좋은 자리였다.

문숙의의 친정 남동생 문성국은 글깨나 하는 청년으로서 장안의 호걸을 자처하던 유명한 건달인데, 장안의 건달과 불량배가 그를 중심으로 육상궁에 모여 밤낮으로 노름을 하면서 술을 마셨다.

문성국은 그들의 우두머리로서 영조를 몰아내고 세자를 임금으로 세우려는 무리를 없애는 구실까지 하게 되어 그는 영조를 두둔하고 보호하는 무리들 중에서 세력을 갖게 되었다. 그는 육상궁 유지에 들어가는 비용을 제멋대로 쓰고, 부하들을 거느린 채 장안에서 이름난 기생집을 찾아다니며 누이에게서 받은 돈을 마음껏 뿌렸다.

그러자 장안에,

"문성국은 문숙의의 비밀 명령을 받고 세자를 위하는 소론 사람들을 없애려고 돌아다니는 무서운 자이다."

하는 소문이 나돌자, 소론파에 속하는 자들은 시국에 대한 불평을 삼가야 했다.

윤지尹志의 반란이 실패한 후에 소론파는 자기들 신변의 안전과 희망을 세자에게 걸고 움직이게 되었으며, 당시에 노론만 득세시키는 영조의 고집을 꺾으려면 영조와 사이가 좋지 못한 세자를 위하는 길밖에 없었던 것이다.

소론에서는 이를 위해 유언비어를 퍼뜨리고 미신까지 이용했다. 그 예로서 황해도에 자신을 스스로 생불이라고 하면서 예언을 하고 돌아다니는 여자가 나타나서 정치적으로 이용한 것인데, 그녀는 무당이었다. 그런데 이 여자가 자기는 분명히 생불이라면서 무당들을 협박하거나 을러대서 자기의 세력 밑에 넣으려고 하였다.

"앞으로 유교와 사교는 모두 망한다. 지금 궁궐에서는 늙은 임금이 망령을 떨면서 썩은 노론에게 세도를 부리게 하고 여색에만 빠져 있다. 세자가 공부를 멀리 한다고 말들을 많이 하는 것은 현명한 세자가 유교를 버리고 불교를 믿기 때문이다. 부처님의 광대무변한 위력과 공덕은 세자를 어진 임금으로 만들고 모든 백성은 지상의 극락 생활을 누리게 될 것이다. 그러므로 너희 무당들도 말세의 불바다에서 살아나려면 생불인 나의 가르침을 따라야 한다."

생불이라는 여자는 무지한 무당들에게 세자를 지지하라고 부추겼다.

이런 사실을 안 조정에서는 이경옥을 암행어사로 삼아서 황해도로 보냈으며, 허름한 옷차림으로 변장한 이경옥은 봉산의 어느 시골에 가서 생불이라는 무당이 기도하는 모습을 구경했다. 무당은 자기를 찾아온 사람들에게 부자가 되게 하고 아들을 낳게 하고 벼슬을 하도록 기도한 후에,

"그러나 자기의 소원을 이루기 위해서는 부처님께 끊임없이 치성을

드려야 한다. 그리고 특히 벼슬을 하려면 늙은 세력을 없애고 젊은 세력이 일어나게 해야 한다. 늙은 세력은 노망한 임금과 완고한 노론의 간신들이다. 그리고 젊은 세력은 현명한 세자와 소론의 중신들이다. 그러니 너희들 자손이 벼슬하고 귀하게 되려면 늙은 세력이 멸망하라고 기도를 드려야 한다."

고 말한 후에 징을 울리면서 넋두리를 늘어놓았다. 이경옥은 이런 사실을 직접 목격한 뒤에 황해 감사와 각 읍의 수령에게 지시해서 그런 무당들을 잡아들인 후에 엄하게 다스렸다.

그러나 그럴수록 민심은 더욱 흉흉해졌고, 노망한 임금이라고 비난받는 영조도 무지한 무당들까지 부처의 이름으로 그런 행동을 하는 데 대해서 불안감을 느끼지 않을 수 없었다.

그리고 세자가 역모의 마음을 품고 있을 듯한 의심이 생겼다. 글은 읽지 않고 무술에 정신을 쏟는 것도 역모를 준비하는 것처럼 생각됐다. 그전에는 글을 배우지 않고 시정의 잡패들과 어울려서 백성으로 변장하고 돌아다니며 주색에 방탕한 짓만 하는 것을 나무랐으나, 이때부터는 자기를 죽이고 임금이 되려는 자식으로 의심하게 된 것이다. 그러나 뚜렷한 증거가 없으므로 그를 싸고 도는 소론의 무리들을 경계했다.

한편, 문숙의와 몰래 통하면서 영조의 편에 선 무리들은 세자의 편에 선 소론들을 모두 쓸어 버리겠다고 별렀다.

그러던 어느 날 밤, 문성국이 영의정인 김상로의 집을 찾아갔다.

"자네가 이 밤중에 웬일인가?"

영의정은 영조의 총애를 받는 문숙의의 남동생이었으므로 귀한 손님으로 대접하면서 무슨 중대한 일로 찾아왔을 것이라고 생각했다.

"영상께서는 황해도의 생불 소동의 진상을 아십니까?"

"암행어사의 보고로 알았네."

"그럼 상감께 정식으로 아뢰셨습니까?"

"대강은 말씀드렸네."

"대강이 아니라, 그것이 모두 소론들이 상감을 없애고 세자를 등극시키려는 음모라는 점을 아뢰어야 되지 않습니까?"

"이 사람아, 그런 끔찍한 소리를 어찌 풍문만 듣고……. 아니 사실이라도 감히 아뢸 수 있나. 우리는 상감의 신하인 동시에 세자의 신하가 아닌가. 그런 말씀을 아뢰었다가는 도리어 상감께 노여움을 사서 목이 달아날 텐데. 어쨌든 시일을 두고 경계만 하면 자연히 옳은 쪽으로 돌아갈 것일세."

김상로는 어디까지나 몸을 사리는 신중한 태도였다.

"제가 벼슬이 좀 더 높으면 상감께 직접 아뢰겠습니다만……."

이때 문성국은 은근히 김상로의 태도를 비굴하다고 넌지시 비꼬았다. 그러자 김상로는 말을 돌렸다.

"참, 자네 누님은 자주 만나시는가?"

"웬걸요. 아무리 누님이라도 제가 어찌 내전에 출입할 수 있습니까?"

문성국은 뻔한 거짓말을 했다.

"하기는 자네 누님을 통해서 상감께 알려드리면 제일 무난할텐데 안 그런가?"

"대감께 그런 뜻이 있으시면 제가 누님을 찾아가서 말하겠습니다."

"내가 시켰다고 해선 안 되네, 자네 의견대로 해야지."

"예, 알겠습니다."

문성국은 영의정인 김상로에게서 찬성하는 뜻을 받아내고 싶었다. 그러면 이 중대한 문제가 조정에 올라가 의논할 때 김상로가 책임지고 증언하게 되겠기 때문이었다.

이튿날, 문성국은 궁궐의 문숙의 처소로 가서 세자의 역적 음모가 뚜렷하다고 거짓말을 했으며, 문숙의는 이 말을 더욱 부풀려서 영조에게 고자질했다. 게다가 차마 입에 담지 못할 말까지 해서 부자 사이를 떼어 놓으려고 하였다.

"마마, 글쎄 임금의 자리에 눈이 먼 세자는 노망한 임금은 물러나야 한다고 벼르면서 창덕궁에선 늙은 개만 봐도 이 늙은 놈하고 칼로 못된 짓까지 한다고 하옵니다. 영의정도 그런 사실을 알면서도 너무 황공한 일이라 마마께 아뢰지 못한다고 신첩의 남동생에게 털어놓았다고 하옵니다."

문숙의는 자신이 부풀린 영조와 세자 사이의 이간질에 대한 내용을 영의정으로 하여금 직접 고하게 하여 영조가 더욱 믿게 하였다.

"설마, 그놈이 아무리 이상하기로서니 아비를 죽이고 임금이 될 생각까지야 하겠는가?"

"늙으신 마마의 어진 사랑도 모르니 정말 망측하옵니다. 모두가 소론들이 부추기는 탓이오니, 우선 세자의 측근들부터 처단하시옵소서. 그러면 일시 잘못을 저지른 세자도 뉘우치고 잃었던 효심을 돌릴지도 모르옵니다."

영리한 문숙의는 세자를 동정하는 척하면서 우선 세자가 타고 있는 말부터 없애라고 권했는데, 이런 소문이 나돌기 시작하자 세자를 가까이 하고 있는 이천보와 이후 등이 불안해 했다. 그러던 차에 세자가 종기를 앓게 되었다.

그러자 의원들이 세자에게 온양 온천으로 가서 온천물로 치료하라고 권했으므로 세자는 부왕의 허락을 청했다.

그러나 영조는 세자와의 사이에 큰 불상사가 일어날지 모른다는 소문을 들어 알고 있었기에 이 기회에 세자가 종기로 죽어 버렸으면 좋겠다는 마음을 가졌으나, 백성들의 입이 두려워서 마지못해 허락했다.

그러자 노론에서는 세자의 말과 행동을 감시하려고 잠시도 세자의 곁을 떠나지 않았다. 좌의정으로서 세자의 스승을 맡고 있는 이후도 세자에게 무슨 변이 있을까 걱정하면서 따라갔는데, 세자는 그에게 자신의 고민을 털어놓았다.

"스승님, 저는 죽고만 싶습니다."

"저하, 그런 말씀 거두시고 종기 치료에 열중하십시오."

"몸의 종기보다 마음에 더 큰 종기가 들었습니다. 욕되게 사는 것보다 차라리 자진하는 것이 나을 것 같습니다."

"그게 무슨 말씀이십니까. 전하께서 만일의 일이 있으면 소신도 저하의 뒤를 따르겠습니다."

이후는 이미 대세가 세자에게 불리해서 무슨 참변이 일어날 것 같은 불안한 예감을 느꼈다.

"나에겐 부왕이 어려워서 감히 가까이 하지 못한 죄는 있지만, 어찌다른 불효의 뜻이야 있겠습니까? 그러나 부왕의 주위에는 흉한 요귀들이 부왕의 총명을 흐리게 하고 있고, 또 공연히 당파싸움으로 나를 업고일을 꾸미려는 자들도 못마땅합니다."

"망극합니다. 모두 신들의 불민한 죄입니다."

이런 말을 주고받으며 세자와 스승은 함께 눈물을 흘렸다. 다행히 온천물의 효과가 있어서 종기를 치료한 후 환궁하는 세자의 마음은 마치죽음의 길로 들어서는 것처럼 불안했다.

'아아, 그냥 평민이 되어서 자유롭게 유람이나 다니고 싶다.'

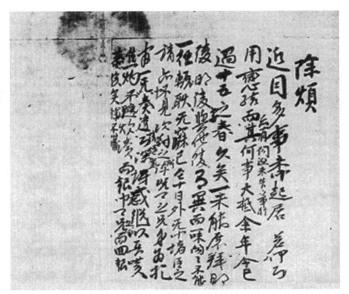
사도세자가 장인에게 보낸 간찰

세자는 모든 것을 버리고 그저 훌훌 나라 안을 돌아다니고 싶었다. 세자가 온천에서 돌아오자 궁궐과 조정의 분위기가 몹시 험악했다.

"세자가 역모를 품게 된 것은 소론들이다. 그들의 대죄는 마땅히 엄벌해야 한다."

이런 노론의 공격을 받게 되자, 영부사 이천보와 우의정 민백상이 차례로 목숨을 끊었다. 두 사람은 자기들이 역적으로 몰려서 죽을 것을 겁냈으며, 이왕 죽을 바에는 스스로 목숨을 끊어서 세자의 목숨만이라도 구하려는 충성심에서 저지른 일이었다. 또 온양 온천에 세자를 따라가서 그를 위로하고 돌아온 이후도 부자 사이의 싸움이 피를 보지 않고는 그치지 않을 것을 알고 역시 자진했다.

'아아, 나 때문에 충성스러운 세 신하들이 끝내 목숨을 버리고 말았구

나! 더는 살아서 무엇 할꼬.'

세자는 마침내 자포자기하고 미친 사람처럼 되어 버렸다. 울화병이 난 세자는 평복을 입고 혼자서 그의 처소를 떠나 어디론가 떠나려고 서둘렀다. 이때 그를 모시고 있던 내관들은 깜짝 놀라 그의 앞을 막았다.

"저하께서 어디로 미행하시렵니까?"

"글쎄, 이곳에서 아주 멀리 떠나고 싶소."

"저하, 지금 상감께서 저하의 움직임을 감시하시는 중이니 떠나시려거든 상감께 아뢰고 가셔야 합니다."

"평양에 가고 싶은데 부왕께서 허락하시겠소. 이것이 마지막이 될지 모르니 내 앞을 막지 마시오."

세자는 곧장 창덕궁을 나섰는데, 경희궁에 있는 영조는 이런 사실을 모르고 있었다.

세자의 방황

세자가 내시와 선비 몇 명을 거느리고 부왕 몰래 평양으로 길을 떠난 것은 부왕이 언제 역적으로 몰아서 죽일지도 모른다는 공포가 감돌고 있는 궁궐에서 잠시 벗어나려는 생각과 부왕에 대한 반항이기도 했다.

'언제 죽을지 모를 몸이니 젊음이나 실컷 누려 보자.'

1761년 영조 37년 4월, 평양 가는 연도의 산천에는 신록이 무르익고 늦봄의 꽃이 만발했다. 저 멀리 객사에 홀로 앉은 24살의 세자는 인근 야산에서 들려오는 두견새 소리를 들으며 애간장이 녹아드는 처절한 슬픔을 느꼈다.

비록 부왕 몰래 떠나기는 했지만, 도중에 무슨 일이 일어날지 몰라 소론의 대신들은 은밀히 각 지방의 수령들에게 세자를 극진히 대접하라고 일렀다. 그러자, 이때 노론에서는

'세자가 자주 지방으로 돌아다니는 것은 무슨 음모를 꾸미려는 계획인지 모르니 불온한 말과 행동을 몰래 조사하라.'
하고 각도의 수령들에게 비밀 지령을 내렸다. 그러나 세자의 평양 나들이는 그저 놀고 즐기는 데에만 치우쳤다.

평양은 자연도 빼어났지만 여인들이 아름답기로 유명했으므로 세자는 평양 기생들과 마음껏 놀았다. 주색을 즐기는 그의 습성은 정치싸움의 고통을 잊어버리는 데 가장 좋은 약이었다.

궁궐의 모든 구속에서 벗어난 자유인으로서 마음껏 방탕한 유흥을 즐기는 세자는 평양의 일류기생은 모조리 수청을 들게 하겠다고 기세를 올려서 평양의 화류계를 떠들썩하게 했다. 심지어 산에 놀러 갔다가 기생에서 여승이 되어 수도하던 가선假仙이까지 농락했다.

평양에서 한양으로 돌아올 때는 그동안 정들인 평양 기생 중 가선이를 포함한 5, 6명의 기생들을 가마에 태워 몰래 돌아왔다.

세자는 기생을 몰래 데리고 돌아왔으나, 처음에는 부왕의 노여움이 두려워서 동대문 밖에 숨겨 두고 밤에 나가서 그들과 즐기고 새벽에 돌아오곤 하였다. 이때 정숙하기로 유명한 세자비 혜경궁 홍씨는 질투를 나타내지 않고 다만,

"부왕께서는 저하가 평양을 다녀오신 것을 아직 모르시지만 멀지 않아 아시게 되면 또 한번 엄한 꾸지람이 내리실 것입니다. 더구나 기생들까지 데려다 놓고 밤마다 즐기시러 다니는 것을 아시면 큰 변이 일어날지 모릅니다. 지금 조정에 부왕께 저하가 반역의 뜻을 품고 있다고 참소

하는 무리가 있으니 조심하셔야 합니다."

"세자빈답지 않게 질투하는 거요. 언제 역적으로 몰려 죽을지 모를 몸이니 죽기 전에 실컷 놀아 보겠소."

세자는 부왕으로부터 미친 자식으로 구박을 받아 온 지가 오래 되었고 부왕을 극도로 무서워하는 공포증은 마침내 일종의 정신병 환자의 증세로 나타나게 되었던 것이다.

그리고 영조가 세자에게 왕위를 빼앗길까 오해하고 대노한 사건도 이미 수십 년 전인 영조 26년에 있었던 일이다. 그때 사건은 세자가 홍역으로 죽다 살아난 뒤였는데, 마침 대간 홍준해가 영조에게 세자를 너무 엄하게 다루지 말고 인자하게 다루라는 뜻의 상소를 올리게 되었다.

그때는 조정의 당파들이 세자를 이용하려고 하지 않았고 순수한 교육적인 뜻에서 올린 홍준해의 상소였다. 그러나 영조는 대노하여 세자를 더욱 엄하게 대했다. 세자는 중병 끝의 약한 몸으로 눈이 쌓인 마당에 엎드려서 용서를 빌었다. 눈이 펑펑 내리는 가운데 세자는 부왕이 용서할 때까지 땅바닥에서 일어나지 않았다.

그러나 노기는 다시 폭발해서 그해 섣달 15일에는 영조가 창의궁으로 가서 왕실의 어른인 인원대비에게,

"세자에게 왕위를 물려주겠습니다."

하고 화풀이까지 했다. 그러나 늙어서 귀가 어두운 인원왕후는 무슨 말인지도 모르고,

"주상이 좋을 대로 하시오."

하고 지나가는 말로 대답했다. 그러나 영조는 이제 인원대비의 허락을 받았으니 세자에게 자리를 물려주고 물러나겠다고 역정을 부렸다.

이에 대해서 세자는 망극해서 곧 영조의 뜻을 바꾸기 위해 상소를 올

렸고, 인원왕후도 귀가 어두워서 내용도 모르고 한 마디 잘못 대답한 것을 알고 영조에게 빌다시피 해서 겨우 없었던 일로 만들었다.

이때 세자는 망극해서 손지각遜志閣 뜰에서 석고대죄를 하다가 다시 창의궁 앞에 엎드려서 빌었다. 세자는 부왕을 노엽게 하는 불효를 탄식하고 머리를 돌에 부딪쳐서 망건이 찢어지고 이마에 피가 흐르는 상처까지 입었다. 이에 영조는 화를 풀었으나 그때부터 세자는 정신적으로 광기의 징조가 나타났다.

세자는 부왕을 마치 염라대왕처럼 무서워하여 대낮에도 귀신이 보인다고 소란을 떨었으며, 부왕과 스승이 권하는 경서는 읽지 않고 불경과 도경을 읽는 버릇도 생겼다. 도경의 하나인 『옥추경玉樞經』을 읽고 도를 닦으면 잡귀를 물리치고 도술을 부리게 된다고 마음을 쓰게 되었다.

그러나 『옥추경』을 읽은 뒤에는 더 귀신을 무서워했다. 이 귀신은 아마도 공포증에서 생긴 변형된 영조의 환영이었을 것이다. 그리고 옥추玉樞라는 글자조차 무서워했고, 옥추단玉樞丹이라는 패물까지 무서워서 가지지 못했다.

천둥소리나 번갯불도 무서워서 정신을 잃었고 그런 글자만 봐도 놀라는 증세가 고질화되었다. 그러다가 후궁 임씨를 가까이 해서 아이를 배자, 영조의 꾸중이 두려워서 낙태시키려고 하다가 뜻을 이루지 못하고 영조 30년에 은언군恩彥君 인을 낳은 후, 영조의 엄한 꾸중으로 벌벌 떨며 지냈다.

1757년 영조 33년에 세자는 자신을 친자식처럼 대해 준 정성왕후가 세상을 떠나자 큰 충격을 받았다. 이때 영조의 총애를 받는 후궁 문숙의와 그녀의 남동생 문성국이 모든 일에 트집을 잡고 세자의 욕을 하고 고자질하는 바람에 영조는 신하들 앞에서도 세자에게 갖은 욕설을 늘어놓고 엄하게 꾸중했다.

세자는 이때부터 울화병이 점점 더 심해져서 궁궐의 내시들을 매질하는 광증이 생겼고, 칼로 직접 궁궐의 궁녀들을 찔러 죽이는 살인도 여러 번 저질렀다. 이때 그들은,

"세자는 살인광이니 그에게 붙잡히면 죽으니 피하는 게 상책이다."

하고 궁궐의 내시들과 궁녀들은 세자를 두려워하고 벌벌 떨었다. 그리고 다음 해인 영조 34년부터는 해괴하게도 옷에 대한 광증이 생겨서 세자빈은 수십 벌의 새 옷을 만드느라고 온갖 고생을 하였다.

때로는 옷을 짓는 비용이 모자랐으므로 세자빈은 친정아버지인 홍봉한에게 호소해서 친정의 도움을 받지 않으면 안 될 정도였다.

이렇게 만든 옷을 세자는 귀신을 위해 새 옷을 모두 불살라 버렸고 옷이 마음에 들지 않는다고 찢어 버리는가 하면 옷을 자신의 마음에 맞게 입히지 않는다고 하여 마구 때려서 궁녀들에게 상처를 입히기도 했는데 이런 증상은 죽을 때까지 6, 7년이나 계속되었다.

그런데 어쩌다가 한 벌을 입으면 그 옷이 더럽고 헤질 때까지 벗지 않아서 마치 거지같이 지냈다. 그럴 때 새 옷으로 갈아 입히려고 하면 그 사람을 때린 후 상처에서 피가 흐르는 것을 보고 웃었다.

그러나 정권욕에 눈이 먼 당파들은 이렇게 부자 사이의 불화로 정신병까지 얻은 세자를 등에 업고 역모를 꾸몄으니 실로 한심하기 짝이 없었다.

부왕에 대한 공포감과 정신착란증은 그런 것을 다 잊어버리려는 핑계 비슷한 자포자기의 방탕으로 기울어졌다. 세자는 자기 처소의 후원에서 말 타기와 활 쏘기, 칼 쓰기로 울화를 풀었다. 어느 날 그는,

"부왕께서 내가 무술을 익히는 것을 역모를 준비하는 것을 뒤집어씌

우려고 하신다."

하고 누가 고하지도 않은 일에 지레 겁을 먹고 모조리 파괴해 버렸다. 그리고

"부왕이 나를 잡아 죽이려 하니 깊이 숨어야겠다."

라고 말한 후 환취정에 숨어서 나오지 않았다. 그뿐 아니라 후원에 토굴을 파고 그 속에 들어가서 숨기도 했다. 굴로 내려가는 출입구 뚜껑 위에도 뗏장을 덮고는 어두운 굴속에 틀어박혀서 오뉴월의 한증막 같은 더위도 참았다. 그래서 정신적인 광증은 마침내 육체적 건강을 해쳤고 마침내 중병이 들어버렸다.

그래도 밤으로는 동대문 밖에 데려다 숨겨둔 가선을 비롯한 평양 기생을 만나러 다녔다. 그런 방탕은 점점 심해져 마침내는 궁궐에까지 데려다가 불량배와 신하들을 데리고 밤을 새우며 놀았다. 하지만 세자의 패륜적인 행동이 지나침에도 세자빈은 모든 것을 세자의 병으로 돌리고 원망이나 질투를 삼갔다.

어느 날, 무슨 바람이 불었는지 세자가 오래간만에 갑자기 세자빈 처소를 찾아와서 하소연했다.

"부왕의 노여움이 아무래도 내가 무사하지 못할 것 같소."

"설과 그럴 리야 있겠습니까?"

"세손만은 귀여워하시니까, 나를 죽여 버려도 나라의 기본은 흔들림이 없을 것 아니오?"

"병환 때문에 그런 지나친 공포를 느끼시지만, 그럴수록 부왕께 안심하시도록……."

"흥, 모르는 소리. 나를 점점 더 미워만 하시니까 세자를 폐위하고 죽여 버린 뒤에 세손은 죽은 형님의 양자로 만들어 빼앗아 가실 거요."

세자빈은 이럴 때의 남편은 정신이 온전한 상태로 돌아온 것 같았으므로 가슴이 더욱 아팠다.

그러나 가선을 비롯한 기생들과 밤을 새우며 방탕한 잔치를 벌이는 광경은 마치 초상집과 같았다.

술과 고기가 가득한 잔칫상도 마치 귀신의 난장판 같았으며 붉은 명정을 세워 놓고 관 같은 것을 만들어서 그 속에 들어가서 송장처럼 누워서 잤으며, 궁녀들을 함부로 겁탈하고 말을 듣지 않으면 때리거나 죽이기를 예삿일처럼 하였다.

세자의 이러한 방탕과 광증의 행패가 심해지자 노론에서는 세자를 위하는 소론을 숙청하는 아주 좋은 기회라고 보고 흉계를 꾸미기 시작했는데, 세자를 직접 해치는 충분한 증거를 잡고 있었다.

영조도 이제는 형식상으로 세자에게 대리청정을 시키고 직접 정치엔 관계하지 않았으므로 어린 세손에게 글을 가르치는 것을 낙으로 삼고 있었다. 근력도 쇠약해서 전과 같이 당파싸움도 강경하게 금하지 못했고, 오직 고집만 전보다 심해서 일종의 치매증까지 앓고 있었다.

"너는 아비를 닮지 말고 공부를 잘해서 장차 좋은 임금이 되어야 한다."

영조는 세자에 대한 실망과 증오심을 어린 손자에게까지 이런 말로 훈계했으나, 세손은 어린 마음에도 할아버지가 아버지와 자기 사이를 이간하는 듯하여 민망하고 가슴이 아팠다.

영조 38년 여름, 마침내 세자와 영의정 신만과의 사이가 몹시 악화되었으므로 신만은 영조에게 세자의 나쁜 행동을 고했다.

"영의정 신만이 부왕께 내 행동을 고자질해서 부왕의 노여움이 더 심해졌도다."

세자는 그런 생각에서 울화를 터뜨렸다. 그러나 세자의 지위로서도 영조의 신임을 받는 영의정 신만에게 직접 화풀이를 할 수가 없자, 그의 아들인 영성위永城尉를 신만 대신에 잡아다 죽인다고 별렀다.

영성위는 세자의 친 누이동생 화협옹주의 남편이었다.

"영성위를 잡아다 죽여야 한다."

세자는 날마다 별렀다. 만일 영성위가 세자와 만났으면 그는 세자의 칼에 죽었을 것이다. 겁을 낸 영성위는 세자의 그런 마음을 알고 일체 궁궐에 들어오지 않았다. 그러자 세자는 영성위를 위협하려고 그의 집에 관원을 보내서 관복을 비롯한 그의 패물을 압수한 뒤에 관복을 불태워 버렸다. 그런 다음,

"내가 직접 부왕을 뵙고 억울한 사정을 아뢰겠다."

하고 신하에게 영조를 만나게 해 달라고 부탁했으나 한 사람도 나서는 자가 없었다.

사도세자의 최후

중인으로서 노론의 행동파 구실을 하는 나경언은 1762년 영조 38년 윤5월 11일에 형조 참의 이해중에게 중대한 밀고를 했다.

"대감, 요즘 세자께서 큰 일을 꾸미신다는 소문이 있는데 알고 계십니까?"

"자네 그게 무슨 소린가. 대체 누구한테 그런 말을 들었는가?"

"소인의 형이 액정별감 상언이 아닙니까?"

액정별감은 궁궐 노비들의 감독하는 사람이었다.

"아 참, 그렇지."

"대감, 실은 소인의 형이 들려준 말이온데 세자께서 노망하신 부왕을 들어내고 임금이 되시려고 무슨 변을 일으키신답니다."

"그런 위험한 말을 함부로 내뱉는 법이 어디 있는가?"

"대감께서 형조참의시니 미리 아시지 않습니까?"

이해중은 전 영의정이요, 세자의 장인인 홍봉한에게 그런 밀고 사실을 말했다.

"형조참의의 직책상 이런 사건을 상감께 아뢰지 않을 수도 없고, 그러자니 부자 사이를 끊는 것 같기도 해서 어찌해야 좋을지 모르겠소. 다행히 홍대감께서는 세자의 장인이니 이 문제를 잘 조정해서 무사하게 해주시오."

그러나 홍봉한으로서도 사위를 역적으로 고발할 수도 없고, 또 그것이 분명히 노론이 꾸민 음모인 줄은 알았지만, 그렇다고 사위를 두둔하고 변명하기도 거북해서 망설였다.

"내가 어찌 이런 문제의 시비를 따질 수 있겠소. 이 참의가 상감께 잘 아뢰어서 아무런 근거가 없는 헛소문이라고 사실을 밝혀 주시오."

"저도 난처합니다."

이해중과 홍봉한은 서로 책임을 지지 않으려고 했으나, 결국 이해중이 변을 고하는 상소를 올렸다.

"허허, 궁궐에서까지 대역의 변이 생기다니, 내가 친히 조사하겠다."

이해중이 올린 상소문을 읽고 영조가 대노하자, 이를 지켜보던 노론과 소론에 속한 신하들의 반응은 서로 달랐다.

"상감마마, 이는 신중히 다루어야 할 문제이니 마마께서는 진정하시옵고, 일단 사헌부에 맡겨 주시옵소서."

이런 의견은 세자를 두둔하는 소론의 뜻이었다. 그들도 대노하는 영조 앞에서 그것이 노론의 중상모략이라고 단언하고 나서지 못했다.

"전하, 일이 급하오니 전하께서 서둘러 친국하시되, 전하의 신변이 위험하오니 부디 군사로 하여금 주위를 엄중히 경계해야 하옵니다."

이런 주장은 세자를 없애려는 노론에서 제기했다.

"음, 곧 그리하라. 그리고 모든 궁문을 닫으라."

영조는 명령을 내린 후 대신들을 급히 불러들였으며, 이 소문이 궁궐 밖으로 새어 나가자 갑자기 민심이 흉흉해졌다.

"기어이 궁궐에서 임금과 세자가 싸워 피를 흘리게 됐군."

"세자가 방탕하고 미친 병까지 걸렸으니 노론들이 세자를 두둔하는 소론을 없앨 흉계이겠지."

"아니, 세자가 미친 체하는 것도 역모 계획을 숨기려는 행동이었다는 군. 정말 미친 사람이 그렇게 계집을 밝힐 수 있어. 글공부는 하지 않고 무술만 익힌 것을 봐도 알 거 아닌가."

장안에 나도는 유언비어도 자연히 두 갈래로 나누어졌는데, 그것은 노론과 소론에서 자기들에게 유리하도록 소문을 퍼뜨렸기 때문이다.

"나라 꼴이 말이 아니군. 노망한 임금이 미친 세자를 잡아 죽이려는 판국이니……"

"자식을 죽이지 않으면 아비가 죽을 테니까. 왕위와 목숨을 지키려면 그럴 수밖에 없겠지."

이런 흉측한 소문은 궁궐에서 더욱 심하여 세자도 죽을 각오를 하고 세자빈에게 마지막 편지를 보냈다.

지금 세상에 떠도는 소문이 심상치 않고 무섭구려. 이렇게 된

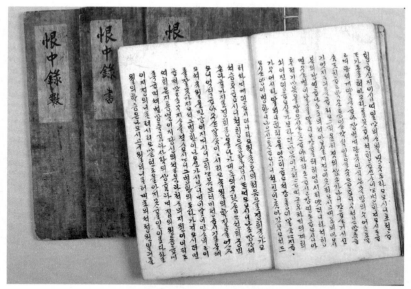

사도세자빈 혜경궁 홍씨가 지은 한중록

이상 내가 죽을지 살지 모르겠으나 다행히 살게 되면 종묘사직을
붙들어야겠소. 그러나 내가 죽어야 세손의 목숨이 보전될 것 같으며
이대로 죽은 후엔 빈궁을 다시 보지 못할 것 같소.

세자빈은 세자의 비장한 편지를 받고 천지가 무너지는 듯 아득했다.
한편, 세자의 어머니 영빈 이씨도 왕실의 참변을 어떻게 해서든지 잘 수
습하려고 했다. 영조의 끔찍한 생각을 알고 있었기 때문에 참변이 세자
뿐 아니라 세자빈과 세손에까지 미칠까 두려웠고 그렇게 되면 나라의
대가 끊어지고, 궁궐의 혼란은 점점 더 심해지는 동시에 왕족들이 임금
의 자리를 차지하려고 서로 싸울 것이 뻔했기 때문이었다. 그래서 영빈
은 영조에게 눈물을 흘리면서 간절하게 호소했다.

"마마의 결심을 알기 때문에 더는 말씀드리지 않겠사옵니다. 세자의 행동이 사실이거나 아니거나 모두 제정신이 아니고 병으로 그러니 어찌 책망하겠사옵니까. 처벌하시더라도 마마의 자식이니 은혜를 베푸셔야 하옵니다."

"처벌을 하면 그만이지, 무슨 은혜를 베푼단 말이오?"

"세손 모자를 평안케 하시도록……."

"그 아비의 죄를 모자에게까지 씌울 생각은 없소마는 아비를 죽이려는 미친 자식은 용서 못 하오. 그것도 왕실의 일이라 선왕들을 대할 낯이 없으므로 처벌하지 않을 수 없소."

영조가 세자를 처벌할 결심은 이제 바꿀 수가 없게 되었다.

마침내 친국이 휘녕전의 앞뜰에서 열렸다. 세자는 그곳으로 끌려나가기 전에, 세자빈이 있는 덕성각에 들러서 마지막이 될지 모르는 시간을 잠깐 동안 함께 지냈다. 그리고 담 하나를 사이에 둔 휘녕전으로 가자, 바로 영조의 노한 음성이 들려왔으므로 세자빈은 슬피 울었다.

친국의 장소는 살기가 돌고 있었다. 남태제를 지의금 부사로 삼고 한익모를 판의금 부사로 삼아 그들을 거느리고 친국 장소로 갔으며, 여러 대신들도 참석한 가운데 영조의 친국이 시작되었다.

"먼저, 고변한 나경언의 증언을 듣자."

영조의 명령이 있자, 역시 죄인 취급을 받은 나경언이 끌려 나왔으나 그는 태연한 태도로 어전에 엎드려서 입을 열었다.

"상감마마, 황송하오나 소신은 이번 일을 미리 알고 상소하려고 했으나 미천한 몸이오라 상소도 못 했사옵니다. 그래서 형조 참의에게 이 사실을 알렸고, 오늘은 사건 내용을 상세히 글로 기록해 왔사오니, 먼저 이 글월을 읽어 보시옵소서."

나경언은 미리 준비한 고발장을 올렸다.

*세자가 앞으로 나라를 새로 세운다는 소문이 떠돌아서 신이 그
내용을 알아보고……*

영조는 여기까지 읽고 화를 벌컥 내면서 그 고발장을 세자의 장인 홍
봉한에게 휙 던져 버렸다.

"영상이 이 글을 읽어 보시오."

홍봉한은 영조가 자기에게 역정을 내자, 황공해서

"마마, 황공하옵니다. 신을 먼저 죽여 주시옵소서."

하고 엎드렸다. 그 고발장은 이어서 모든 대신들이 읽었으나 모두 침울
한 표정으로 말이 없자, 영조가 물었다.

"나경언은 벼슬도 없는 일개 서민으로도 나라에 대한 충성심에서 이
런 변을 고발했는데, 여러 대신은 다들 알면서도 과인에게 알리지 않았
으니 그 심사를 알 수 없소. 경들은 저 나경언에게 부끄럽지도 않소?"

대신들은 여전히 묵묵히 앉았을 뿐 감히 입을 열지 못했다. 홍봉한은
더욱 책임을 느끼고,

"마마, 세자를 불러들여서 그 죄를 엄하게 물으시옵소서."

하는 정도의 말을 하지 않을 수 없었다. 이때 세자는 홍화문 밖에 엎드
려서 죄를 기다리고 있었다. 영조가 세자를 불러들이라고 명령하자 홍
봉한은 다시

"마마, 그러하오나 나경언을 한 자리에 있게 하는 것은 좋지 않사오
니, 그를 잠시 물러나 있게 하시옵소서."

하고 아뢰자, 나경언은 군사에게 끌려나가면서 홍봉한을 불만스러운

시선으로 쏘아보았다. 나경언이 물러난 뒤에 세자는 휘녕전 섬돌 아래 엎드렸다.

"너는 이 아비를 대신하여 나랏일을 보살펴야 하는 몸인데도 그를 이행하지 않고 밤이면 궁궐 밖으로 몰래 나가 방탕한 짓을 일삼았고, 그것도 모자라 평양의 기생과 여승까지 데려와 궁궐에 숨겨 놓고 못된 짓을 일삼았다. 그러고도 앞으로 어떻게 임금 노릇을 할 생각이더냐? 게다가 너는 역모까지 계획했다니 그게 사실이냐?"

영조의 호령에 대신들은 긴장한 채 숨도 제대로 쉬지 못했다.

한편, 홍화문 밖에서 이 모습을 지켜보던 세손은 영조 앞으로 나아가 엎드려 울면서,

"할아버님, 소손의 아비를 살려 주시옵소서."

하고 애원했으나, 영조는 세자에 대한 분노가 극도에 이르렀으므로,

"너는 나가 있거라!"

하는 호령을 듣고 물러나는 수밖에 없었다.

이때 세자빈은 세자가 처형되기 전에 먼저 세상을 떠나려고 칼을 들었으나 옆에 있던 궁녀들이 칼을 빼앗고 말렸다.

세자빈은 할 수 없이 숭문당과 휘녕전 사이의 건복문 밑으로 가서 휘녕전 안의 동정을 살피려고 귀를 기울이자, 영조의 호령소리가 들리고 이어서 세자가 겁에 질려서 애원하는 소리가 들려 왔다.

"아바마마, 소자의 잘못을 용서하여 주시옵소서. 앞으로는 아바마마의 분부도 잘 듣고 글도 열심히 읽겠사옵니다."

"여승과 기생들을 궁궐에 들여다가 난잡한 행동을 하고, 심지어 대역의 음모를 꾸민 죄를 뉘우치고 하는 말이냐?"

"소자는 하늘에 맹세코 그런 음모를 꾸민 일은 없사옵니다."

"네 가슴에 물어봐라. 과인을 대신한 네가 과인의 자리를 탐하고 역모를 꾸미지 않았단 말이냐?"

"소자에게 그 전부터 울화병 증세가 있어서 저도 모르게 실수하는 일은 있었사오나, 그런 일은 절대로 없었사옵니다."

"네 변명은 더 이상 듣고 싶지도 않으려니와 네 꼴 또한 보기 싫으니 밖으로 나가서 기다려라."

세자는 휘녕전을 나와서 금천교에서 처벌을 기다리고 있었다. 세자가 나가자, 세자의 장인 홍봉한이 영조에게 조심스럽게 아뢰었다.

"전하, 불충불효한 무고를 하여 마마와 세자 사이를 이간시키려고 한 나경언을 극형에 처해서 다시는 이런 일이 없도록 하시옵소서."

"흉악한 죄를 고발한 충성된 백성을 왜 처벌하란 말이오. 차라리 이런 흉한 죄를 덮어 두려던 대신들을 벌할 망정 정직한 백성은 벌할 수 없소."

대신들도 홍봉한의 말에 찬성하여 부자 사이의 참변을 막으려고 애썼다.

"전하, 세자에게 잘못된 점이 있다 하더라도, 신하로서 그 죄를 들추는 것은 도리가 아니오니, 나경언의 소행은 엄벌해서 후세를 경계하도록 해야 하옵니다."

"나경언은 일개 무식한 백성이지만, 그 충성은 대신들보다 극진한데 어찌 죄를 주겠소?"

"전하 임금에게 거짓말로 고변한 자는 예로부터 죄를 주었사옵니다."

대신들은 나경언의 죄를 주장했다. 그것이 비록 사실이라도 죄를 받아야 했기 때문에, 노론의 벼슬아치들은 나경언 같은 건달을 이런 경우에 이용했던 것이다. 그래서 나경언이 죄인으로 옥에 갇히게 되자, 그는

비로소 자기가 희생물로 죽지나 않을까 하는 겁이 났으므로 옥으로 끌려가면서,

"나는 세지를 모함한 죄로 죽어 마땅하오나, 나에게 그런 고변을 하라고 시킨 사람은 김한구와 홍계희 등의 노론이옵니다."

하고 배후 관계를 폭로했다. 이때 당황한 노론에서는 곧 나경언의 구명 운동을 벌였으며, 문성국은 누이 문숙의를 찾아가서 사정했다.

"누님, 나의 친구이며 우리를 위해 세자의 죄를 고발한 나경언이 도리 껴 불경죄로 죽게 되었소. 세자의 죄를 자세히 상감께 여쭈어서 억울한 나경언의 목숨을 살려 주시오."

"염려 마시게. 이번에 미친 세자를 처벌하지 않으면 우리에게도 큰 화가 미칠 것이므로 내 힘껏 노력하겠으니, 옥중의 나경언에게 연락해서 안심시키도록 하게나."

문성국을 돌려보낸 문숙의는 그날 밤에 영조를 부추겨서 세자를 더욱 미워하도록 만들었다.

다음날도 친국은 계속되었는데, 영조는 우선 나경언을 귀양 정도로 가볍게 다루려고 했으나, 남태제와 홍낙순 등이 반대했다.

"마마, 신하로서 세자를 거짓으로 고발한 것만으로도 대역죄가 성립 되옵니다."

그러나 영조는 고집을 끝까지 굽히지 않았다.

"역적을 고발한 자는 상을 주어야 한다."

"전하, 세자를 역적이라고 하오시면, 전하의 경우는 어찌 되시옵니까?"

"경들은 왜 형식만 갖추려 하고, 어찌하여 진상 조사는 피하려고 하오?"

대신들의 반대에 부닥친 영조는 나경언을 귀양보내지 말고 처형하라고 분부했다. 이리하여 나경언은 노론에게 이용만 당한 채 형장의 이슬로 사라지고 말았는데, 그의 처형 보고를 받은 영조는,

"경들도 나경언처럼 충성을 위해서 목숨을 버릴 용기를 가지시오."

하고 그들을 비웃자 대신들은 아무 말이 없었다. 영조는 다시

"나경언의 유족을 후하게 대우하라."

하는 명을 내렸다. 영조가 한낱 백성에 지내지 않은 나경언에 대해서 이렇게까지 너그러운 것은 세자에 대한 분노가 얼마나 컸던가를 증명하는 것이기도 했다.

나경언이 처형되자, 문숙의를 중심으로 세자 배척의 운동에 더욱 속도가 가해졌다. 그와 함께 위급해진 세자를 구하려는 운동도 조심스럽게 진행되고 있었다.

그러나 세자를 살리려는 구명 운동은 영조의 노여움에 불을 지르는 역효과만 만들었다. 어떤 충신의 말보다도 문숙의의 말을 믿게 된 영조의 마음은 아들을 원수로 삼는 악마로 변해 버렸다.

세자 처벌을 결심한 영조는 역대 임금의 초상을 모신 선원전을 참배하고 중대한 결심을 고했다.

"불효자식 때문에 열성조께 큰 죄를 지을지 모르게 되었사옵니다. 자식이 아비를 해하려는 불행한 일을 막기 위해서 하는 수 없이 자식에게 자결을 권하겠사오니 저의 고충을 용서하여 주시옵소서."

선원전의 참배가 끝난 후 영조는 곧장 친국 장소인 휘녕전으로 나왔다. 영조의 표정은 어느 때보다 굳어 있었다.

"이제 세자는 꼼짝없이 돌아가시게 되었구나!"

세자빈은 세자가 곧바로 죽을 것을 직감하고 기절해 버렸으며, 영조

는 승지에게 세자의 관과 버선을 벗기고 뜰 아래 엎드리게 하였다.

"세자는 듣거라. 속죄하려면 이 자리에서 자진하라."

참으로 냉혹한 선언이었다. 아버지가 아들에게 스스로 목숨을 끊으라고 한 것이다.

"영의정, 세자가 자진하기 전에 먼저 세자를 폐하도록 하시오."

"전하, 황공하오나 그것은 대신들과 의논하시어서 신중히 결정하시옵소서."

영의정 신만도 민망스러워서 이렇게 아뢰었다.

"세자를 폐하는 것은 종묘사직을 위함이니 과인의 명대로 하시오."

영조는 다시 영의정에게 호령했다.

"아바마마, 소자를 살려 주시옵소서."

세자도 이때만은 제정신으로 돌아와 이마를 땅에 부딪치며 영조에게 용서를 빌었다. 그러나 영조는 세자의 애원을 뒷등으로 흘리며 대신들에게 명령했다.

"경들은 모두 밖으로 나가시오. 과인의 사사로운 일로 그대들에 수고를 끼치지 않겠소."

대신들도 물러가고 사태가 위급해지자 밖에서 동정을 살피던 세손이 울면서 들어와 영조 앞에 엎드려서 떨리는 목소리로,

"할바마마, 소손의 아비 대신 소손을 처벌해 주시옵소서."

하고 애원하자, 영조는 신하에게 세손을 데리고 나가라고 명령한 뒤에 칼을 빼어 들고 세자 앞으로 내려갔다.

"어서 이 칼로 자진하여라."

영조의 명령이 떨어지자 신하들이 세자에게 다가가 자진하기 쉽도록 그를 묶은 포승을 풀어주었다.

"세자의 신하들은 물러가라."

영조의 명령에 세자의 신하들이 물러났으나, 한림 임덕재가 세자 옆에 엎드려서 함께 죽으려고 움직이지 않았다. 그러나 영조는 군사를 시켜서 그도 끌어내라고 명하자, 세자는 물에 빠진 사람이 지푸라기라도 잡듯이,

"한림, 한림까지 가면 나는 어찌하오?"

하고 한림의 옷자락을 잡고 울었다. 그러나 군사들은 세자의 손을 잡아 떼고 한림을 끌어냈다.

"아바마마, 소자를 살려 주시옵소서."

모든 신하들은 쫓겨나갔고 군사들만 남은 적막한 휘녕전 안에는 냉혹한 살기가 등등했으나 세자는 영조의 마음을 돌리기 위해 애원을 포기하지 않았다.

"네 죄를 알거든 어서 이 칼로 자진하라."

영조는 세자에게 거듭해서 자진할 것을 명했으나 세자는 살려 달라고 애원하며 차라리 영조의 손에 죽을지언정 스스로 목숨을 끊으려고 하지 않았다. 설마 죽일까 하는 한 가닥의 희망이 없지도 않았기 때문이다.

"여봐라! 뒤주를 가져오너라."

영조는 자진하지 않는 세자를 뒤주 속에 넣어서 죽일 생각으로 내시에게 분부하여 뒤주를 가져오게 하였다.

"정녕 네 죄를 용서받으려면 이 속에 들어가서 천지신명에게 조용히 빌어라."

"아바마마, 그러면 용서하시겠사옵니까?"

세자는 망설이면서도 칼보다는 좀 안심한 듯이 물었다.

"냉큼 들어가서 속죄하라."

세자는 하는 수 없이 뒤주 속으로 들어갔다. 뒤주는 간신히 무릎을 세우고 앉을 정도였다. 세자가 뒤주 속에 들어가자 영조는 손수 뒤주의 뚜껑을 닫고 열쇠를 채웠으며, 그 순간 뒤주 안은 암흑천지로 변했다.

'언제 용서하시고 뒤주에서 꺼내 주실 것인가?'

세자는 그런 일루의 희망을 걸었으나 그것이 곧바로 자신의 관이 될 줄은 미처 몰랐다.

영조는 뒤주를 엄중히 감시하라고 명령했고, 풀을 뜯어 오게 하여 그 것을 뒤주 위에 올려놓았으므로 낮이면 한여름의 삼복더위에 찌는 듯 한 햇볕을 받은 풀더미의 열기로 세자를 질식시켰다. 그리고 8일 만에 세자는 마침내 뒤주 안에서 굶주림과 더위에 지쳐 숨을 거두고 말았다.

세자가 죽자, 이때 세자빈은 영조께 상소하고 세손과 함께 친정으로 돌아갔다. 세자빈은 자진하고 싶었으나 아들인 세손^{뒷날의 정조}의 앞날을 위해서 모진 목숨을 끊지 못했다.

세자빈은 그때부터 자신과 사도세자에 관한 사실을 한글만으로 기 록했는데, 이것이 이른바『한중록閑中錄』이다.

사도세자를 뒤주에 넣어서 죽인 영조는, 나중에 노론의 음모인 것을 깨닫고 후회했으나, 죽은 세자를 살릴 수는 없었다.

영조는 52년 동안이나 임금의 자리에 있으면서 당파싸움을 없애려고 이른바 탕평책을 써 보았으나, 자신도 만년에 가서는 그 당파싸움에 휘 말려 아들까지 죽이고 말았던 것이다.

대한제국 비사

　1884년 갑신정변이 실패하고 10년 후 실권을 잡은 이른바 갑오경장 정부는 1895년 8월 27일 국호를 '대조선국大朝鮮國'으로 개칭하였다.

　그 뒤 1896년 2월 11일 고종황제가 러시아 공사관으로 피신하는 '아관파천俄館播遷' 사태 이후 내각이 붕괴되자, 정권은 친러 수구파에 의해 농단되었다.

　1896년 7월 2일 창립된 개화파의 사회정치단체인 독립협회와 자주적 수구파들은 연합하여 고종의 환궁에 총력을 경주한 끝에 1897년 2월 20일 고종이 러시아 공사관에 파천한 지 약 1년 만에 경운궁으로 환궁하여 정상을 되찾게 되었다.

　고종의 환궁 뒤 정부는 조선의 국호를 '대한제국大韓帝國'으로 고쳐 내외에 선포하였다. 대한제국의 성립은 대한이 자주독립국가임을 내외에 거듭 재천명한 것이며, 자주독립의 강화를 국내와 세계에 알린 중요한 역사적 사건이었다.

　하지만 1905년 러일전쟁에서 승리한 일본은 이토 히로부미伊藤博文를 특명전권대신으로 파견하여 황제 고종에게 대한제국의 외교권을 빼앗은 다음, 일본통감의 지배를 받는 것을 골자로 하는 이른바 '을사보호조약'의 체결을 강요하고, 1906년 2월 1일 서울에 통감부를 설치하였다.

　이렇게 대한제국을 장악한 일본은 1910년 8월 22일 이른바 '한일합방조약'이라는 것을 강요하여 맺고 식민지로 강점함으로써 대한제국은 짧은 역사를 기록한 채 멸망하게 되었다.

우국지사 최익현

대원군을 몰아내다

　최익현은 경주 사람으로 어렸을 때 김기현의 문하생으로 들어가 글을 배웠고, 나이 14세 때부터는 문경공 이화서에게 글을 배웠는데, 이화서는 일찍이 최익현의 재주가 비범함을 발견하고 전심전력을 기울여 가르쳤다고 한다.

　최익현은 나이 23세였을 때에 문과에 장원으로 급제하였고, 그 이듬해에 이르러서는 성균관 전적典籍이 되어 그의 이름을 세상에 알리기 시작하였다.

　그리고 27세 때에는 사헌부 지평 또는 사간원 정언으로 있다가 28세에 이르러서는 신창 현감으로 있게 되었다. 그런데 이해 12월에 철종대왕이 돌아가시고 새 임금이 즉위하자, 그는 예조좌랑으로 직을 바꾸었다가 성균관으로 들어가 유생지도의 직책을 맡아보고 있었다.

　그런데 그는 사헌부 장령으로 다시 나서게 되었다. 이때 섭정왕으로 있는 대원군이 조선 팔도에 있는 서원 중 유서가 깊은 몇몇 서원을 제해놓고는 그외의 서원을 모조리 없앨 작정을 하고 도관찰사에게 도내에 있는 서원을 남김없이 철거해 버리라는 훈령을 내렸던 것이다. 그리하여 최익현은 이때부터 섭정왕 대원군을 상대로 싸우기 시작했다.

서원 철폐령을 알게 된 최익현은 이 문제를 좌시할 수 없어 재빨리 성균관으로 달려가 유생 전원을 모아 놓고 다음과 같은 말로 대원군을 성토하였다.

"우리 조선은 신라, 고려 이래로 문교가 빈번하기로 이름이 높은 나라이다. 이태조께서 무武를 가지고 나라를 세웠다. 하지마는, 그가 즉위하기가 무섭게 경연청을 설치하시고 이에다 경연관을 두시었으며, 또 교서관校書館을 두어 경적經籍 인행印行의 일을 맡아 보게 하시었다. 그 아래 역대의 임금은 그의 뜻을 받들어 홍문관, 규장각 또는 예문관, 춘추관, 성균관 등을 설치하였다.

이것들은 오늘날 이 나라 문교의 근거가 되어 있다. 한양의 문묘는 무엇 때문에 엄연히 존립되어 있는가? 문충공 정몽주, 문순공 이 황, 문정공 송시열, 문성공 이 이 등 기타 수십 명의 문신은 이 나라 문교의 공헌자였기 때문에 문묘에다 떠 받들고 있는 것이다.

다시 말하면 그들을 문교국의 표본으로 봄으로 공자, 맹자와 함께 일당에 모시게 된 것이다. 그리하여 이 나라의 석학홍유碩學鴻儒는 흔히 그들의 출생지에다 서원을 남겨 놓고 있다. 저 문경공, 문성공의 화엄서원, 이항복의 화산서원, 김장생의 둔암서원 등 기타의 모든 서원은 일찍이 선왕의 액자까지 받고, 흥학에 이바지하고 있다.

이를 요약해 말하면 팔도에 흩어져 있는 서원은 이 나라 문교의 근원이 되어 있는 것이다. 그런데 대원군은 붕당알력朋黨軋轢의 원인을 서원에다 돌리고, 이것을 헐어 없애라고 각 도에 명령을 내렸다고 한다. 제군은 이를 어떻게 생각하는가? 당쟁은 서원이 있으므로 생기는 것이 아니다.

궁중정치의 타락과 외적의 발로로 말미암아 생기는 것이다. 그 폐단의 근본을 밝히지도 않고 문교의 원천을 막으려 한다. 천하의 청년을 우롱하고 이 나라의 쇠운을 만회하려 하는 것은 연목구어緣木求魚에 비해 말할 수밖에 없다. 우리는 이 무지한 대원군의 폭거를 좌시할 수 없다. 나는 제군의 분기를 간절히 바라는 바이다."

유생들은 최익현의 말을 듣고 분함을 참을 수 없어 책상을 치면서 그를 따라 싸울 것을 쾌히 승낙하였다.

그러나 익현은 시세가 잘못됨을 살피고 서울을 등지고 충청, 전라 각도에 있는 저명한 유생들을 찾아보기로 하였다. 그리하여 익현은 양도에 있는 유명하다는 유생을 골고루 찾아보고 대원군의 폭거에 대항하여 분기하자고 권유하였으나, 당시의 유생들은 대체로 의기가 소하되어 한갓 비분강개할 뿐이었다. 그리하여 익현은 더 권유할 용기를 내지 못하고 헛수고만 하고 돌아오고 말았다.

대원군의 서원훼철에 대한 명령은 각 도관찰사에게 모두 전달되었지만, 각 도의 관찰사는 이를 함부로 처리할 수 없어 외면상으로만 약간의 서원을 훼철해 가지고, 이를 중앙에다 보고하고 말았다. 그리하여 최익현의 분노는 다소 완화케 되었다.

그러나 이때부터 최익현은 대원군을 문교의 적으로 간주하고 그를 사갈과 같이 미워하였다. 천하무적의 대원군 앞에 최익현만이 사자후를 토하고 나섰다.

한편 대원군은 이조의 쇠운을 한탄한 나머지 중앙집권을 꾀하고 궁정의 위엄을 사민에게 보이기 위하여 경복궁을 대규모로 중건할 계획을 세웠다.

경복궁은 원래 이태조가 건조한 것인데, 일찍이 임진의 병화로 말미암아 삼백여년간 황폐된 자취만 남아 있게 되었던 것이다. 그리하여 헌종 시절에 이를 중건하려 하였으나 큰 비용이 들게 된 관계로 중지하고 말았다.

그런데 대원군은 선왕의 뜻을 계승한다는 구실하에 경복궁의 중건을 팔도에 포고하고 동시에 새 법령을 내려 팔도의 백성으로부터 공조를 강요하기 시작했고, 또 서울과 서울 부근에 사는 사람으로부터는 부역을 강요하여 매일 수만명에 달하는 사람이 출동케 되었으며, 한편 함경도와 경상도로부터는 양목과 거재를 강요하여 이것이 산골로부터 바다를 거쳐 서울로 오게 되었으며, 강화의 돌은 양화진으로 집적되어 이것이 서울로 오게 되었다.

그러나 그의 강요하는 것이 여기에 그치지 않았다. 원납금이란 명목을 내걸고 돈을 또 강요하였다. 이 때문에 백성의 원망하는 소리가 팔도 강산을 뒤흔들고 있었다.

이때 익현은 이를 방관할 수 없어 마왕과 다름없는 대원군의 폭위를 일소에 붙이고 경복궁의 역사를 중지시키기 위하여 당시의 임금후일의 고종에게 글을 올렸다.

엎드려 생각컨대 신은 장헌獎憲의 분부를 받음이 이미 한 달이
넘었습니다. 일찍부터 상감의 은총을 입사와 황감한 생각을 금하지
못하고 있습니다.
그러하온데 옛날부터 국가가 대직臺職을 둠이 무엇 때문이겠습니까?

대체 임금되신 이는 백관조민白管兆民의 위에 계셔서 만기를 통할하시는
까닭에 임금의 총명을 도웁는 기관이 있어야 하겠으므로 오늘날
대간臺諫이 임금의 이목이 되어 있는 것입니다. 그리하여 대신臺臣이
법을 잡게 되었고, 또는 간관諫官이 그 부족을 기웁게 된 것입니다.
이와 같이 하는 것은 임금으로 하여금 덕업에 흠이 없게 하기
위함이며, 또는 정교正教에 실책이 없게 하기 위함입니다. 신으로
말씀하면 사람됨이 우둔하고 암매하여 대간의 직을 감당함에 족한
자가 못됨을 잘 알고 있는 바입니다. 그러하오나 이미 언책言責의
분부를 받잡고 있는 까닭에 직책상 느낀 바를 아뢰는 바입니다. 이에
신은 참월한 행동임을 불구하고 금상의 총명을 돕기 위하여 이 글을
올리는 것이오니, 특별히 예찰하여 주심을 엎드려 비옵니다.
첫째로 아뢰는 것은 경복궁의 중건을 중지할 일이옵니다. 신이
홀로 생각컨대 전하께서 임어하신 이래 정사에는 생각을 두시지
아니하고, 궁궐을 4년 내에 중건하심으로써 급선무를 삼으시는
것같이 배찰拜察됩니다. 황공한 말씀이오나 임금의 급우는 덕을 폄에
있고, 흥작興作을 일으킴에 있는 것이 아니옵니다. 옛 우禹임금은
궁실의 호화와 음식의 사치에 생각을 두지 않고, 백성을 위하여
여정도치勵精圖治하였기 때문에 마침내 번영함에 이르렀고, 이와 반대로
걸주桀紂와 진황秦皇은 경궁瓊宮과 요대瑤臺 또는 아방阿房과 장성長城을
건조함으로써 국파군망하고 말지 않았습니까? 한漢·당唐 이래
나라를 잘 보존한 임금치고 토목사업을 일으킴으로써 일을 삼은 이는
없습니다.
어진 임금은 민심을 잘 얻는 것으로 일을 삼았습니다. 그러나
이와 반대로 나라를 잃은 임금치고 토목사업을 일으켜 민력民力을

핍진ㅈ盡시키지 않은 것이 없습니다. 이것은 모든 사적事跡이 증명하며 또는 방책이 명시하는 바입니다.

고금의 사실을 취해서 말할 것이 없다고 생각하신다면 더 아뢸 필요가 없겠지만, 전하께서 성군을 본받고자 하신다면 이에 귀를 기울여 주옵소서. 엎드려 바라건대 전하께서는 오늘의 공사중 아직 손을 대지 않고 있는 것이 있으시면 이것을 당연히 중지하시어 백성의 노고를 덜어 주면 행심천만일까 하나이다. 신 애국우국愛國憂國의 지정을 억제할 수 없어 죽음을 무릅쓰고 아뢰는 바이옵니다.

상소문이 궁중으로 들어가자, 대원군은 이를 보기가 무섭게 격노하면서 최익현을 불경죄로 다스리려고 하였다.

그러나 묘의廟議가 이를 허락하지 않음에만 그치지 않고, 이를 애군우국愛君憂國의 적성에서 나온 것으로 간주하고, 당시의 임금은 그의 벼슬을 돈녕부敦寧府 도정都正으로 올려 주었다. 그러나 익현은 이를 고맙게 받지 않고 굳이 사양하고 말았다.

당시에 있어 '호랑이 섭정왕'으로 유명한 대원군의 비정秘政을 들어 싸우는 사람이란 조야를 통하여 최익현 한 사람이 있을 뿐이었다. 그리하여 당시의 사람들은 어느 누구를 막론하고 그의 대담함에 놀랐었고 또 그의 기백을 상찬하였다.

그런데 최익현의 대원군에 대한 태도는 해가 거듭될수록 강경해져 대원군을 몰아낼 생각이 굳어지기만 했다.

고종 10년에 이르러서는 대원군을 사정없이 탄핵하는 글월을 고종께 올렸다. 이 상소는 대원군의 폭정을 열거하고 나아가서는 고종의 친정의 필요를 역설한 것이었다.

고종도 이미 장성해진 데다 배후에 여장부인 민비가 계셨으므로 최익현의 이 상소가 헛수고가 아니었다. 대원군은 이 소문을 얻어 듣고 노발대발하면서 양주 적곡으로 은퇴하고 말았다. 그리하여 대원군은 초당 적막한 곳에서 난화와 황산곡의 시를 읊으면서 웅심을 간신히 누르고 지냈다.

그런데 친정으로 돌아간 고종은 최익현을 밉게 보지 않고 그에게 특사를 보내 그를 불러놓고 궁내부 특진관特進官이란 벼슬을 주려 하였다. 그러나 최익현은 이를 굳이 사양하고 말았으며, 또 임금은 그에게 의정부찬정議政府贊政이란 벼슬을 내렸다. 그러나 그는 이것도 오래 지니지 않고 유생지도에만 몰두하고 지냈다.

일본 헌병대에 끌려가다

대한제국 광무 8년 2월은 일본 명치 37년 2월이었다.

러일전쟁이 일어나자, 주한 일군사령관 하세가와 요시미치長谷川好道는 친러파 한인 정객에 대한 감시를 엄중히 하게 하였다.

때마침 최익현이 서울의 재종손되는 최만식의 집에 머물러 있게 되었다. 당시 '한일의정서'란 것이 협정되고 또 '한일협약'이란 것이 성립되었다. 이를 알게 된 최익현은 이를 불문에 붙일 수 없어 고종께 매국난정賣國亂政의 내각원을 죽여 없애라고 글을 올렸다. 이 상소의 내용이 하세가와의 귀에 들어가자, 하세가와는 '의정서와 협약에 반대하는 자는 친러파로 안정하지 않을 수 없다. 친러파란 자들의 망동을 내버려 두다간 큰 화근이 되고 말 것이다. 빨리 적발해 처분하고 말아야 하겠다.'고 마음

최익현

먹고 그는 일헌병대에 명령하여 제일차적으로 최익현을 체포하여 헌병대에 가두게 하였다.

명령을 받은 일본 헌병들은 최익현의 사관에 들이닥쳐 동행하기를 청하였다.

이때 최익현은,

"나와 동행하자고? 무엇 때문이냐? 헌병대의 누가 나를 만나려는 것이냐?"

하고 거칠게 반문하였다.

"하세가와 사령관이오. 빨리 갑시다."

그러자 최익현은 태연자약한 태도로,

"나를 만나고 싶으면 찾아올 것이지, 어째서 나보고 오라 가라 하는가."

하고는 동행하기를 거절하였다.

그러자 헌병들은 최익현을 강제로 끌고 가려 하였다. 이를 본 최익현의 문인이며 시종하는 사람들이 일제히 헌병들에게 달려들었다.

"선생께서는 아직 세수도 하시지 않고 계신즉, 세수하시고 조반이나 드신 후 가면 되지 않느냐? 잠시 동안 기다려 주시오."

이에 일본 헌병들도 어쩔 수 없이 기다렸다.

최익현이 조반을 먹고 의관을 정제한 후 문밖으로 나와 가마를 타려할 즈음에 좌우에 열립한 군인들과 시종들에게 말했다.

"나를 부른 사람은 하세가와가 아닐 것이다. 하여간 가 보자."

당시의 헌병대장 다카야마 이츠아키^{高山逸明}는 최익현이 옴을 알고 부하에게 명하여 대장실로 안내케 하였다. 다카야마 대장이 명함을 내놓고 인사를 하자, 최익현은 그의 명함을 보자, 정색을 하고 말했다.

"나는 그대를 만나러 온 것이 아니다. 하세가와 사령관이 면담할 필요가 있다 해서 온 것이다."

최익현의 말이 끝나자, 다카야마는 정중한 어조로 말했다.

"하세가와 사령관은 공과 면담하려는 내용을 나에게 지시했으니 나는 군사령관을 대신하여 공에게 물어볼 것이 있습니다. 공은 지난날에는 청국을, 또 오늘에는 러시아와 불란서를 등에 업고 일본을 배격하는 것 같습니다. 이는 양국의 교의를 짓밟는 행동이니, 이것이 사실이라면 이를 방관할 수 없습니다."

"글쎄, 나는 친러파도 아니며, 친불파도 아니다. 그렇다고 친일파도 아니다. 다시 말하면 나는 러시아도 싫고 불란서도 싫고 일본도 싫다. 병인의 국난은 서양 때문이고, 갑신의 사변은 일본 때문이 아니냐? 척화척양^{斥和斥洋}은 나의 본래의 주장인 것이다. 나는 조선이 있음만 알고 일본이 있음을 모르는 사람이다. 그러한 내가 러시아가 있고 불란서가 있음을 알리가 있겠는가? 그리고 또 그대가 한일 간의 교의를 말하지만 을미년에 왕비를 죽인 자가 누구인가. 우리 조선인은 자손만대를 두고 이 원수를 갚고야 말 것이다. 그대는 무엇을 가지고 교의를 말하고 있는가?"

최익현은 조금도 주저함이 없이 말했다.

다카야마 헌병대장은 최익현을 상대로 논쟁하는 것이 불리할 줄로 믿고 잠시 최익현을 상대로 이것저것을 취조한 후 그날 밤 사령부 내에 유치하고 말았다.

다음날 다카야마 헌병대장은 최익현의 장자 최영조를 불렀다.

"지금 러시아와 일본이 전쟁을 하고 있다. 이는 조선 때문에 하는 것이다. 그런데 그대의 아버지는 상소로 때로는 말로 일본을 배척하고 또 일본을 원수와 같이 보고 있다. 그래서 우리는 그대의 아버지를, 치안을 방해하는 사람으로 인정하고 울릉도로 추방하려 하였다. 그러나 하세가와 사령관과 내가 진언하였기 때문에 울릉도 추방은 문제가 되지 않고 매듭지어졌다. 그래서 우리 헌병대는 그대의 아버지를 충청도 향제로 호송하고자 하는데, 그대의 생각은 어떠한가?"
라고 물었다.

"글쎄, 우리 아버님은 노쇠하신데다 현기증 때문에 기차를 타실 수 없다. 그리고 기차 타시는 것을 부끄러운 일로 생각하시니깐……."

영조가 이렇게 대답하자, 다카야마는 잠시 무엇인가를 생각하고 있다가

"그러면 제일의 향제가 있는 포천으로 모시는 게 어떨까?"
하고 다시 물었다.

경기도 포천이 최익현의 고향
이었으므로 포천이란 말이 나
오게 되었고, 따라서 포천엔 기
차도 없고, 또 서울과 멀리 떨어
져 있지도 않으므로 가마에 몸
을 담고 편안히 갈 수 있기 때문
에 포천이란 말이 나오게 된 것
이다.

최익현은 결국 포천으로 호
송되어 여기서 수일을 보내다
가 충청도로 갈 생각이 나서 다
시 서울로 올라오고 말았다. 그
는 상소간쟁上疏諫爭으로 유명한

하세가와 요시미치

직신이었으니만치 포천서 서울로 올 때에도 상소문을 휴대하고 올라왔
다. 그리하여 그는 상소문을 품고 대한문 앞으로 다가갔다. 이때 문을
지키고 있던 순검은,

"영감이 대체 누군데 여기 와 엎드리는 것이요?"

하고 물었다.

"누구는 알아서 무엇하노? 나는 전 찬정 최익현이란 사람이다. 나는
쓰러져가는 이 나라를 좌시할 수 없어 대한문 앞에 엎드려 폐하께 상소
하려 한다. 그대는 두말 말고 나의 상소가 빨리 폐하께 전달되도록 통
보하여 다오."

하고 소리를 높여 대답하였다.

이때 푸대접을 하던 순검은 최익현이란 이름을 듣고 새삼스레 저두평

신하면서 시종원에 알렸다. 시종원은 이를 알기가 무섭게 고종께 알렸다. 고종은

"최익현이가 또 소문을 가지고 왔단 말이지? 두 말할 것 없이 받아 오도록 하라."

하고 분부를 내렸다.

그리하여 시종 하나가 달려와 최익현의 상소문을 받아 가지고 돌아갔다. 최익현은 소문을 올린 후 서울에 며칠 동안 머물러 있었다. 그러자 일본 헌병대는 최익현이 서울에 와 있음을 알고 또다시 명동의 일본 헌병대에다 유치하였다. 역시 치안을 방해하는 자로 인정되어 이번엔 충청도 향제로 호송하여 거기서 화조 월석을 보내게 하였다. 즉 그의 거주를 제한하고 그의 출입의 자유를 박탈한 것이다.

침탈의 선봉 이토 히로부미

러일전쟁의 결과가 일본의 승리로 끝나자, 일본은 이 기회를 이용하여 조선을 일본의 속국으로 만들고 말았다. 조선이 일본의 속국으로 낙명되기 직전 이토 히로부미(伊藤博文)는 일본 전권대사로 우리나라에 와서 당시의 임금을 배알하고 내정개혁에 관하여 자기의 주장을 진언하였으며, 또 한편으로는 주한공사 하야시 곤스케(林權助)는 '한일신협약'이란 초안을 당시의 외부대신 박제순에게 내놓았다.

한일신협약이란 것의 중요 조문을 들어 말하면 다음과 같다.

첫째 한국의 외교권을 일본에 양도하는 것이고, 둘째 통감부를 설치하겠다는 것이다. 다시 말하면 이 두 조문은 한국의 외교권을 일본이 약

탈하며, 또한 한국의 내정을 전적으로 좌지우지하기 위하여 만들어진 조문이었다.

이것의 초안을 받은 박제순은 이것을 받기가 무섭게 내각의 여러 각원 및 원로들을 모아놓고 토의하기 시작하였다. 그러나 당시의 참정대신^{총리대신}한규설은 이 조문이 부당하다며 반대 의사를 표명하고 수리하려 하지 않았다.

협약이 조속히 결정되지 않는 것을 본 이토 히로부미는 이를 그대로 내버려둘 수가 없었던지 어전회의를 열어 달라고 강요하였다. 그래서 당시의 대신들은 부득이 어전회의를 열어 이것을 토의하였다.

그러나 한규설은 여전히 외교권의 양도 및 통감부의 설치에 대하여 반대의 의사를 표명하고 말았다. 그런데 이때 고종황제^{광무황제}의 주장도 한규설의 주장과 다름이 없었다. 하지만 대신들은 한규설 말고는 모두 꿀먹은 벙어리와 같이 일언반구도 입 밖에 내놓지 않고 있었다.

이토 히로부미는 단념하지 않고 재차 고종에게 요청하려 했지만, 고종은 병을 핑계 대고 대신들과 협의해 보라고 대답할 뿐이었다.

이토 히로부미는 대신들에게 말했다.

"여러분으로 말하면 일국의 대신인데, 일본제국의 제안에 결정을 내리지 못하는가? 일본은 한국 때문에 옛날부터 큰 희생을 해왔소이다. 그런데 최근 20년 동안 일본은 청국과 러시아와 싸웠소. 이 두 전쟁 때문에 일본은 수 억의 재산과 수 만의 생명까지 잃었소이다. 그대들이 이에 대해 생각함이 있다면, 우리가 제안하기 전에 여러분이 자진하여 일본에 제안하려 하였을 것이외다. 그런데 오늘날 일본제국의 제안에 대하여 반대하는 사람이 있다고 하면서 결정하지 않고 있는 것을 보고 나는 놀라지 않을 수 없소이다. 나는 국제 도의를 토대로 삼아 또다시 여러분들과 협의를 해보려 하오."

대신들은 이토 히로부미의 위협적 언사를 두렵게 들었던지 아무도 반대의 의사를 표하지 않고, 신협약 지지의 태도를 보였다. 결국 당시 외부대신 박재순, 학부대신 이완용, 내부대신 이지용, 군부대신 이근택, 농상공부대신 권중현 등 오대신은 아무 이의도 없이 신협약에 조인하고 말았다.

이 신협약이란 한국의 외교권을 일본에 내주고 또 한국의 내정에 대한 권한을 일본이 차지케 되는 조약이었던 것이다. 이것이 성립되자 온 나라의 백성들은 조인한 다섯 대신을 매국노라 부르짖으면서 노호하기를 마지 않았고, 또 전 의정대신 조병세와 같은 중신은 백관을 거느리고 오대신을사5적의 죄를 징치하려고 아뢰는 동시에 또 한편으로는 각국 공사에게 글을 보내 회동 담판을 청하였다. 그러나 각국 공사는 이에 대하여 아무 대꾸도 하지 않았다.

그리하여 전 주러공사였던 민영환은 나라가 망하는 것을 가만히 볼 수 없어 자문自刎하고 말았고, 또 조병세도 결국 자살하고 말았으며, 참판 홍만식, 주영 공사 이한응 등도 뒤를 이어 자살했다.

이 소식이 원근에 퍼지자, 경향의 유생들은 소문으로써 시국을 통론하여 이를 고종께 올렸고, 또한 일반 사민의 오적을 통배하는 소리가 온 나라를 뒤흔들었다.

일찍이 충청도 향제로 쫓겨가 세상을 등지고 유생을 상대로 육병에 열중하고 있던 최익현은 신협약이란 것이 성립되어 한성의 정계가 혼란에 빠져 있다는 소문을 듣고 흥분을 참을 수 없어, '오대신을 찢어 죽이시라'는 상소문을 초하여 이것을 밀사로 하여금 고종께 올리게 하였는데, 그 내용은 다음과 같은 것이다.

민영환

엎드려 생각컨대 난신적자가 어느 세상에 없었겠습니까마는 오늘에
있어 저희들 맘대로 외교권 양여조약에 조인한 외부대신 박제순,
내부대신 이지용, 군부대신 이근택, 학부대신 이완용, 농상공부대신
권중현 같은 무리는 찾아볼 수 없을 것이옵니다. 일사日使가 온 것이
소위 신협약을 체결하기 위하여 온 것인 이상 우리 조정에서도
눈치를 챘을 것으로 생각하는 바입니다. 이를 이미 알고 있으면서도
국민에게 알리지 않고 야반무인夜半無人, 아무도 이를 모르는 때에
회의를 열었다는 것을 신은 의심하지 않을 수 없습니다. 다시
말씀하면 나라를 팔아먹고 말려는 지조로 밖에는 생각되지 않습니다.
폐하 의석에 임어하시와 일사日使로부터 협박을 받으신 것도 알고 있나이다. 그런데 이때 천위天威를 못 떨치시면서 옛날 손권이 칼로 내리쳐 책상을 깨뜨리고 오랑캐를 물리치던 그런 태도를 왜 못 취하셨습니까? 그리고 또 참정대신 및 대신이 생명을 내걸고 이를 거절하기를 김상헌이 항복문서를 찢어 버리던 그런 태도를 갖고 나섰더라면 목숨은 없어졌을지라도 협약만은 성립되지 않았을 것이옵니다. 이때 우리가 저러한 태도를 갖고 덤벼들었다고 해서 일사는 우리를 총과 칼로 도륙하지는 못하였을 것이옵니다. 하물며 각국 공사가 눈을 크게 뜨고 바라보고 있는데 어찌하겠습니까? 돌아보건대 오늘날 이런 매국의 거조가 있게 된 것은 먼저 대책을 세우지 않고, 전전긍긍함으로써 일을 삼았기 때문인 것 같습니다. 참정대신이 완강히 거절하였습니다. 하지만 간신히 가丙자만을 쓰지 않고 말지 않았습니까? 이 때문에 왜적이 한층 더 덤벼들게 되었고 또 박제순 등의 모든 역적은 저희들 맘대로 일본편으로 돌아선 것이옵니다. 저 박제순 이하의 모든 역적은 당초부터 왜적의 창귀가 되어 나라를 파는 그것으로써 기량을 삼고 있습니다. 이 무리들은 인신으로서의 염치나 도의를 잊고만 역적이므로 만번 죽어도 죄가 남을 것이옵니다. 그리하옵고 참정 한규설로 말씀하면 인신으로서의 지위가 장관의 장관임에도 불구하고 아무 대책도 갖지 않고 일에 임하였음과 또는 동료들을 올바로 인도하지 않은 것을 생각하면 한규설은 소임에 충실하지 않았던 죄과를 감수하여야 하겠습니다. 그런데 저 왜국은 강대국으로 자부하고 방약무인한 태도를 취하면서 한국을 위협함으로써 능사를 삼고 있고 또 나아가서는 맹약을 헌신짝같이 보고 이를 파기함으로 장기를 삼고 있습니다. 뿐만 아니라 동문의 대의도 각국 공사의 공론도 염두에 두지 않고

망령되어 나덤비고 있습니다. 이 세상에 환문桓文과 같은 임금이
있었다면 왜적을 내버려 두지 않고 도륙하고야 말았을 것이옵니다.
엎드려 생각컨대 오늘에 있어 이런 일이 생기게 된 것이 일조일석에
만들어진 것이 아닙니다. 왜적이 긴 세월을 두고 경륜함에서 생긴
것이옵니다. 그러므로 왜적은 이에만 그치지 않고 또 무슨 조약을
내놓고 우리를 위협할는지도 모르겠습니다. 저 마관조약馬關條約 및
대對 러시아 선전포고가 있은 이래 어느 때나 우리의 독립 및 영토를
보장할 것을 언명하였습니다. 그러나 우리의 이익을 약탈함으로써
일을 삼고 있지 않습니까? 그리고 이따금 세상 사람에게 대하여 한일
양국의 교의가 해가 갈수록 더욱더 친밀해지고 있다고 선전하고
있습니다.

이것은 첫째 우리의 존재를 무시함에서, 둘째는 세상 사람의 입을
틀어막기 위함에서 저러한 기인기세欺人欺世의 행동을 감행하는
것이므로, 왜적이 떠들어대는 소위 황실보전 운운의 감언을
폐하께서는 참으로 믿고 계십니까?

폐하! 아직 이 나라의 임금의 자리가 개체되지 않고 또 백성이
멸망되지 않고 있을 뿐만 아니라, 각국의 공사들도 돌아가지 않고
있사오며, 또 소위 신협약의 문서도 폐하의 재가를 기다리고 있는 것
같습니다. 저 신협약이란 역신들이 저희들 맘대로 조인한 것이므로
이를 재가하지 마시고 한시바삐 박제순 등 다섯 역신의 목을 잘라
매국의 죄를 벌하심과 동시에 외부의 관리로 하여금 일본공사관에
조회케 하시와 그 협약이 거짓 조약임을 알리시고 또 나아가서는
시급히 각국 공사관에 조회하시와 일본이 힘을 믿고 약자를 위협하고
있음을 알리시옵소서.

폐하께서 이와 같이 하시는 것은 폐하의 심정과 백성의 원하는
바를 각국에 알리는 것이옵니다. 폐하! 폐하께서 참으로 이와 같이
하시기만 하면 망할 것이 변하여 흥해질 것이며 죽을 것이 변하여
살아질 것이옵니다. 그러나 이와 반대로 용기를 내지 못하시고
인종만 하시고 계시면 나라는 망하고 말 것입니다. 지금 나라는
멸망의 구렁으로 들어가고 있습니다. 무엇을 염려하시고 분기하시지
못하는 것입니까? 폐하께서 분기하신다면 왜적이 격노하여 폐하께 큰
위협을 가하는지도 모르겠습니다. 그러나 명나라 의종황제가 사직에
순한 사실을 아신다면 왜적의 격노가 두려울 것이 없을 것입니다.
폐하! 박제순 등 다섯 역신의 죄를 어떻게 처리하실 작정이십니까?
을미乙未의 역모는 당초부터 만고의 대역이었습니다. 그러나 오늘의
오역五逆이란 것을 그 죄는 도리어 아비나 임금을 시해한 그것보다 더
심한 것이옵니다.
폐하! 무엇 때문에 이 역적들과 한 하늘을 여시고 지금에 이르도록
처치하시지 않는 것입니까? 지금 당장 처치에 대한 분부만 계시면
만민은 저 역적들을 불공대천지수로 간주하고 법관의 손을 빌지 않고
처치하고 말 것이옵니다. 그리 된다면 다섯 역시逆屍는 거리에 굴러
기름이 되고 말 것입니다.
신의 숙아宿痾가 달이 가고 해가 갈수록 더욱더 위중해져 오늘에
이르러서는 기동의 자유까지 잃고 말았습니다. 이때 신은
국파군망國破君亡하는 소식을 듣잡고 낙당상흔하지 않을 수
없었습니다. 그러나 이를 묵시할 수 없어 업혀서라도 궐하로 가 의義를
들어 아뢰고 싶었사오나 몸이 허락하지 않으므로 오직 북향재배하고
눈물만 흘리고 말았습니다. 엎드려 빌건대 폐하께서는 신의 말을

죽으려는 자의 말이라고 해서 버리지 마시고 하루바삐 국적을 죽여
없애시고 동시에 위약을 파기하시와 장차 망하려는 나라로 하여금
다시금 흥하게 하심을…….
신 통곡 또 통곡하면서 죽음을 무릅쓰고 아뢰는 바입니다.'

당시의 광무황제^{후일의 고종}는 이 소문을 읽고 내용이 과격함에 놀랐으
나, 이것을 우국憂國의 마음에서 나온 것으로 간주하고 지방관을 보내
최익현을 위로하였다.

그런데 최익현은 또 다시 소문을 올려 오적五賊을 다섯 수레에 실어서
찢어 죽여도 죄가 남을 것을 역설함과 동시에 나아가서는 오적의 십족十
族을 죽여 없애야 할 것을 말함에만 그치지 않고 한 걸음 더 나아가,

폐하께서는 무엇이 두려워서 오적에게 주별을 가하지 못하시는
것입니까? 만약 저 오적에게 주멸誅滅을 가하지 않으시면 폐하는 모든
정신珵臣을 역적으로 만들고 말 것입니다. 그리 되면 나라도 백성도
사직도 다 없어지고 말 것입니다. 이와 같이 된다면 폐하는 무슨
낮으로 천지天地와 조종祖宗을 대하시렵니까?

하고 고종의 태도를 힐난하였다.

그러나 고종은 왕으로서의 체면을 돌아보지 않고 감정에 좌우되는
그런 임금이 아니었다. 그러므로 최익현의 말을 문제 삼으시는 일이 없
이 과격한 말도 잘 용납하였다 한다.

광문 10년 2월에 최익현은 가묘家廟로 나아가 고별의 인사를 올린 후,
가족과도 결별하고 호남으로 가 의병을 일으키기로 하였다. 그는 격문

을 판서 이용원, 판서 김학진, 관찰사 이도재, 참판 이성렬, 참판 이남규 등에게 보냈다. 그러나 한 사람도 이에 응하지 않았다.

이때 고석진이 최익현에게 나아가 말했다.

"선생님, 태안에서 군수 노릇을 하던 임병찬이란 사람이 있사온데, 이 사람은 충절로 유명한 사람이올시다. 이 사람과 모든 일을 의논하시는 게 좋을 것 같습니다. 한번 만나 보시렵니까?"

"나도 임병찬이란 사람에 대해 들은 적이 있네. 그가 용병술을 잘 아는 사람이라니 만나 봐야지"

"임병찬은 갑오년에 호남 지방에서 동학당 대장 전봉준과 싸워서 용명을 양호에서 날리던 사람이 올시다."

고석진이 이와같이 대답하자, 최익현은 주저하지 않고 문인 최제학을 임병찬에게 보내 기병할 것을 물어보게 하였다.

임병찬은 최익현의 의거에 감동하여 더불어 의병을 모집하여 대일항전할 것을 쾌히 약속하였다.

그리고 또 호서의 유생 안병찬이란 사람이 최익현을 찾아와,

"호서의 유생들은 오늘의 국난을 좌시할 수 없어 의병을 일으킬 준비를 하고 있습니다. 모든 유생들은 선생님을 맹주로 모시고자 하는데, 선생님의 의향은 어떠하십니까?"

하는 것이었다.

이에 최익현은 두말하지 않고 쾌히 승낙하고 말았다. 그리하여 참판 민종식은 의기를 홍주에다 세우고 의병을 모집하기 시작하였다.

그리고 최익현은 각 도의 사민을 의병으로 총동원시키기 위하여 문인을 영호에 파견하여 의병을 모집케 하였고, 또 문인 이채윤을 북도로 보내 의병을 모집케 하였으며, 그리고 문인 오재열에게 후원을 청해 군졸

을 정비케 함과 동시에 운봉을 지키게 하였다.

그러한 후 최익현은 최재학과 손을 잡고 임천 남당진을 건너 태안의 임병찬을 찾아갔다. 그러나 때마침 임병찬이 모상을 당하여 복상 중에 있었다. 그러나 최익현은 이를 고려할 수 없어 임병찬으로 하여금 당장에 종군케 함과 동시에 모군, 양향, 연병 등의 모든 일을 그에게 일임하였다.

최익현이 이와 같이 획책하고 있을 사이에 호남의 유생 유인석은 자기의 문인 이정규란 사람을 내놓아 익현의 항일계획을 묻게 하였고, 조재학, 이양호는 영남에서 와 익현을 찾아보고,

"선생님께서 솔선하시와 창의코 분기하시기 때문에 남도의 사민들도 이에 감격하여 일어날 기세를 보이고 있습니다. 우리들도 선생님을 따라 순국할 결의를 갖고 있습니다. 이 때문에 선생님을 뵈오러 온 것이오니 버리지 마시기만 바라나이다."

하고 최익현의 분부만 기다리고 있었다.

"고마운 말이다. 우리들로 말하면 유식하다는 선비가 아니냐? 나라를 위하여 목숨을 버릴 때는 바로 이때일 것이다. 그대들은 빨리 영남으로 돌아가 격문을 날려 사민들로 하여금 분기케 하고 또 응원해 주라."

하고 대답하였다.

그리고 최익현은 태안 무성서원로 가 자리를 정해 놓고, 그 지방의 유식한 인사를 모아 신하로서의 대의를 말해줌과 동시에 의병을 일으키는 소문을 만들어 이를 광무황제께 올리게 하였고, 또 한편으로는 여러 유생과 손을 잡고 격문을 인근 군에 돌려 의병을 초집하였다.

최익현의 격문은 양호의 사민들을 격동시켜 의병이 되기를 원하는 자의 수가 매일 수백 수천에 이르러 그는 순창의 구암사를 사령부로 삼고

여기서 의기를 드높이 날리기 시작하였다.

때마침 첩자가 와서 왜적 척후병 10여 명이 군아로 들어와 군수 이건용과 밀담을 하고 있다고 알렸다.

이에 최익현은 크게 놀라면서 임병찬으로 하여금 샛길로 들어가 왜적의 척후병을 습격케 하였다. 그러나 왜적의 척후병이 재빨리 도주하고 말았으므로 이를 추격하지 못했다. 그런데 일본 척후병이 도주할 때에 무슨 비밀문서 하나를 떨어뜨리고 도주하였다. 이 비밀문서란 전라도 관찰사 한진창이 이건용과 손을 잡고 왜병의 향도가 되겠다는 기록이었다.

그런데 이건용이 어느 날 최익현을 방문한 일이 있었다. 이때 최익현은 그 문서를 이건용에게 보이면서,

"그대는 무슨 면목으로 나를 찾아왔느냐? 우리가 오늘날 의병을 일으킨 것은 나라를 위하는 일편단심에서 나온 것이다. 그대로 말하면 종실의 지친이 아닌가. 그러한 그대가 우리를 해하려 한단 말이냐? 네놈의 나쁨이 왜적보다도 더 심하다. 나는 당장에 네놈의 목을 잘라 망국 배국도배를 경계하여야 하겠다."

하고 부하로 하여금 대령케 하였다.

이때 이건용은 새삼스레 저두평신하고 눈물을 흘리면서,

"저의 사람됨이 비겁해서 그런 짓을 하게 된 것이올시다. 그러나 이놈도 사람인 이상 선생께서 특별히 용서해 주시면 온 정성을 다하여 선생 및 선생의 부하를 도울 것을 맹세하려 합니다. 바라건대 이 몸에 재생의 은혜를 베풀어주옵소서."

하고 애원을 하였다.

최익현은 이 말을 듣고 그 자리에서 친절히 타이른 후 이건용을 기용

해 선봉의 한 사람을 만들려 하였다. 그러나 말리는 사람이 있어 그를 죽이지 않고 임소로 되돌려 보냈다.

최익현이 의병을 일으키고 있다는 소문이 전파되자, 통감 이토 히로부미는 군사령관 하세가와에게 명하여 의병을 토벌케 하였다. 그리하여 왜적은 첫째 민종식을 홍주에서 토벌하여 참패 도주케 하였다.

결국 민종식 이하 휘하 장수들이 왜적에게 생포되고 말았다. 또 전라도 관찰사 한진창, 순창 군수 이건용은 전주 남원의 두 진위대를 선봉으로 하고, 왜군을 후진으로 배치해서 최익현군을 토벌하였다. 이 싸움에서 패하여 의병장 정시해는 총탄에 맞아 죽었고 나머지 의병들은 사방으로 흩어져 자취를 감추고 말았다. 최익현, 임병찬 등도 왜병에게 생포되고 말았다. 그리하여 최익현과 임병찬은 서울로 압송되어 일본군 사령부에 구금되었다.

이때 대한제국 정부는 최익현, 임병찬에게 사형을 내릴 것을 주장했으나, 통감 이토 히로부미가 이를 반대 하면서 최익현은 3년, 임병찬은 2년간 일본 대마도로 귀양을 가게 되었다.

최익현은 대마도로 끌려가 감금 생활을 한 지 몇 달이 못 되어서 병마의 침범을 받아 누워 있게 되었다. 그리하여 최익현의 장자 영조, 문인 노병희, 고석진, 최제학 등은 이 소식을 듣고 대마도로 가서 병간호에 최선을 다하고 지냈다.

최익현은 병으로 말미암아 재기하지 못하고 말 것을 알아차리고 최후로 상소문을 만들어 광무황제^{고종}에 올렸다.

죽음에 임한 신 최익현은 일본 대마도 경비대에 감금되어 있습니다. 신 서향재배하고 이 글을 황제폐하께 올리나이다. 엎드려 돌아보건대

신이 창의함에 대한 것은 이미 금년 윤사월 거사하는 당초에 소문에 의하여 자세히 아뢰었습니다. 그러나 원소原疏가 폐하께 올려졌는지 이를 알지 못하고 있습니다. 그런데 신이 창의한 보람이 없이 죄인의 욕을 당하고 7월 초 8일 일본 대마도로 압송되어 지금 소위 경비대 속에 감금되어 있습니다. 신은 여기서 죽고 살아 돌아가지는 못할 것으로 생각합니다. 또 엎드려 생각컨대 신이 이 땅에 들어온 이후 한 숟갈의 밥, 한 모금의 물도 모두 다 적의 손에서 전달되는 것이므로 설사 적이 죽이려 하지 않는다 할지라도 이를 믿을 길이 없어 지금부터 식음을 전폐할 것을 결심할 것입니다. 신의 나이가 지금 74세입니다. 지금 죽은들 무엇이 원통하겠습니까? 오직 한이 있다면 그것은 역적을 주멸誅滅하지 못한 그것이오며, 또는 이 나라의 원수를 쳐부수지 못한 그것이올시다. 어찌 이것뿐이겠습니까? 국권과 강토를 회복하지 못하고 죽는 것이 얼마나 한이 되겠습니까? 또 4천년의 도의의 나라가 분양으로 운몰되어 가옵는데 이를 붙잡아 내지 못하고 죽는 것이 얼마나 한이 되겠습니까? 또 3천리 강산에 헐켜져 있는 선왕의 적자가 어육이 될 것을 알면서도 이들을 구해 내지 못하고 죽는 것이 얼마나 한이 되겠습니까? 신은 죽어도 눈을 감지 못할 것입니다.

그러하오나 신은 생각컨대 왜적은 반드시 멸망할 날이, 멀지 않은 4, 5년 사이에 있을 것으로 믿습니다. 그러나 신이 걱정하는 것은 우리로서 이에 대처함에 아직도 그 방도를 세우지 않는 것이옵니다. 지금 청국과 로서아는 밤낮으로 이를 갈고 있으며, 또 영미제국도 왜적과 불화한 모양이므로 조만간 자별自伐하는 일이 있을 것입니다. 그리고 또 왜적은 전쟁으로 인연하여 재정이 핍진되고 백성이

곤궁해져 백성은 나라를 원망하겠고, 따라서 외적은 이 틈을 타서 덤비려 할 것입니다. 나라에 나라를 원망하는 백성이 있게 되면 그 나라는 망하고야 마는 것입니다. 엎드려 바라건대 폐하께서는 국사를 어찌할 수 없다고 단념하지 마시고 그럴수록 더욱 분발하심과 동시에 성지를 확립하시며 또는 용기를 내서서 참지 못할 것은 물리치시고 또는 허위에 굴하지 마셔야 합니다. 그리고 교언巧言에 귀를 기울이지 마심과 동시에 주견을 확고히 세우시고 와신상담하는 마음을 굳게 가지시고 영준을 발탁하여 사민을 무양하신다면 백성은 임금을 충심으로 존중하고 나라를 사랑할 것입니다. 이와같이 된다면 사민은 폐하를 위하여 사력을 낼 것이옵니다. 이와같이 사민이 사력을 내기를 좋아한다면 폐하 앞에 원수가 나타나지 못할 것입니다. 사민의 마음은 폐하의 마음이 굳세고 굳세지 않음에 좌우되는 것임을 아셔야 합니다. 엎드려 빌건대 폐하께서는 죽음을 앞 두고 아뢰는 신의 말을 소홀히 생각하지 않으신다면 신은 지하에서 눈을 감을 것입니다. 신 죽음에 즈음하여 정신이 혼미해져 아뢸 것을 다 아뢰지 못하고 오직 두어 가지만 베풀어 올린 것이옵니다. 신 영결에 즈음하여 눈물을 머금고 삼가 아뢰는 바올시다. 바라건대 부찰하옵소서.'

최익현은 대마도에서 병들어 누운 지 20일쯤 되어서 74세를 일기로 천추에 한을 남기고 이승을 하직하고 말았다.

제국의 종말

러일전쟁

때는 고종 광무 8년, 서기 1904년 일본 명치 37년 2월 9이었다.

이날 새벽 인천에서 들려오는 대포소리가 하늘과 땅을 뒤흔들어 댈 뿐만 아니라, 백 리나 떨어져 있는 서울까지도 뒤흔들어 경운궁^{덕수궁}의 영창문이 모두 드르렁거렸다. 그리하여 곤히 주무시던 고종은 놀라 기침을 하기가 무섭게 지밀상궁을 불러 물었다.

"영창문이 왜 야단스럽게 드르렁 거리는 것이냐?"

하지만 지밀상궁도 곡절을 몰라 묵묵부답할 뿐이었다.

"네가 모르거든 입직 시종을 불러 오너라."

입직시종 하나가 달려왔다.

"새벽녘부터 영창문이 요란히 드르렁거려서 잠이 깼는데, 그게 웬 까닭인지 아는가?."

"황송하오이다. 빨리 아뢰지 못 하와……. 소신들은 영창문이 드르렁 거리는 소리를 듣고 그 까닭을 알고자 하였사오나, 새벽녘의 일이므로 밝기만 기다리고 있을 즈음에 외부에서 전화가 걸려 와 비로소 알게 되었나이다.”

“전화? 무슨 전화가 걸려왔단 말인가? 빨리 답하라.”

입직시종은 고종이 초조해 하는 모습을 보고 나직한 목소리로 아뢰었다.

“일본 군함이 인천에 정박하고 있는 러시아 군함을 포격하는 소리가 이곳까지 들리는 것으로 생각되나이다.”

고종은 대경실색하였다.

“무엇이라? 일본 군함이 러시아 군함을 포격했어? 그게 사실이라면 러시아와 일본 사이에 전쟁이 벌어진 모양인데, 그래서 러시아 군함은 어찌 되었는고?”

“러시아 군함 두 척이 다 격침된 모양이옵니다.”

“음, 알았다. 물러가 있으라.”

얼마 안 있어 참정대신 한규설을 비롯하여 내부대신 이지용, 외부대신 박제순, 탁지부대신 민영기, 군부대신 이근택, 법부대신 이하영, 학부대신 이완용, 농상공부대신 권중현 등의 대신이 입궐하였다.

“제신들 집 창문도 새벽녘에 드르렁거렸소?”

고종의 이 물음에 대하여 과연 그랬다는 대신도 있었고, 또 아무 이상도 없었다고 답하는 대신도 있었다.

“과인은 새벽녘에 창문이 드르렁거려 매우 놀랐소. 듣자하니 러시아와 일본 간에 전쟁이 벌어진 모양인데, 외부대신의 생각은 어떠하오?”

“러일 사이에 전쟁이 벌어진 것이 확실한 것 같습니다. 일본이 영국과 동맹을 한 것도 실은 러시아와의 전쟁을 염두에 두었던 것이라 본다면, 모르긴 해도 영국은 일본을 도울 것으로 생각됩니다.”

“일본 군함이 러시아 군함 두 척을 격침시켰다고 하는데, 과연 이 말이 정말이요?"

"그런 것 같습니다."

"러시아는 북방의 강대국인데 일본이 당해내겠소?"

고종은 이렇게 말하면서 학부대신 이완용을 쳐다보았다. 이완용은 한때 친러파였으므로 고종은 이완용의 의견을 듣고 싶었던 것이다.

"글쎄요, 러시아는 대국인데다 군사가 많기로도 세계 제일이옵니다. 아마도 일본쯤은 상대가 되지 않을 것입니다. 다만 일본군 역시 용감한 기로 유명한 데다 죽음을 두려워하지 않는 까닭에 경시할 수는 없을 것입니다. 또 영국과의 동맹을 맺고 있습니다. 따라서 영국의 도움도 있을 것이고, 미국 또한 영국과 우호적 관계이므로, 미국도 일본을 도울 것이라 가정해 볼 수 있는데, 이런 모두를 생각해볼 때 일본이 쉽사리 지지는 않을 것이옵니다."

고종은 이완용의 의견을 들은 후 참정대신 한규설에게 물었다.

"참정대신은 러일간의 싸움이 최후까지 벌어지면 어느 편이 승리할 것으로 생각하오? 그리고 참정대신은 어느 편이 이기는 것이 우리나라에 유리할 것으로 생각하오?"

고종의 하문에 참정대신 한규설은

"싸움이 길어지면 힘 부족한 놈은 쓰러지고 마는 것이 아니오니까. 일본군이 강할지라도 워낙 힘이 부족하여 쓰러지고 말 것입니다. 만약 일본이 이긴다면 그것은 하늘이 러시아로 하여금 전패케 한 것으로 밖에는 생각되지 않습니다. 그리고 혹여 일본이 이기기라도 하면 아국이 존망지추에 이를 것이기에 신은 러시아가 이기기를 원하나이다."

"참정대신의 말이 맞소. 과인도 경의 말에 동의하오. 참으로 걱정이 아닐 수가 없소이다"

고종은 다시 농상공부대신 권중헌에게 같은 질문을 던졌다.

"농상공부대신은 어떻게 생각하오?"

"일본의 대러시아 전쟁은 국운을 내걸고 하는 전쟁일 것이옵니다. 청일전쟁 승리로 기껏 얻은 요동반도를 다시 청나라에 돌려주게 된 것은 순전히 러시아의 압력이 있었기 때문입니다. 이번 전쟁은 바로 이 때문에 일어난 필연입니다. 아무튼 일본이 패하면 일본이 망하는 것이고 러시아가 패하면 우리나라와 만주에서 물러날 것이옵니다. 하지만 영국이 적극적으로 일본을 도와준다면, 일본은 최후까지 싸울 것이 자명하므로, 결코 이번 전쟁에서 일본이 패한다고 쉽게 장담키가 어렵습니다."

권중헌의 의견에 고종은 고개를 끄덕거리며 동감을 표했다.

"경의 말이 맞는 말 같소. 아무튼 어느 쪽이 이기든 우리나라의 앞일이 참으로 걱정이 되오……."

러시아와 일본은 광무 8년 2월 6일 외교 관계가 완전히 단절되면서 동월 8일에 여순만에서 양국 해군 간에 교전이 시작되었다. 이어서 9일 새벽에는 인천 해상에서 해전이 일어나면서 본격적인 러일전쟁이 시작되었다.

1904~1905년에 걸친 러일전쟁은 일본이 승리하고 있는 가운데 더욱 격화되고 있었다. 그러자 당시 미국 대통령 데오도어 루즈벨트가 러일 양국이 전쟁을 중지하고 평화적으로 해결할 것을 종용했다. 이에 따라 양국은 1905년 9월 5일 러일강화조약을 체결했다. 그런데 이 조약 제 2 조에 다음과 같은 내용이 들어 있었다.

러시아는 한국에 있어서 일본국이 정치상, 군사상 또는 경제상의 탁월한 이권을 소유하고 있음을 인정한다. 그리고 일본국 정부가

조선에서 필요로 하는 지도, 보호, 감리의 조치를 취하는 데 대하여
이를 저해하며 또는 간섭하지 않을 것을 약속한다.

이 조문은 한국을 일본의 보호국이 아닌 일본의 속국으로 만드는 데
대하여 동의하는 조문이었다. 그리하여 일본 정부는 강화조약이 체결
되기가 무섭게 한국을 일본의 속국으로 만들려는 치밀한 계획을 세우
기 시작하였다.

이 안을 실현하기 위해서 일본에서 지략이 많기로 유명한 이토 히로
부미를 발탁하였다. 그리하여 이토 히로부미는 한일협상조약안을 휴대
하고 광무 9년 11월 9일에 다수의 수행원을 데리고 서울에 나타났다. 이
때부터 경향 각지의 민심은 흉흉해졌다.

서울 정동 손탁 호텔에 자리를 잡고 있는 이토 히로부미는 동월 15일
에 고종을 배알하고 "청일·러일 양 전쟁이 한국의 외교 문란에서 생긴
것이다"라고 하면서 외교권 위양을 강력하게 요청하였다. 그런 후 16일
에는 각료 전부와 원로 심상훈 등을 손탁 호텔로 불러 "동양의 평화와
한일의 영원한 교의를 위하여 지금 임공사와 박외부대신 사이에 교섭되
는 한일협약에 대하여 협력해 주기를 바란다"고 하였다.

정부의 대신들은 한결같이 기가 죽어 묵묵히 앉아만 있었다. 그때 참
정대신 한규설이 고개를 번쩍 들어 말했다.

"대사의 뜻은 잘 알겠소이다. 바라건대 귀 대사는 부디 양국의 국익
을 생각해 아국이 자주 독립국이 되도록 힘써 주기를 바랍니다."

이어서 농상공부대신 권중헌이 일어나 말했다.

"이토 히로부미 대사! 대사는 조선의 자주독립을 말한 분이 아니오니
까? 그런데 오늘에 와서는 자주권을 거두려 하니 이게 무슨 일입니까?"

이토 히로부미는 이 말에 아무 대답도 하지 않고,

"오늘은 그만 산회하고 내일 공사관에 모여서 협의하시지요."

하고 산회하고 말았다.

11월 17일이었다. 정부 대신들은 일본공사관에서 회동하였다. 일본공사 하야시는 각원이 회동해 있음을 보고 조약체결에 매진할 것을 재촉하였다. 이때 농상공부 대신 권중현이 말했다.

"이 조약은 중대한 것이므로 경솔히 처리할 수 없소이다. 중추원에도 물어봐야 되고 널리 국민들의 뜻도 들어보아야 할 것이오."

권중현의 말에 하야시는 큰 소리로 말했다.

"그게 무슨 말이요? 조선은 군주전제국인데 중추원이 다 무엇이며 민의가 무엇이오? 군주의 대권으로 결정할 일이 아니오?"

대신들은 이런 하야시의 위협에 눌려 장승처럼 서 있기만 했다. 이때 이토 히로부미가 하세가와 군사령관을 데리고 들어 왔다.

"여러분은 지금 곧 어전으로 들어가 회의를 열고 빨리 조약을 성립시키시오."

이토 히로부미의 말이 끝나기가 무섭게 하세가와 군사령관이 장승처럼 서 있는 대신들을 두루 살펴보면서

"여러분이 이토 히로부미 대사의 말씀대로 서두르지 않으면 우리가 직접 어전에 들어가 해결할 것이오."

하고 위협하였다.

하세가와의 위압에 대신들은 어쩔 도리가 없어 결국 일본 헌병들의 감시 하에 경운궁^{덕수궁}으로 향했다. 일본 공사는 마차를 타고 이들을 뒤따랐다.

궁안에 들어선 대신들은 하야시를 별실에서 기다리게 하고 수옥헌으

러일전쟁

청일전쟁

로 가서 교섭 결과를 고종에게 보고하였다. 고종은 이미 상황이 용의치 않음을 알고 있었다.

"경들, 어찌하면 좋겠소?"

참정대신 한규설이 먼저 말문을 열었다.

"일본이 요구하는 조약은 나라를 위해서나 백성들을 위해서나 결코 들어 줄 수 없는 것이옵니다. 이 요구를 결단코 물리치시기를 바라나이다."

한규설의 말이 끝나자 학부대신 이완용이 뒤를 이어 말했다.

"폐하의 조정에 서 있는 자로서 문제의 조약에 찬동할 이는 없을 것으로 압니다. 그러나 지금 일본 대사가 별실에서 기다리고 있는 것은 조약 체결에 대한 즉답을 듣고자 함입니다. 군신 모두가 불가不可하다고 답하면 그만이겠으나, 과연 저들이 곱게 물러갈 것 같지 않습니다. 하여 폐하께서 이 문제에 대해 신들과 함께 최선책을 강구해야 될 것입니다."

고종과 대신들도 아무 말이 없이 천정만 쳐다보고 있었다.

이완용은 다시 말을 이었다.

"최선책을 강구해야 된다는 것은 딴 말이 아니옵니다. 폐하께옵서 만부득이 조약 체결을 허락하신다 하면, 그 조약 가운데에 어떠한 조항을 첨삭하거나 개정하는 것이 아국에 이로울 것인가를 깊이 강구하는 것이 이 시점에서 중요하다는 것을 아뢴 것이옵니다."

이완용의 말이 끝나자, 내내 침묵하던 고종이 입을 열었다.

"일대사 이토 히로부미는 일전에 과인에게 말하기를 '약관의 첨삭과 개정은 따로히 협상할 수 있으나, 이를 무조건적으로 거부하면 인의隣誼가 보장되지 못할 것이다'고 했소. 상황이 이미 이 지경에 이른 바에야 다른 수단이 없다면 학부대신의 생각이 옳을 것 같소이다."

고종의 말이 끝나자, 어전에서 나온 대신들은 하야시 공사가 기다리는 휴게실로 갔다. 하야시는 참정대신 한규설에게 어전 회의 결과를 물었다.

　"어떻게 귀결되었소?"

　"폐하께서는 타협하라 하셨소이다. 그러나 우리 대신들은 모두 불가하다고 했소이다."

　"귀국은 군주전제국이오. 따라서 황제 폐하가 타협을 말씀하셨다면, 그것은 곧 조약 체결을 의미하는 것이오. 대신들이 이를 모르고 상명을 올바로 받들지 못한다면, 정부 대신의 자격이 없다. 어떻소? 참정대신은 책임을 느끼지 않소이까?"

　참정대신 한규설은 하야시를 죽일 듯이 바라보며 말했다.

　"대체 공사께서는 무슨 말을 하는 것이오? 더는 공사를 상대로 말하고 싶지 않소이다."

　그리고는 자리에서 벌떡 일어나 휴게실을 떠나려 하였다. 그러나 대신들의 간곡한 만류로 다시 자리에 앉았다.

　그런데 이때 일본 대사 이토 히로부미가 코야마[小山] 헌병대장을 데리고 궁중으로 들어왔다. 일공사 하야시는 이토 히로부미에게 경과를 보고하였다. 보고를 들은 이토 히로부미는 궁내대신 이재극을 통해 고종을 배알할 것을 청하였다. 그러나 고종은

　"짐은 이미 대신들에게 협상 타협할 것을 명하였다. 그리고 지금 목감기가 심해서 만나기가 어렵다. 그러니 대신과 협의하라 하라."

　궁내대신은 이 뜻을 이토 히로부미를 비롯한 모든 대신들에게 전했다. 이에 이토 히로부미는 잘 알겠다며 한참정에게 각의를 열어 달라고 청하였다. 한참정은 이토 히로부미의 요청을 받아들여 대신들이 각의

를 열어 의논하게 하였다.

이토 히로부미는 한참정에게 말했다.

"각 대신들은 다만 어전회의의 실상을 그대로 진술하면 족할 것이오. 나는 각 대신들에게 내가 듣고자 하는 것을 묻고자 하오. 이를 허락해 주시오."

그리고는 참정대신 한규설에게 물었다.

"어전 회의에서의 한참정은 무슨 의견을 피력했소이까?"

"나는 거절하는 것이 좋다 하였소이다."

"어째서 그렇게 생각하였소?"

"설명하고 싶지 않소이다. 다만 불가했기에 그리한 것이외다."

이토 히로부미는 다시 외부대신 박제순에게 물었다.

"외부대신은 무어라 했소?"

"내가 지금 아국 외교의 대임을 맡고 있소이다. 이 나라의 외교권이 남의 나라로 넘어가는 것을 옳다고 할 수가 있겠소이까?"

"협상 타협을 하라는 황제 폐하의 하교를 받들지 않겠다는 것이오?"

"하교를 거역할 생각은 없소이다."

"그러면 타협의 의사는 있는 것으로 알겠소."

이번에는 탁지대신 민영기에게 물었다.

"탁지대신의 의견은 무엇이오?"

"나 또한 불가不可이외다."

다음으로 법부대신 이하영에게 물었다.

"법부대신의 의견은 무엇이오?"

"귀국은 일찍이 아국의 독립을 보장하고, 지금에 와서는 외교권을 빼앗으려 하니 이게 옳은 일이오? 오늘의 요구는 우리의 국체國體에 관계되는 것이므로 절대로 찬성할 수가 없소이다."

법부대신 이하영은 화를 내듯 언성을 높였다.

이토 히로부미는 이하영의 말은 들은 체도 하지 않고 학부대신 이완용에게 물으니, 이완용은

"협상 타협의 하교가 계셨으므로, 그대로 따를 것이오."

"그러면 학부대신은 찬성이란 말이군요."

이토 히로부미의 물음은 농상공부대신 권중헌에게 이어졌다.

"나는 어전에서 학부대신의 뜻에 동감하였소. 다만 약관에 황실의 존엄과 안녕이란 어구를 반드시 넣어야 될 것이오."

"알겠소이다. 그 점은 염려 놓으시오."

이어서 군부대신 이근택에게 물었다.

"나도 어전에서 학부대신의 의견에 동감하였소."

마지막으로 내부대신 이기용에게 물었다.

"내가 작금 동양의 형세와 한일의 교의를 모르는 바 아니외다. 다만 작년 봄에 임공사와 더불어 한일의정서를 약정하였는데, 지금 다시 아국의 외교권을 달라는 게 수긍키 어렵소이다."

이토 히로부미는 속으로 생각했다.

'내부 대신은 동양평화와 한일의 교의를 존중한다. 이는 결국 조약 체결에 찬성한다는 뜻 아닌가?'

이토 히로부미의 위압적인 태도에 대신들의 다수는 고종의 하교를 받든다는 명분에 기대어 협상 타협에 찬성하였다. 다만 처음부터 끝까지 한사코 거부한 사람은 참정대신 한규성과 탁지대신 민영기 단 두 사람 뿐이었다.

이토 히로부미는 이렇게 수집한 대신들의 의견을 국내대신 이재극으

로 하여금 고종께 상주께 하였다.

　이런 광경을 보다 못한 참정대신 한규설이 두 손으로 얼굴을 가리고 소리 내어 통곡하였다. 그러자 이토 히로부미가 비웃듯이 말했다.

　"그쯤 하시오. 이게 다 귀국을 위한 것임을 진정 모른 말이오이까?"

　그렇게 을사보호조약은 조인되었다. 때는 광무 9년 11월 17일 밤 열두 시였다.

마지막 왕비 민비

　조선의 제25대 임금 철종이 왕세자가 끊긴 채로 죽자, 종친의 한 사람인 홍선군 이하응의 둘째 아들 희가 왕위를 이었으니 그게 곧 고종이다. 선왕의 3년 상이 끝나자, 홍선군후일의 대원군은 부대부인대원군 부인로 하여금 금상의 왕비를 물색케 하였다.

　때마침 부대부인의 일가 어른의 한 사람인 민치록에게 딸 하나가 있었다. 가난한 집안의 무남독녀였지만 경사經史에 능하여 왕비의 자질이 충분했다. 부대부인은 이 규수를 대왕대비에게 추천하였다. 대원군 또한 이를 반대할 이유가 없었으니,

　민치록은 이미 죽었고, 이 규수가 처남의 양가 누이동생이어서 외척과 권력 다툼을 할 염려가 없었기 때문이었다. 그리하여 이 규수를 금상의 왕비로 책봉하였다. 이때가 고종 3년이었으니, 고종은 열다섯이었고 왕비는 열여섯이었다.

　새 왕비 민씨는 매우 영민했다. 대원군이 국정에 여념이 없었기에 민비는 3대비를 받들고 더불어 궁인들을 잘 통솔하였다. 이런 까닭에 민

비는 궁내에 새로운 세력을 키워나가는 데 거칠 것이 없었다. 그리하여 민승호왕비의 양 오라비인 동시에 대원군 부인의 친 오라비, 민겸호, 민태호 등 민씨 일족이 거듭 등용되어 강력한 권력을 형성하기 시작했다.

한편 고종은 자신이 장성했음에도 대원군이 여전히 국정을 통괄하는 것에 대하여 불만이 점차로 커지고 있었다.

대원군은 10년 집정 동안 과감한 정책으로 국무를 일신하는 등 국가적으로 볼 때 긍정적인 면이 많이 있었다. 그러나 한편으론 이러한 대원군의 통치에 양반 유생들과 백성들은 반감이 일었고, 종친들 간에 이런저런 알력이 생기면서 날이 갈수록 틈이 벌어졌다. 대왕대비 조씨까지도 이러한 대원군의 독재에 불만을 품고 있었다.

그런데 민비가 책봉된 다음 해, 곧 무진년에 귀빈 이씨가 왕자를 생산하였다. 이 왕자가 완화군인데, 대원군이 이 완화군을 지나치게 사랑한 탓에 민비가 이를 몹시 불쾌히 여겼다. 그러는 사이에 민비도 이듬해 경오년에 원자를 생산하였다.

그러나 생후 삼일쯤 병이 나 대원군의 지시에 의하여 치료하던 중 결국 죽고 말았다. 이로 인해 민비는 더욱 대원군과 돌이킬 수 없는 반목하는 사이가 되고 말았다.

민비는 조대비의 조카 조영하를 비롯하여 민승호, 이최응대원군의 중형 등을 시켜 대원군을 은퇴시키려 하였다. 이를 눈치 챈 대원군은 병을 핑계로 양주 직곡별장으로 물러갔다.

민승호, 조영하 등은 이 기회를 놓칠새라 최익현의 붓을 빌어 대원군 탄핵 상소를 올리게 하였다. 조대비는 결국 대원군의 섭정을 폐지한다는 교명教命을 내렸는데, 이때가 고종 10년 계유癸酉 9월이다.

이때부터 고종은 왕권을 회복하여 국정을 통괄하기 시작하였다. 그

이완용(왼쪽 두 번째)

러나 그 이면을 보면 모든 권력은 민비와 민비 일족의 수중에 있었다.

그러나 청일전쟁이 일본의 승리로 끝나자, 나라에 개화당^{開化黨} 내각이 조직되었고, 개화당의 개혁이 차츰 실현되기 시작하자, 민씨 일족을 업고 지내던 사대수구파들은 권력을 잃고 점차 사라질 수밖에 없었다.

민비는 청일전쟁에서 패한 청나라가 물러서는 것이 아쉽기만 했지만, 그러나 또 한편으론 개화당의 활동으로 인하여 대원군이 힘을 잃게 되어 쾌재를 불렀다.

그러나 민비는 개화당이 권력을 잡고 일본이 발호를 하게 되면 자신과 민씨 일파가 당해낼 수 없음을 알고 있었다. 하여 민비는 향후 러시아와 가까이 하는 것이 좋다는 생각 하에 러시아 공사 위패로 하여금 일본공사를 견제하게 하고 나아가서 개화파의 중심 인물 박영효 등을 몰아내려 획책하였다.

한편 개화당은 일대개혁을 도모하기 위하여 박영효가 자신의 집에 법부대신 서광범, 제1훈련대장 우범선 제2훈련대장 신응회, 경무관 이규완 등을 불러 다음의 두 가지 개혁안에 대해 의결하였다.

1. 각 군영 및 경호대는 우범선 등 소장 장교의 휘하에 있는 신식 훈련병으로 구식병과 교체할 것.
2. 이 기회를 타서 세자를 임금으로 모시기 휘하여 현 주상으로 하여금 전위하여 민씨 간섭의 길을 두절시킬 것.

박영효는 이 두 개의 개혁안을 가지고 당시의 외부대신 김윤식의 합의를 얻어 낸 뒤 일본공사에게 통고하였다.

그런데 당시의 탁지부^{財務部} 고문 니요츠요시^{仁尾惟茂}란 자가 그의 친척인 사사키 루조우^{左左木留藏}에게 이를 알리는 바람에 비밀이 누설되고 말았다.

심상훈은 이 사실을 고종께 고변하였다. 고종은 노발대발하여 즉석에서 박영효를 체포하라는 명을 내렸다. 하지만 이를 알게 된 박영효, 신응희, 이규완 등이 결국 일본으로 망명하고 말았는데, 이때가 을미 윤 5월 중순이있다.

한편 일본은 청일전쟁으로 점령한 요동반도를 러시아, 독일, 불란서 등의 압력에 의해 다시 청국에 돌려주고 말았다. 대한제국도 그 영향을 받아 영, 불, 러 3국 세력을 배경으로 하는 영학파가 출현하면서 구미공사관이 모여 있는 서울 정동에 정동구락부가 생겼다.

정동구락부의 중심은 거의 구미공사 관원으로 박영효 등 친일파를 배격하였는데, 그 대표적 무리가 이완용, 이채연 등 조정대신들이었다.

당시 영국, 독일, 불란서 등은 대한제국의 형세만 관망하고 있었는데, 러시아만은 남다른 욕심을 품고 있었다.

이를 간파한 민비는 친일 세력을 몰아낼 작정을 하고 고종과 더불어 러시아 공사 위패와 가까이 했는데, 때마침 박영효 등의 전위轉位 음모가 있었으므로 이 기회를 이용하여 친러파를 요직에 두고 친일파를 몰아내는 데 성공했다.

총리 김홍집, 외무 김윤식 등이 유임되었지만, 이외의 각료는 모두다 축출시켰다. 새로 조각된 궁내대신으로는 이경직, 학부대신 이완용, 군부대신 안경수, 농상대신 이범진, 경무사 이윤용 등이었다.

이렇게 되면서 일본인 공사를 비롯하여 일본인 고문들이 모두 쫓겨나게 되었고, 당시의 궁중 부중이 모두가 친러파의 위세에 눌리게 되었다.

이렇게 되니, 실세한 개화당 일부와 일인 등은 민비에 대하여 반감이 더해 갔으며 급기야 민비를 시해할 생각까지 품게 되었다.

이때 대원군은 공덕리 별장에 소리없이 은거하고 있었다. 때마침 일본공사 미우라가 우리나라에 부임하게 되었는데, 친일파는 이를 기회로 삼아 우범선, 이주회 등이 고오카모토 유노스케岡本柳之助 고문을 대동하고 대원군 별장으로 찾아가서 다음과 같은 개혁안을 내놓고 협의하였다.

1. 태공大院君은 대군을 보익하되 궁중 사무 정리에만 종사하고 일체 정무에는 간여하지 말 것과 갑오서고문甲午誓告文의 취지를 받들어 왕실사무와 국정사무 구별을 분명히 하고 궁내부의 세력을 확충하여 국정사무의 침식侵蝕은 당연히 행하지 말며, 따라서 태공은 정부의 관원 진퇴와

일체 정무에 간섭하지 말 것.

2. 김윤식, 어윤중, 김홍립 세 사람을 중심으로 기타 개화파 인물을 요직에 있게 하되 정무만 전임케 하고 고문관의 의견을 들어 대군주의 재가를 받은 후 정치의 개혁을 단행하며 독립의 기초를 공고히 할 것.

3. 이재면을 궁내대신, 김종한을 협관으로 복직시켜 궁내부의 사무를 맡게 할 것.

4. 대원군의 손자 이준용을 3년간 일본에 유학케 하여 재주를 기르게 할 것.

이 네가지 안건을 살펴보면,

첫째, 일본은 각국의 세력을 한국에 부식하기 위하여, 둘째, 우범선은 정권을 자파의 수중에 넣기 위하여 셋째, 대원군은 손자 이준용으로 하여금 왕통을 계승케 하기 위하여 이러한 논의가 있게 된 것인데, 위에 말한 3자의 정신이 민족의 세력을 물리치려 함에 있어서는 동일하였으므로 협의가 순조로히 낙착된 것이다.

이렇게 하여 대원군을 비롯한 우범선과 오카모토 유노스케는 거사를 하기로 결심하였는데, 바로 고종 32년 을미 10월 7일 밤이었다. 이날 밤 대원군의 승교는 민씨 반대파와 일본 낭인 수십 명의 호위를 받으며 공덕리 별장을 출발하였다.

대원군의 승교는 무난히 한강을 지나 서대문을 거쳐 경복궁을 향하고 있었다. 이때 일본 사관의 훈련을 받은 훈련대대와 일병 약간 명은 벌써부터 경복궁에 들어가 있었다. 그리하여 궁중 수비병과 충돌이 있게 되었는데, 이때 수비대장 홍계훈이 살해를 당하고 말았다. 홍계훈이 살해를 당하자 기타 수비병들은 전부 어디론지 도망을 가고 말았다.

그리하여 대원군 일행은 천천히 광화문으로부터 근정전으로 들어섰다. 이를 목격한 궁중의 여러 관원과 궁녀들은 대경실색 어찌할 바를 몰랐다.

민비는 그 소란 속에 마침내 참화를 당하고 말았다. 피로 범벅이 된 시신은 반이나 불태워져 건청궁 곤녕전 뜰에 있는 옥호루 근처 잡초 속에 묻혀 있었다. 10월 8일 새벽녘이었다.

다음은 당시 관계자의 한 사람이었던 일본인 키쿠치 나가후오菊池長風란 자가 기록한 민비 시해 사건 일부 내용이다.

> 당일 밤, 민비의 주위에는 민비가 사랑하는 여러 신하가 모여 있었다.
> 민비가 가장 신임하는 정모鄭某는 설사 대원군 일파가 침입할지라도
> 민비의 신상은 걱정할 것이 없으리라고 믿었다. 그러나 장정 일대가
> 건청궁에 가까이 달려들자, 민비는 어찌할 바를 몰라 궁외로
> 도망치려고 하였다. 그러나 때가 이미 늦어 민비는 떼지어 달려드는
> 장정들의 손에 붙잡혀 죽고 말았다. 이때 평소 민비의 총애를 받고
> 있던 내시, 무녀, 점장이 및 궁녀들은 서로 다투어 도망쳤으며,
> 민비에게 남다른 보살핌을 받으며 항상 민비의 곁을 떠나지 않던
> 이학균마저도 붙잡히자, 민비가 숨은 곳을 알려주었다. 다만
> 궁내대신 이경직만은 민비의 신변을 걱정하면서 우왕좌왕 하다가
> 침입자의 칼에 죽고 말았다. 선혈이 낭자한 민비의 시신에 석유를
> 부어 태웠기 때문에 실상 민비는 두 번 죽임을 당하고 말았다.

고종은 이 변고를 듣고 애통해 하기를 마지 않았으며, 모후의 참변을 알게 된 세자후일의순종 또한 몸부림을 치면서 슬퍼했다. 대원군도 일이 이렇게까지 될 줄은 예측하지 못했을 것이다.

한편 민비가 죽었다는 소식을 들은 일본공사 미우라는 궁궐로 들어가 모든 정사를 대원군에게 맡길 것을 주청하였다. 한편 민비의 참변이 온 나라에 알려지고 민심이 출렁거리자, 대원군은 다음과 같은 내용의 유고문을 방시하였다.

근간에 정대한 사람을 배척하고 간사한 무리들을 등용한 탓에
유신의 대업이 중도에서 쓰러지려 하고, 오백년 종사가 하루 사이에
무너지려 한다. 내가 종친가의 소생으로서 이를 좌시할 수 없기에
지금 궐에 들어가 대군주를 보우하고자 하며 나아가서
여러 간사한 무리를 물리치고 유신의 대업과 오백년 종사를 위하여
몸을 바침과 동시에 만백성의 안녕을 위하여 힘을 다하겠은 즉,
백성들은 직분을 지키고 경거망동하지 말라. 만약 나의 처사에
반항하는 자가 있으면 용서없이 처단할 것이니, 부디 후회하는 일이
없도록 근신하라.'
개국 504년 8월 8일

국태공國太公

대원군은 이런 의미의 유고문을 요소요소에 내붙여 민심을 수습한 후 이경직, 이완용, 이범진 등 민파내각을 해산하고, 김홍집을 총리로 유길준을 내부로, 어윤중을 탁지로, 서광범을 학부로, 장박을 법부로, 조희연을 군부로, 정병하를 농상으로, 이재면을 궁내부로 결정하여 새 내각을 조각하였는데, 새 내각의 대신들은 당연히 대원군파와 개화파 인물들 중에서 선출된 사람들이었다.

대원군은 새로이 내각을 조직한 후, 집정한 지 삼일째 되는 날, 민비

폐비에 대하여 다음과 같은 조칙을 내렸다.

> 짐이 등극한지 32년에 치화治化가 흡족히 못 미친 데다 왕비 민씨는
> 친당을 좌우에 두고 짐의 이목을 가려가면서 백성을 괴롭히며 또
> 정령을 문란케 하고 매관육작을 하는 등 그 탐학이 지방에까지 미쳐
> 도적이 사방에서 얼어나 종사가 위경에 빠져있다.
> 짐이 그 극악한 바를 모르는 바는 아니지마는 민씨 당파를 함부로
> 출척할 수 없어 11년 12월에 종묘로 나아가 후后나 빈嬪이나 또는
> 종척의 국정 간섭을 불허할 것을 맹세해 고하였다. 이것은 민씨의
> 개오改悟를 구하기 위함이었는데, 민씨는 구악을 조금도 고치는 일이
> 없다. 짐 몰래 당여군소지배黨與群小之輩와 어울려져 짐의 동정을 살피고
> 또는 국무 대신과의 교통을 막았다. 또 짐의 병대兵隊를 해산한다
> 하는 등으로 짐의 뜻을 거역하였다. 또한 무슨 사변만 생기면 짐을
> 내버리고 자기 몸만 피하였다. 이는 임오년 왕사를 답습하는 것에
> 다름 아니었다. 왕후 민씨는 덕이 박하고 죄악도 많아 선왕의 종사를
> 이을 수 없겠으므로, 부득이 고사故事에 따라 왕후 민씨를 폐하여
> 서인庶人으로 한다.

민비에 대한 대원군의 평가가 이러했지만, 고종은 결코 동의할 수가
없었다. 우울한 심정으로 날을 보냈다. 당시 백성들도 일인들을 불공대
천의 원수로 여겼음은 물론이다.

일본 정부도 이런 조선인들의 민심을 모른 체할 수는 없었다. 하여 미
우라 공사 등과 함께 사건에 관련된 40여 명을 일단 체포하여 감옥에
수감케 하였다.

그러나 이도 잠시 증거 불충분이란 이유로 민비를 시해한 이른바 낭인浪人들과 미우라를 포함한 공사관 관계자들 전부를 무죄 방면시켰다.

미우라가 돌아간 지 얼마 안 되어 코무라 쥬타로우小村壽太郎가 이노우에井上와 동반하여 공사로 내임하였다. 이들이 민비사건에 관한 선후책이란 것을 우리 정부에 제시하였는데, 그 요강은 다음과 같다.

1. 대원군 퇴진
2. 훈련대 해산
3. 이주희, 박선, 윤석우 등의 하수인들 전원 처벌

결국 대원군도 정치 일선에서 퇴진하고, 훈련대 또한 해산되었으며, 이주희, 박선, 윤석우 등도 죽었다.

고종은 대원군의 뜻에 따라 어쩔 수 없이 '민비를 폐하여 서인으로 한다'는 조칙을 내렸으나, 나중에 이 조칙을 거두어 '순경전 명성황후'라는 존호를 내렸다.

500년 조선왕조 비사

대한제국 비사

초판 인쇄 2019년 4월 1일
초판 발행 2019년 4월 5일

이강래 엮음
홍철부 발행

펴낸곳 문지사
등록 제25100-2002-000038호
주소 서울특별시 은평구 갈현로 312
전화 02)386-8451/2
팩스 02)386-8453

ISBN 978-89-8308-541-2 03910

값 16,000원